KB119027

스탠퍼드 연구로 밝혀낸
100세 시장 경제의 모든 것

진짜 돈 되는 시장

스탠퍼드 연구로 밝혀낸
100세 시장 경제의 모든 것

진짜 돈 되는 시장

수전 윌너 골든 지음

이희령 옮김

NOT AGE
STAGE
NOT AGE

Nike • Merrill Lynch • Warby Parker • A Place for Mom • Uber Health •
Cake • Teladoc • Wider Circle • Silvernest • Lyft Healthcare • Nesterly •
UpsideHōM • Papa • GoGoGrandparent • Tembo Health • Bold • Honor
• Vesta Healthcare • Wellthy • Iris Healthcare • Amava • Gather •

위즈덤하우스

내게 기쁨과 웃음이라는 선물을 안겨준,
장수를 위한 나만의 개인 처방전
아만다, 제니, 데이비드에게
그리고
용기와 회복력으로 내게 날마다 끊임없이 영감을 주는
내 특별한 부모님에게

―――――

들어가며

인구 변화에 숨은 엄청난 시장 기회

100세.

한 세기라는 그 표식에는 무언가가 있다. 이것은 단순한 숫자다. 한 생애에 대한 진정한 이정표로서 파악하기가 쉽다. 오랜 시간 동안 100세는 너무나 드물었기에 축하받았다. 100세에 도달한 사람들은 뉴스거리가 됐다. 100년 전만 해도 미국인의 평균 기대수명은 54세였다. 제2차 세계대전이 끝났을 때 기대수명은 64세였다. 1981년 개인용 컴퓨터가 등장했을 때 기대수명은 74세에 도달했다. 오늘날 기대수명은 거의 80세. 그리고 한 세대 만에, 공중보건과 의학의 진보 덕분에 2000년 이후 태어난 아이들은 100세까지 사는 삶을 기대할 수 있을 것이다. 나처럼 양호한 건강상태를 유지하면서 65세가 된 성인은 건강하게 90대에 접어들 확률이 반 이상이다. 이와 같은 새로운 장수長壽는 20세기에서 21세기 초반에 인류가 이룬 가장 놀라운 성취 중 하나다.

이런 상황은 미국을 포함해 지구상 거의 모든 나라의 인구통계 현황을 급진적으로 바꿔놓고 있다. 곧 아프리카를 제외한 모든 곳에서 노인의 숫자가 사실상 젊은이들의 숫자를 앞지를 것이다. 미국에서는 매일 1만 명 이상이 65세가 되고 있다. 세계에서 가장 고령국가인 일본은 65세가 넘는 인구가 3분의 1을 꽉 채우고 있으며, 현재까지는 해당 인구의 비율이 가장 높은 국가다.

이런 인구학적 변화는 이미 알려진 사실이며 불가피한 것이다. 전문가들은 수년 동안 공공정책의 사이클 속에서 주로 잠재적인 위기, 혹은 대비해야 하는 변화로 이 문제를 논의해왔다. 하지만 나는 엄청난 사업 기회이자 시장 기회로서 이런 인구통계 현황을 바라보려 한다. 그곳에는 새로운 장수 고객이 있다. 새로운 장수 직원이 있다. 새로운 장수 창업자가 있다. 그리고 전 세계적으로 22조 달러(미국의 경우 8.3조 달러)가 넘을 것으로 추산되는 새로운 장수 경제가 있다. 100세 이상 사는 삶과 관련된 니즈와 기회, 욕구를 고려할 때, 우리는 단지 장수만이 아니라 소위 건강수명healthspan(육체적으로나 정신적으로 건강하게 사는 기간)을 늘리는 것을 목표로 삼는다.

인구통계의 구조적 변화는 엄청난 사고방식의 전환을 요구한다. 늙는다는 것과 이 코호트cohort(특정한 경험이나 연령 등 통계상의 인자를 공유하는 집단—옮긴이)를 공략한다는 의미를 이해하는 데 우리가 오랫동안 견지해온 추정과 어림법, 접근 방식은 더 이상 효과가 없다. 전통적으로 우리는 배우고, 돈을 벌고, 은퇴하는 3단계로 현대적 삶을 바라봐왔다. 하지만 이제 더 이상은 아니다. 이 관점은 더는 타당하지 않다. 당신에게 삶의 35퍼센트가 남아 있다면 65세에 은퇴하지 않을 것이다. 이 나이대에 속한 사람이 더 많아진다는 사실은, 그곳에 훨씬 더 많은 다양성이 존재함을 의미한다. 글자 그대로의 다양성은 물론이거니와, 이 시기에 사람들이 하는 일과 그들에게 필요한 것, 그들이 원하는 것, 그들이 어떻게 나이 들어가는지에 관한 다양성도 있다.

　노령층 성인Older Adults은 문화적으로나 하나의 시장으로서 항상 그들의 나이age로 규정돼왔다. 이제는 그렇게 규정하기를 멈추고 그 대신 가장 중요한 속성으로 노령층 성인이 스스로 속해 있음을 발견하는 단계stage에 대해 생각할 때다. 팽창하는 65세 이상의 집단을 이해하려면 나이가 아닌 단계를 인식해야 한다.

　예를 들어 지금은 은퇴 시기 안에도 더 많은 학습과 생계유지 활동을 해 나가는 다양한 삶의 단계가 존재한다. 70대 창업자도 있고, 60대에 새로운 경력을 시작하는 사람도 있다. 이 책은 당신이 이 새로운 현실을 이해하고, 우리가 과거에 노인이라고 부르곤 했던, 이처럼 역동적이고 성장하는 인구집단 내의 다양한 단계를 공략하도록 도와줄 것이다. 이 책에서 나는 내가 다섯 개의 분기Quarter 혹은 5Q라고 부르는, 사람들이 다양한 연령대에서 경험할 많은 단계들을 포착하는 새로운 패러다임에 대해 쓸 것이다. 이 거대한 시장을 이해하고 공략하려면, 80대와 90대인 지속적 학습자continuous learner들에 대해 새로운 방식으로 생각해봐야 할 것이다. 동시에 노령층 성인의 돌봄제공자들이 보유한 다양한 프로필에 대해서도 생각해봐야 한다. 이들은 30대일 수도 있고, 70대이거나 90대일 수도 있다. 온전한 은퇴 연령은 더 이상 존재하지 않지만, 그 대신 새로운 목적을 부여하는 위대한 단계가 있음을 깨달아야 한다.

　가장 중요한 사실은 당신이 누군가가 82세라는 이야기를 들었을 때 그것이 의미하는 바에 대해 오랫동안 유지되어온 믿음을 깨야 한다는 것이다. 심지어 단일한 연령대 내에서도 당신은 놀라운 다양성과 엄청나고 새로운 기회들을 발견하게 될 것이다.

• • •

이 책을 쓰던 중에 코로나19 팬데믹이 우리의 커뮤니티와 의료 시스템, 교육 시스템, 일, 가족, 우리 삶의 나머지 부분을 엄습했다. 이 책에서 물씬 풍기는 낙관주의의 많은 부분은, 하나의 바이러스가 인구 구조를 바꿔놓을 거라고는 생각조차 하지 않던 때인 팬데믹 이전에 이 프로젝트를 시작했다는 사실에 기인한다. 그리고 2020년에 예상수명이 줄어들었다. 부분적으로는 처음에 특정한 주요 공중보건 조치들이 지연됐기 때문이었다. 2020년에는 코로나19 감염이 미국 내 사망 원인 중 세 번째를 차지했다. 그리고 2021년 말에는 80만 명 이상이 사망했다. 65세가 넘는 사람들 중 방대한 다수다.

그것이 가진 진정한 끔찍함에도 불구하고, 코로나19는 필요한 변화들을 위한 촉매제가 됐다. 팬데믹은 우리가 장수 커뮤니티에서 이미 시작했던 방식으로 모든 것을 재점검하게 만들었다. 예를 들자면 일, 교통, 주거, 헬스케어, 사회적 연대 등이 그것이다. 사람들은 우리가 해왔던 질문을 다시 하고 있다. 일은 어떻게 바뀔까? 교육은 어떻게 바뀌어야 할까? 사람들이 안전하게 살 수 있도록 지역사회와 국가는 어떻게 도와야 할까? 그리고 기업은 이런 변화와 기회들을 어떻게 그들의 전략에 통합시켜야 할까?

사람들은 돌봄제공, 삶의 마지막, 더 오래 일하기, 원격근무와 같이 우리가 너무 오랫동안 무시해온 문제들 중 많은 것에 대해 이야기하기 시작했다. 품위를 유지한 채 살고 죽는 일은 전국적 담화가 됐다. 이러한 논의들은 당신이 장수 고객을 생각하는 방식에 영향을 미칠 것이 틀림없다. 기업들은 품위에 투자해야 한다. 때로는 고통스럽지만, 이런 대화는 중요하다.

팬데믹 기간 중 탄생한 혁신은 더 영속적으로 통합될 것이다. 상점들은 60세가 넘는 사람들을 위한 쇼핑 시간을 만들었다. 노화하는 인구집단에 식품과 기술 지원을 제공하기 위해 새로운 스타트업이 등장했다. 원격진료는 의료 서비스 안으로 의미 있게 통합되어 많은 새로운 사업 기회를 열어주고 있다.

마지막으로 문화적인 측면에서 우리는 위기와 번영의 시기 양쪽에 걸쳐 노령층 성인이 사회에 제공하는 가치와 그들이 기여하는 바를 인정하게 됐다. 이런 가치는 팬데믹 기간 중에 최전선으로 나와서 기여했던 앤서니 파우치Anthony Fauci 같은 리더와, 은퇴한 간호사와 의사들에 의해 가장 웅변적으로 예시됐다.

• • •

따라서 비록 어떤 면에서는 우리 앞에 어려움이 놓여 있다는 사실을 인정하지만, 팬데믹 이전의 내 낙관주의는 이 책의 다음 페이지들에도 여전히 남아 있다.

22조 달러의 기회는 아직 거기 있다. 여러분이 회사 운영자이건, 혁신가이건, 마케터이건, 창업자이건, 투자자이건, 노령층 성인이건, 이

책은 새로운 장수가 보여주는 기회와 시사점을 새롭게 상상하도록 도와줄 것이다. 이 책의 목표는 당신이 전 세계에서 가장 빨리 성장하는 역동적인 시장을 구성하는 60세 이상 사람들을 이해하고 공략하도록 돕는 데 있다.

나는 이 책을 2부로 구성했다. 1부는 장수를 이해하고, 얼마나 나이 들었는지 말하는 숫자가 아니라 그들이 속해 있는 삶의 단계에 따라 노령층 성인을 생각해보도록 사고방식을 전환하는 데 초점을 맞춘다.

1장에서는 변화하는 인구 구조와, 수명(나이 개념)과 건강수명(단계 개념)의 차이를 설명하는 것으로 식탁을 차려 놓는다. 2장에서는 장수를 둘러싼 언어를 새롭게 창조함으로써 장수와 관련한 논의를 초기화한다. 누군가를 단순히 '늙었다old'고 묘사하는 것은 의미가 없어졌고, 연로한elderly과 같은 용어를 사용하는 것은 심지어 더 좋지 않다. 새로운 용어와 새로운 내러티브가 필요하다. 나는 5Q 생애 프레임워크를 통해 이를 제공하고자 한다. 이는 삶의 후반부를 석양을 향한 단일한 행진이 아니라 모두 동시에 발생하는 활동들의 포트폴리오로 보는 새로운 방식이다. 3장에서는 장수 시장을 실용적으로 세분화해 보여주고, 더 깊이 탐색해볼 일부 핵심적인 세부시장을 제시한다. 이 모든 세부시장은 그 고객이 얼마나 늙었는지가 아니라 오히려 그들이 어떤 단계에 맞아떨어지는지를 고려한다.

2부에서는 이 시장에 존재하는 기회들과, 당신이 예측하고 극복해야 하는 장애물 속으로 뛰어들 것이다. 4장에서는 성공적인 장수 전략을 파악한 기업들을 소개하고, 당신이 고려하지 않을 수도 있었던, 성장하는 기회들을 파악할 것이다. 5장에서는 제품이나 서비스의 최종 사용자가 아닐 수도 있는 구매자와 지급자를 포함한 장수 고객들의 다양한 유형과, 고객을 확보해나가는 과정에서 당신이 마주칠 수 있는 다양한 어려움을 세부적으로 살펴볼 것이다. 6장에서는 당신이 직면할 수밖에 없는 채널과 유통 관련 어려움 그리고 이를 해결하기 위해 새롭게 등장하는 플랫폼들을 소개한다. 노령층 성인을 위한 그리고 그들에 의한, 떠오르는 창업 기회에 대한 전망은 7장에 요약돼 있다.

마지막 8장에서는 노령층 성인에 관한 담론을 바꾸고, 연령차별주의ageism에 대응하고, 세대 사이의 공동체 의식과 혁신 기회를 조성하고, 변화에 영향을 미칠 정책들을 지원하고, 품위에 투자하는 데 적극적으로 참여하라는 요구로 마무리한다.

이 모든 소재가 중요하지만, 일부 장은 다른 장보다 당신에게 더 유용할 수도 있다. 즉, 당신이 전략을 개발하면서 반복해서 참조할 수 있는 장일 수도 있다. 예를 들어 당신은 창업 기회에 초점을 맞추고 있을 수도 있다. 나는 가능한 한 이 책이 모든 독자에게 실용적이 될 수 있도록 각 장의 서두에 큰 개념을 요약하고, 마지막에는 가장 중요한 점들의 목록을 제시한다. 많은 장들이 당신만의 장수 전략을 채택할 때 사용할 수 있는 것보다 더 많은 재료를 담고 있을 것이다. 나는 당신의 여정에서 이 실용적인 접근 방식이 당신에게 도움이 되기를 바란다.

노령층 성인의 니즈에 대응하는 각각의 새로운 회사, 새로운 사업 전략, 새로운 해결책은 당신의 고객, 직원, 커뮤니티에 중대한 영향을 끼칠 수 있다. 이 니즈들을 해결할 때, 당신은 전체로서 사회를 진보시키고 있는 것이다. 나는 당신이 이 책을 통해 사람들이 더 많이, 더 안전하게, 품위로 가득한 더 오랜 삶을 즐기도록 도와줄 장수 기회를 찾을 수 있기를 희망한다.

고객은 (대개) 확보가 어렵다 | 고객에게는 (분명히) 지출할 여력이 있다 | 사용자가 항상 돈을 지불하는 것은 아니다 | 고객을 안다는 것이 내 사업과 직원들에게 의미하는 바가 무엇인가?

1부

역사상 최강의 소비자가 온다

NOT AGE

ƎＧＡ Ｔ⊙Ｎ

Nike • Merrill Lynch • Warby Parker • A Place for Mom • Uber Health •
Cake • Teladoc • Wider Circle • Silvernest • Lyft Healthcare • Nesterly •
UpsideHōM • Papa • GoGoGrandparent • Tembo Health • Bold • Honor
• Vesta Healthcare • Wellthy • Iris Healthcare • Amava • Gather •

1장

이미 소비 지출의 과반을 차지한 인구 집단

———

낮아지는 출산율과 기대수명 증가로 가속화한 인구 노화는 미국을 비롯한 다른 많은 국가에서 앞으로 수십 년 동안 지속될 메가트렌드다.[1] 지난 한 세기 반 동안 생물학적 수명이 두 배로 늘어났다는 사실은 인류 역사상 가장 놀랄 만한 성공 스토리 중 하나다. 지금 태어나는 아이들의 절반 이상은 100세가 넘을 때까지 살 것으로 기대된다. 모든 기업은 새로운 장수가 제시하는 기회를 잡기 위한 전략을 개발해야 한다.

———

———

노령층 성인을 대상으로 하는 시장이 등장하면서 당신 앞에 놓인 기회를 이해하는 일은, 현재 진행 중인 인구통계학적 변화와, 그 변화가 요구하는 사고방식의 첫 번째 전환, 즉 생물학적 수명lifespan에서 건강수명으로 생각을 전환할 필요성을 이해하는 데서 시작된다.

현재에도 진행 중이며 가까운 미래에 일어날 주요 인구통계학적 전환의 타임라인은 다음과 같다.[2]

- **2020년:** 65세 이상 성인의 수가 5400만 명을 넘어서 미국 인구의 약 17퍼센트를 차지한다. 미국에서는 매일 1만 명이 넘는 베이비부머가 65세가 된다.
- **2035년:** 미국에서 65세 이상 인구의 수가 18세 미만인 인구수를 추월할 것이다.
- **2050년:** 미국 인구의 약 22퍼센트에 해당하는 8370만 명이 65세를 넘게 된다. 80세 이상이 인구의 8퍼센트를 차지하며 가장 빠르게 성장하는 세부 집단이 된다. 인류 역사상 처음으로 65세가 넘는 사람들의 수가 15세 미만인 사람들의 수를 추월할 것이다.

- **2050년**: 50세가 넘는 사람의 수가 전 세계적으로 약 32억 명에 달할 것이다(현재는 16억 명).

예를 들어 18세 미만 인구의 비율과 65세 이상 인구의 비율처럼 노년층과 청년층이 교차되는 상황은 시각화를 통해 극명하게 드러난다. 노인과 젊은이의 비중이 바뀌기까지 약 10년 정도가 남았다(그림 1-1 참조).[3] 그리고 1960년부터 2060년까지 한 세기 동안 젊은 국가였던 미국은 위로 75세까지 사람들이 두껍고 고른 띠를 형성하는 국가로 바뀔 것이다.[4]

—

장수 대 노화

인구통계상의 변화와 관련해 의미 있는 대화를 나누려면 우리가 사용하는 용어에 특별한 주의를 기울여야 한다. 2장에서는 연령차별주의를 포함해 사람들의 인식을 형성하고 이런 인구통계를 이해하는 데 사용되는 단어들과 그 단어의 역할을 따져볼 것이다. 우리 앞에 놓인 기회를 이해하려면, 우선은 기본적인 용어이지만 때로 혼란을 불러일으키는 몇 가지 단어를 구별할 필요가 있다.

사람들은 장수longevity와 노화aging를 자주 혼동한다. 누군가의 90세 생일을 기념한다는 것은 그 사람의 장수에 관한 모든 것을 말해주지만, 노화에 대해서는 아무것도 알려주지 않는다. 장수는 수명의 길이

그림 1-1) 2016년부터 2060년까지 미국 내 아동과 노령층 성인의 추정 인구수

2035년이 되면 미국 역사상 처음으로 노령층 성인의 인구수가 아동의 수를 넘어설 것으로 추정된다.

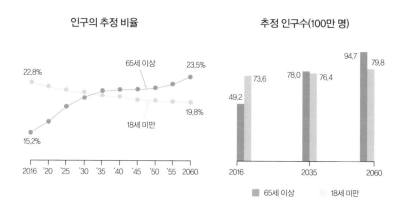

인구의 추정 비율

추정 인구수(100만 명)

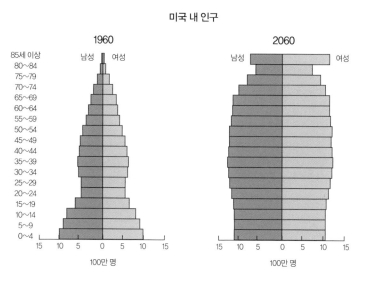

미국 내 인구

출처: 미국인구조사국, "An Aging Nation: Projected Number of Children and Adults," Census Infographics and Visualizations, March 13, 2018, www.census.gov/library/visualizations/2018/comm/historic-first.html; 미국인구조사국, "From Pyramid to Pillar: A Century of Change, Population of the U.S.," Census Infographic and Visualizations, March 13, 2018, www.census.gov/library/visualizations/2018/comm/century-of-change.html.

로, 노화의 생물학적 과정과는 별개다. 장수는 연대기적인 현상인 반면, 노화는 완전히 생물학적이며 자연적인 현상이다. 노화는 생화학적이고 생리적인 기능을 유지하는 능력의 사건 의존적 쇠퇴로, 점진적인 과정이다. 노화는 질병과 사망 위험을 높인다. 선진국에서 거의 모든 치명적인 주요 질병이 공유하는 특성은, 나이가 들면서 발병 위험이 극적으로 높아진다는 점이다.[5]

내가 말하는 장수의 기회는 고령화 인구에 더 나은 서비스를 제공할 기회만을 뜻하지는 않는다. 상당한 연구와 투자자금이 노화의 영향을 줄이고 노화 과정을 개선하여 질병 발생을 늦추는 데 사용되고 있다. 이런 관심은 오로지 장수에서 오는 기회의 생물학적 측면만을 대변한다. 비록 시장의 작은 일부이지만 약제인 라파마이신rapamycin(면역억제제로 신장 이식 환자의 장기 거부반응 예방을 위해 주로 사용됨―옮긴이)의 시험적인 사용이나 다양한 칼로리 제한 프로토콜을 포함해, 노화 분야에서 위대한 혁신이 일어나고 있다. 이런 유형의 항노화 개입antiaging interventions에 대한 대규모 투자는 계속될 것이다. 이 시장을 더 깊이 이해하게 되면, 론제비티사Longevity Inc.와 론제비티 펀드Longevity Fund와 같은 회사들에 대해 듣게 될 것이다. 혼란스럽게도 그들 역시 장수라는 용어를 사용한다. 하지만 그들은 수명 연장을 위한 생물학적 개입에만 집중한다. 그들은 노화 중심적이다. 이 회사들이 투자자를 많이 끌어들이고 있지만, 그 분야가 이 책의 주요 초점은 아니다. 이 책은 훨씬 큰 범위의 장수에 폭넓게 초점을 맞추고 있다.

이런 차이에 대해 생각할 수 있는 좋은 방법은, 노화 분야의 혁신이 수명을 늘리기 위해 고안되었다는 점을 이해하는 것이다.

—
생물학적 수명과 건강수명

생물학적 수명은 대체로 장수와 유의어라고 할 수 있다. 인류의 재능 가운데 가장 특별한 것 중 하나는 150년 동안 생물학적 수명을 두 배로 늘렸다는 사실이다.

인류의 역사에서 대부분의 기간 동안, 인간은 한 세대 이상 살지 못했다. 생물학적 수명은 그 전 다른 모든 기간을 합친 동안에 늘어난 것보다 지난 한 세기 동안 더 많이 늘어났다(그림 1-2 참조). 1900년에 미국에서 태어난 사람의 평균 기대수명life expectancy은 47세였고, 여성의 경우는 49세였다. 미국에서 오늘 태어나는 아이들의 평균 기대수명은 거의 80세에 달하고, 그중 3분의 2 이상이 104세까지 살 수 있을 것으로 예상된다.[6] 1960년에서 2015년 사이에 미국 인구의 기대수명이 69.7세에서 79.4세로 거의 10년이 늘어난 것이다.[7] 나는 아직 태어나지 않은 손자들 곁에 30년 이상 더 머무를 가능성이 있고, 아마 증손주를 보는 즐거움도 누릴 것이다.

이 놀라운 변화는 한 세기에 걸쳐 점진적으로 개선된 공중보건 조치들과 의료 서비스의 진보에 따른 결과다. 20세기는 특히 분만 과정과 유아기 동안의 기본 위생과 의료 분야에서 놀랄 만한 진보가 이뤄졌다. 그 덕분에 유아와 산모의 사망률이 둘 다 감소했다.

두 번째로 주요한 요인은 예방접종과 항생제를 이용한 아동기 질병의 통제였다. 더 최근인 1990년대에는 미국인의 가장 흔한 사망 원인 중 두 가지인 심장병과 암으로 인한 사망률이 감소했다.[8] 이들 질병은 여전히 사망의 가장 중요한 요인이지만, 이제 사람들은 그런 만성 질환을 보유한 채 훨씬 오래 살 수 있다.

최근 몇 년간 기대수명 증가 속도는 느려졌고, 오피오이드opioid(아편 비슷한 작용을 하는 합성 진통 마취제―옮긴이)와 비만의 급속한 확산 그리고 당연하게도 코로나19 팬데믹의 갑작스러운 충격으로 약간 감소했다. 팬데믹은 아직 전반적인 인구통계 변화에 영향을 미치지는 않았다. 하지만 출생률 하락과 생물학적 수명의 증가로 가속화된 인구

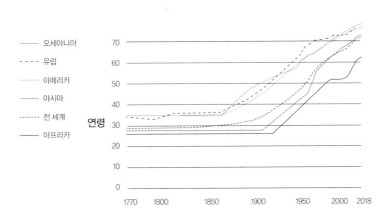

그림 1-2) 1770년부터 2018년 사이에 태어난 사람들의 기대수명

― 오세아니아
--- 유럽
······· 아메리카
― 아시아
····· 전 세계
― 아프리카

연령

위는 출생 시 기대수명으로, 주어진 해의 사망률 패턴이 평생 동안 동일하게 유지될 경우 해당 신생아가 살 것으로 기대되는 평균 연수이다.

출처: 제임스 C. 라일리James C. Riley, 클리오 인프라Clio Infra, UN 인구분과의 추정치를 기반으로 아워월드인데이터Our World in Data에서 집계. OurWorldinData.org, https://ourworldindata.org/life―expectancy.

노화는 앞으로도 지속될 메가트렌드다.

이와 같은 수명의 개념 중에 단순한 연대학으로 포착되지 않는 한 가지 측면이 있다. 우리가 알아차려야 하는 것은 수명에 그저 몇 년을 더하는 정도를 넘어서서, 지금 일어나고 있는 현상이다. 사람들은 더 오래 살고 있다. 그렇다. 중요한 사실은, '건강하게' 사는 기간이 더 길어 졌다는 점이다. 대체로 독립적이고 건강한 삶을 유지하는 이런 기간 을 소위 건강수명이라고 한다. 건강수명에 대한 다양한 정의가 있지 만 가장 흔하게는, 주요한 사망요인인 심장병, 폐암, 만성폐쇄성폐질 환, 뇌졸중, 알츠하이머병, 제2형 당뇨병, 대장암, 유방암, 전립선암 같 은 심각한 질병에서 자유로운 기간으로 표현된다.

내 어머니의 경험은 생물학적 수명과 건강수명의 차이를 잘 예시해 준다. 어머니는 수명이 매우 길었다는 점에서 그녀의 세대로 보면 특 이한 경우였다. 어머니는 90대까지 살았다. 하지만 그녀가 건강수명 을 상당히 더 길게 경험한 것은 아니었다. 어머니는 60대부터 여러 가 지 만성 질환을 겪었고, 생애 말기 몇 년간은 20회 이상의 입원 생활을 견뎌야 했다.

어머니의 상황을 70대인 내 친구 마크와 비교해보라. 그는 최근 마 룬 파이브Maroon 5의 록 콘서트를 다녀와서 내게 말했다. "내 몸이 일흔 일 뿐이지, 나는 마흔다섯이야." 이것이 건강수명이 더 긴 경우다.

물론 건강수명 이야기에는 단지 건강한 경우와 건강하지 않은 경우 를 대조하는 것 이상의 미묘한 차이가 있다. 또한 수천만 명으로 구성 된 60대 이상의 모든 사람이라는 단일하고 거대한 코호트에 이 개념을 적용하는 것은 공정하다고 보기 어렵다. 모든 사람이 마크 같지는 않다. 바로 그 점이 중요하다. 이 30년이라는 기간 동안 일부 개인은 20~40대와 같은 건강 상태를 경험할 수 있다. 60~90대에 맞게 수정된 생애 포트폴리오를 추구할 수 있지만, 틀림없이 일하고, 운동하고, 여행하고, 모험을 추구할 수도 있다. 지난 5년간 사귄 나의 새 친구 한 명은 활동적으로 스키를 타러 다니며 경주용 자동차를 운전한다. 상당한 규모의 부동산 사업을 운영하는 그는 내가 아는 어떤 35세보다 모든 면에서 더 활동적이다. 그의 나이는 76세다.

장수에서 오는 기회의 이점을 활용하려면 건강수명의 핵심 개념에 익숙해져야 한다. 더 길어진 건강수명은 당신이 접하게 될 삶의 단계에 다양성을 창조한다. 사실상 이제는 건강수명이 생물학적 수명보다 더 중요하게 여겨진다.

약물이나 다른 치료법을 통해 수명 연장에 전념하는 거대한 장수산업이 존재하지만, 더 큰 기회와 필요는 건강수명을 늘리고 그 기간 동안 사람들이 더 많은 자유를 누리도록 돕는 데에 있다.[9] 이 구분은 중요하다. 100세까지 살지만 마지막 20년을 보행 보조기나 휠체어를 타며 보내는 것과, 해변을 거닐거나 테니스를 치면서 보내는 것에는 차이가 있다. 주방까지 걸어갈 수 있는 삶과 박물관까지 걸어갈 수 있는 삶은 분명 다르다.

알려진 건강수명의 많은 결정요인들은 기업이 고려할 만한 새로운 기회를 창출해낸다. 상식처럼 들리겠지만, 적당하고 규칙적인 운동을 하고, 담배를 피우거나 술을 많이 마시지 않으면서 건강하고 균형 잡

힌 식단을 유지하는 것이 건강수명을 늘리고 질병을 예방하는 가장 확실한 방법이다. 여러 문헌에서도 광범위하게 지지받고 있는 지중해식 식단이 좋은 예다.

사회적, 지적, 신체적 활동 역시 건강수명을 결정하는 중요한 요인이다. 이 요인들은 심리적 효과와 더 흔히 결부되지만, 이들의 강력한 생리적 효과를 무시해서는 안 된다. 사회적 고립은 하루에 담배 열다섯 개비를 피우는 것만큼 건강에 해롭다고 밝혀졌다.[10]

건강이 개선되고 인지기능저하cognitive decline 비율이 떨어지고 있는 만큼, 우리는 사람들이 어떻게 나이 드는지에 관한 오래된 고정관념을 버려야 한다. 치매 발병률에 대한 데이터를 보면 신규 치매 발병률이 실제로 줄어들고 있으며, 이는 건강수명이 개선되고 있음을 시사한다. 그러나 전반적으로 수명이 늘면서 유병률도 증가하고 있다. 노화로 인한 질병들은 수십만 명의 노인과 그들 가족의 삶의 질을 떨어뜨린다. 하지만 실제로는 대다수의 사람들이 건강하고 인생에서 가장 행복한 단계로서 노년기에 도달할 것이다. 이미 실제로 85세 인구의 절반 이상이 독립적인 삶을 영위할 수 있다. 노년기에 행복감이 증가한다는 사실은 스탠퍼드대학교 장수연구센터Stanford Center on Longevity 창립자이자 이사인 로라 카스텐슨Laura Carstensen이 충분히 입증한 바 있다.[11] 특정 연령 이상의 사람들이 쇠퇴하고 있으며 죽을 날만 기다리고 있다는 착각의 함정에 빠져서는 안 된다. 그녀의 연구에 따르면 70대는 사람들이 누리는 가장 행복한 연령대 중 하나이며, 건강수명이 늘어나면서 이 수치는 더욱 개선될 것이다.

노년기의 건강 상태를 결정하는 가장 중요한 단일요인은 교육이다. 이 중요한 통찰은 장수 시장을 세분화하는 데 영향을 미칠 것이다. (우리는 앞으로 나올 장에서 시장 세분화를 살펴볼 예정이다.) 교육은 다른 어떤 요인보다 우리의 장기적인 건강이 어떨지를 더 잘 예측하는 요인이다. 이와 똑같이 중요한 것은 교육이 소득에 미치는 영향이다. 가난한 노인들의 숫자는 2022년까지 두 배로 증가해 430만 명에 달할 것으로 예상된다.[12] 교육은 소득에 영향을 미치고, 소득은 양질의 헬스케어, 영양이 풍부한 고품질의 음식, 주거, 운동으로 건강을 관리할 기회를 얻는 능력에 영향을 미친다. 최종 통계는 아직 알 수 없지만 코로나19 사례에 관한 예비 보고서에 따르면, 낮은 소득 및 빈곤과 관련된 모든 요인이 더 높은 사망률과 관련이 있다.

어떤 요인이 건강수명에 기여하는지 혹은 이를 손상시키는지 아는 것은 당신 앞에 놓인 장수 기회와 그 깊이를 이해하기 위한 핵심이다. 하지만 더 길어진 생물학적 수명과 건강수명이 연쇄적인 기회를 만들어낸다는 점은 분명하다. 당신은 이 기회를 모두 얻으려 할 수도 있고, 그중 한 부분에만 참여할 수도 있다.

일례로 와이더서클Wider Circle은 많은 노인이 경험하는 사회적 고립을 '내 집에서 나이 들기aging in place'로 해결하기 위해 2015년에 설립됐다(이 회사에 관해서는 4장에서 더 자세히 살펴보자). 이 회사는 고립을 줄여서 사람들의 건강수명을 늘리고 있다. 더 건강하고 덜 고립된 노령층 성인은 교육 기회와 같은 새로운 서비스를 이용할 수 있다. ('평생학습'이라는 말은 글자 그대로 사실이 되고 있다.) 그 결과 교육 기회는 노령층 성인을 위한 사용자 경험user experience, UX의 혁신 가능성을 열어준다. 이 혁신은 학습 플랫폼과 소셜 네트워크의 가능성을 열어준다. 노령층 근로자를 고용하는 것은 또 다른 주요 과제이자 혁신 기회다. 매사추세츠주에서 내가 좋아하는 아침 식당에서 종업원으로 일하는 내 친구 이비는 동네 식료품점에서 계산원으로도 일한다. 그 일이 자신에게 목적을 부여해주고, 은퇴하는 대신 고객과 동료와 사회적 상호작용을 이어갈 수 있기 때문에 그녀는 그런 삶을 살고 있다.

이 단순한 사례는 건강수명의 겨우 한 측면인 사회적 고립을 해결하는 데서 나온 것이다. 다른 모든 측면을 고려한다면 가능성은 기하급수적으로 늘어난다.

—

장수 + 건강수명 = 기회

인구구조상의 격변이 전 세계적으로 일어나면서, 21세기에는 장수가 개인, 사회, 기업에 수많은 기회를 가져다줄 것이다. 하지만 사람들은 아직 수명이 늘어나는 것이 얼마나 좋은 일인지에 대해 창의적으로 생각해보지 않은 경우가 대부분이다. 인구구조 변화, 고령화 과정의 건강 상태 개선, 신규 시장과 성장하는 시장을 활용할 수 있는 잠재력에 관해 통찰하는 일은 중요하다. 이는 모든 기업이 장수 사회와 새로운 노년 시대가 제시하는 시사점과 기회에 대응할 방법을 이해하도록 독려하는 역할을 한다.

기업들은 헬스케어, 재무, 교육, 주거, 기술 분야에 존재하는 기회는 물론, 더 길어진 생물학적 수명과 건강수명이 끼치는 막대한 영향을 깨닫고 있는 중이다. 이 산업은 발생기에 있다. 노령층 성인의 필요와 욕구를 충족하고, 인생 말기의 돌봄과 계획 수립을 돕기 위해 새로운 회사가 많이 설립되고 있다. 더 많은 회사가 필요하다는 점은 확실하다. 하지만 건강수명이 늘어남에 따라 사람들이 필요로 하고 원하는 것을 제공하는 것은 또 다른 문제다. 몇 가지만 예를 들더라도, 핀테크, 경력과 이직 계획, 건강과 웰니스wellness(심신이 평안하고 평화로운 건강 상태―옮긴이), 세대 간 공동생활과 교류, 레저와 오락 등 모든 영역에서 새로운 제품과 서비스가 등장할 것이다.

이 기회에 대응하는 일은 모든 기업, 이사회, 리더, 창업자, 경영대학원이 고민하고 그들의 전략에 통합시켜야 할 지상과제가 되어가고 있다. 어쨌든 장수 분야는 규모가 가장 크고 가장 빠르게 성장하는 시장이다. 이미 미국에서는 50세 이상이 소비자 지출의 절반 이상과 가계자산의 83퍼센트를 차지하고 있다. 이 두 가지 수치는 의미 있는 수준으로 늘어날 것으로 예상된다. 이렇게 큰 규모의 수치를 무시하는 것이 좋은 전략이었던 적은 결코 없다.

장수에 관한 전략적 접근은 이러한 인구통계와 그 시장을 규정하는 용어를 이해하는 데서 시작한다. 가장 중요한 것은 배우고 돈 벌고 은퇴하는 3단계 인생이 더 이상 유효하지 않으며, 건강수명이 늘어나면서 이 시장에서 나이의 중요성이 줄어들고 있다는 사실을 이해해야 한다는 점이다. 누구에게 어떤 종류의 제품과 서비스가 필요한지, 그것을 어떻게 팔아야 하는지, 누구에게 팔아야 하는지, 교육과 일, 경력이 어떻게 바뀌어야 하는지를 규정하는 것은 오히려 나이가 아닌 단계다.

고객의 필요와 욕구를 정의할 때 나이가 아닌 단계를 고려하는 일은 표준이 될 것이다. 예를 들어 40대에서 80대 사이에 있는 다양한 연령의 사람들이 건강을 유지하면서 일하고, 여행하고, 운동하고, 탐험하는 단계를 똑같이 경험할 수 있다. 단계에 초점을 맞추면 교육, 오락, 의류, 여행, 주거를 포함한 모든 사업 분야에서 새로운 장수 기회를 포용하는 전략을 개발할 수 있다.

—

100세 인생이 내 사업에 어떤 의미가 있는가?

우리 사회는 너무 오랫동안 은퇴 시기를 포함한 삶의 많은 이정표를 나이에 따라 규정해왔다. 65세에 은퇴한다는 개념은 인간 수명이 65세를 넘는 경우가 드물었던 1880년에 도입됐다. 미국의 사회보장 시스템은 그런 낡은 전제 위에 세워졌다. 오늘날에는 100세 인생을 위한 계획을 세워야 하는 만큼, 또 대부분의 사람들이 더 오래 일하기를 원하고 필요로 한다는 사실을 감안한다면 65세에 은퇴하는 것은 구시대적이다.

다음 사실을 생각해보자. 한 세대 전에는 65세에 은퇴하는 것이 표준이었고, 은퇴를 보람되게 얻은 휴식으로 여겼다. 하지만 오늘날 65세에 은퇴하는 사람들은 또 다른 35년의 삶 그리고 약간의 노력을 더 한다면 그 기간을 건강하게 누리게 될 가능성이 있다. 많은 사람에게 늘어나는 35년은 거의 그들이 경력이나 직업, 가족에 이미 헌신해온 기간만큼이나 긴 시간이다. 사람들은 65세라는 전통적인 은퇴 연령과 90대 혹은 그 이상의 나이에서 겪을 삶의 마지막 순간 사이에서, 목적을 가지고 활발한 활동을 하는 다양한 단계를 경험할 것이다.

100세까지 늘어난 생물학적 수명 전반에 걸쳐 새로운 사업 기회가 존재할 것이다. 일의 본질과 기간이 극적으로 바뀌면서 기업이 경력 전환을 도울 수 있을 것이다. 교육 사이클은 지금의 20년 주기가 아니라 60년 주기가 표준이 될 것을 예상해야 한다. 한 세기만큼 길어진 인생에서는, 일과 외부 자원 모두를 이용해 적극적인 학습자가 되는 일이 필수가 될 것이다. 우리가 삶에서 처음 20년 동안 받은 교육이 남은 80년을 뒷받침해줄 거라는 기대는 비현실적이다. 재무 서비스 기업들은 베이비 본드baby bonds(미국에서 아이가 태어나면 신탁계좌를 개설해 정부에서 소득에 따라 매년 돈을 입금해주고 18세 생일이 되면 출금이 가능하도록 하는 제도를 검토 혹은 시행 중임―옮긴이)의 개념을 포함해 더 길어진 삶의 재무적 니즈를 지원하기 위한 상품을 새롭게 생각해볼 수도 있다. 새로운 주거 기회는 사람들이 은퇴자 주거단지 대신 자신의 집에서 늙어가도록 해줄 수 있다. 이 모든 혁신은 또한 더 길어진 건강수명을 뒷받침해줄 것이다.

이와 유사하게 기업은 직원들을 위한 사업 전략을 세울 때 자원봉사 활동, 안식년 및 기타 휴직, 돌봄제공 휴가, 여행, 레저, 세대 간 연결 욕구를 핵심적으로 고려해야 할 것이다. 경력과 일에서 다양한 단계로 전환하도록 사람들을 도와주는 새로운 기업도 등장하고 있다. 직원의 나이가 아닌, 다양한 삶의 단계를 인식하는 기업은 계속 번창할 것이다.

존슨앤드존슨Johnson & Johnson의 리이그나이트Re-Ignite, 제이피모건 J.P.Morgan과 페이스북Facebook의 재입사 프로그램처럼, 유급으로 '리턴십returnship' 프로그램(더 많은 경험을 가진 사람들에게 인턴십을 제공하는 프로그램)을 제공하는 대기업이 점점 더 늘어나고 있다. 50세 이상인 사람들 사이에서 요구가 높아지는 디지털 리터러시digital literacy(디지털 문해력이라고도 부르며, 디지털 플랫폼의 다양한 미디어를 접하면서 명확한 정보를 찾고 평가하고 조합하는 능력—옮긴이) 문제를 해결해주는 새로운 기업과 프로그램이 등장하고 있다(4장을 참조하라). 직원들은 단지 자녀 교육에 대한 혜택만이 아니라 529플랜(주 정부의 세금 혜택을 받으면서 본인 혹은 자녀의 학자금을 미리 저축하는 프로그램—옮긴이)처럼 그들 자신을 위한 교육 관련 혜택의 종류가 더 많아질 경우 이를 높게 평가할 수도 있다. 개인이 지속적 학습자가 되고 기업이 이런 유형의 기회를 제공하는 것이 100세 인생에서 표준이 될 거라고 믿는다.

인생이 길어지면서 노령인구도 다양한 방식으로 장수 경제에 기여하기를 원할 것이며, 또 그렇게 할 수 있을 것이다. 노령의 나이에 풀타임이나 파트타임 직책에 고용될 수도 있고, 컨설턴트, 하도급업자, 프리랜서, '올더프러너olderpreneurs'(older와 entrepreneur의 합성어로 50세 이상의 최초 창업자를 부르는 용어—옮긴이)로서 자신을 고용할 수도 있다. 혹은 자원봉사자나 돌봄제공자 역할도 할 수 있을 것이다. 그들 모두는 소비자가 될 것이며, 부의 재배분에서도 상당한 부분을 차지하게 될 것이다. 지금은 50세가 넘는 창업자들을 대상으로 삼는 인큐베이터나 공유 업무 공간이 등장하고 있다. 이 공간 중 일부는 가상공간이 돼야 할 것이다.

게다가 다섯 세대(베이비부머, X세대, 밀레니얼 세대, Y세대, Z세대를 아우를 정도로 다양한 세대—옮긴이)에 걸친 인력을 보유한다는 것이 어떤 의미인지 고민해보지 않은 기업들이 대부분이다. 단계라는 것이 제품 디자인, 고객 서비스, 마케팅 전략을 결정할 때 고려해야 할 요인인 만큼, 이런 인력을 보유했다는 사실은 그 기업이 해당 인력의 창의성을 보유할 수 있다는 사실을 의미한다. 또한 연령대가 매우 다양한 고객들이 비슷한 단계에 속해 있을 수도 있다는 성찰을 얻는다는 의미도 된다. 그런 창의성과 성찰은 제품 디자인, 고객 서비스, 마케팅 전략에서 고려해야 할 요인이 될 것이다.

장수에 초점을 맞추는 기업들은 궁극적으로 여러 세대에 적용할 수 있으면서도 나이 많은 고객에게 어필하는 제품과 서비스를 개발하게 될 것이다.

경험 많은 인력의 가치에 대한 인식과 중요성이 점점 더 커지고 있다. 이들 다중세대intergenerational 인력은 또한 역멘토링과 세대 간 연결을 위한 새로운 기회를 제공할 수도 있다. 다중세대 인적자원의 경제적 가치에 대한 이해도 더 높아지고 있다. 2019년 9월 컨설팅 기업 머서Mercer는 '당신은 나이에 대비가 됐습니까?Are You Age-Ready?'라는 백서를 출간하고, 기업들이 노령화로 인한 여러 변화에 대비된 조직을 구축하도록 도와줄 플랫폼인 넥스트 스테이지Next Stage를 출범시켰다.[13]

노령층 근로자들은 그들의 직장에서 디지털 지능DQ의 가치에만 국한되지 않고, 감성 지능EQ의 차원을 한 단계 높인다. 기업들이 이런 기회를 인식하고 장수 서약longevity pledge(55세 이상 인구가 미국 노동 인구 중 가장 빠르게 성장하는 환경에 대비하기 위해 연령과 관계없이 모든 근로자를 포용하는 근무 환경을 만들겠다는 기업들의 서약—옮긴이)을 하도록 돕기 위해 미국에서는 미국은퇴자협회AARP와 세계경제포럼이 새로운 이니셔티브들을 진행하고 있으며, 미국노인학학회Gerontological Society of America가 지원하는 노화의 새 틀 짜기 이니셔티브Reframing Aging Initiative도 진행 중이다(8장 참조).

건강수명이 늘어나는 세상에서 당신의 경력과 인생 계획을 고민하려면 낡은 표준을 새롭게 검토해봐야 한다. 당신은 개인적으로 가족에게 더 집중하기 위해, 추가적인 교육 기회를 추구하기 위해, 삶의 다음 단계를 재구상하기 위한 안식년을 얻고자, 다양한 시기에 여러 차례 경력 휴식기를 계획할 수 있다. 어떤 유형의 일과 경력을 추구하고 싶은지 다시 생각해볼 수 있고, 타인에게 비판받지 않고도 여섯 가지에서 열 가지 다른 직업을 가지는 경우도 충분히 기대할 수 있다. 이 모든 일은 나이와 별개로 일어나며, 많은 부분은 당신이 경험하는 삶의 단계에 달려 있다.

당신은 자신의 건강수명을 늘리기 위해 건강하고 행복한 삶에 우선순위를 둬야 한다. 그리고 다중세대로 이뤄진 인적자원을 이끌 수 있어야 한다. 조직 리더의 사고방식이 바뀌면 다중세대 인적자원 구성과, 새로운 장수 기회에 맞춰 기업 전략을 조정하는 방법을 끊임없이 검증하게 될 것이다. 또한 21세기를 위해 생물학적 수명만이 아니라 건강수명을 증진하겠다는 새로운 약속을 독려하는 데 도움이 될 것이다. 이런 사고방식을 가진 기업들에 대해서는 4장에서 더 자세하게 기술하고 있다. 임원, 프로젝트 매니저, 팀 리더, 인트라프러너 intrapreneurs(조직 내 혁신가들), 커뮤니티 리더로서 당신의 노력에 이런 사고방식을 도입하라.

• • •

지난 세기 동안 100세 인생을 살 수 있게 됐다는 사실은 놀랍다. 하지만 이런 수준의 장수를 위해 인생 여정을 재설계하는 일은 아직 초기 단계에 머물러 있다. 장수는 현실이지만, 그렇다고 해서 문제를 해결하거나 기회를 움켜잡는 일이 간단하다는 의미는 아니다. 예를 들어 스탠퍼드대학교 장수연구센터는 100세 인생을 위한 비전을 설계하고 '새로운 인생 지도New Map of Life'를 개발하고 있다. 이런 이니셔티브는 여러 해에 걸쳐서 장수의 대비책으로 학습과 생계유지, 저축을 위한 더 유연한 모델을 연구한다. 그 결과 이런 인생 여정에 접근하는 새로운 방식에 관한 인식이 높아지면서, 새로운 혁신 기회가 만들어지고 있다.[14] 스탠퍼드대학교 장수연구센터는 우리가 언제 어떻게 이 여분의 30년을 생물학적 수명에, 이상적으로는 건강수명에 추가할 것인가라는 중요한 질문을 던진다.

이 여분의 30년은 모두 마지막에 사용해야 할까? 아니면 새롭고 더 길어진 인생 단계의 중간에 배치해야 할까? 학부 생활은 학생들의 관심 분야에 관한 더 양질의 정보를 제공할 수 있도록 중간에 인턴십과 업무 경험을 위한 휴학 기간을 가지면서 6년에 걸쳐 분산해야 할까? 경력 초기 단계에 돌봄제공 휴직을 하는 것이 표준이 돼야 할까? 그리고 가장 생산성 있게 일하는 기간은 아이를 키운 다음에 시작돼야 할까? 돌봄제공자들이 재정적 안정이라는 측면에서 과도하게 불리한 입장이 되지 않도록, 돌봄제공 기간을 보상하는 새로운 세금 정책을 도입해야 할까?

이런 기회를 얻기 위해서는, 사회에서 아직 대부분 인정하지 못하고 있는 다중단계의 삶을 뒷받침하는 새로운 방법을 개발해야 한다. 거기에는 은퇴란 없을 것이다. 대신 '은퇴 취소unretirement'(은퇴 연령에 가까운 사람이 은퇴를 미루거나 은퇴자가 다시 재취업하는 것—옮긴이)가 있을 것이다. 전 세계 대학의 원격수업이나 대면수업에서 20세와 70세가 함께 공부하게 될 것이다. 우리는 다양한 안식년 기회, 경력 전환을 돕는 회사, 돌봄제공자를 지원하는 새로운 방식들을 보게 될 것이다. 새로운 재무 도구와 정책들 덕분에 사람들은 불이익 없이, 지속적인 교육을 받기 위한 자금을 그들의 401(k) 계좌(미국의 연금제도로 회사가 일정액의 퇴직금을 매달 적립하면 근로자가 이를 운용해 노후에 대비하는 퇴직연금—옮긴이)에서 출금할 수 있게 될 것이다. 50년에서 60년 동안 상품과 서비스를 이용하는 다중세대 고객이 생겨날 것이다.

소비자, 마케터, 기업이 이 모든 새로운 필요와 가능성에 대처할 수 있도록 돕기 위해서는, 다중단계의 삶을 인식하고 새로운 단계에 이름을 붙일 수 있는 새로운 프레임워크가 필요하다. 이것은 그저 더 길어진 중년기가 아니다. 연장된 노년기도 아니다. 그 이상의 것이다. 100년에 걸쳐 펼쳐질 삶의 여정을 재창조하는 것이다.

이 책의 나머지 부분에서 나는 여러분이 이런 인구학적 현상을 이해하고 적응함으로써 기회를 찾도록 돕는 데 전념했다. 우리는 모든 사람이 더 오래 사는 문제에서 가장 중요한 것은 햇수가 아니라 그들이 거치게 될 단계들, 즉 어느 누구도 경험하지 못한 단계라는 것을 인식하는 데서 시작한다. 그리고 그 새로운 단계들을 점검하고 이름 붙이는 작업을 시작할 것이다.

기업가와 마케터를 위한 제언

○ 사고방식을 바꿔라. 3단계의 삶은 시대착오다. 사람들은 100세의 긴 삶을 살게 될 것이다.

○ 다음 통계를 파악하라. 2050년까지 50세 이상인 사람들의 수는 두 배로 늘어날 것으로 추정되며, 역사상 최초로 전 세계에서 65세 이상인 사람의 수가 15세 이하인 아동의 수를 넘어서게 될 것이다.

○ 50세 이상 인구가 미국 내 소비자 지출의 50퍼센트 이상을, 가계 자산의 83퍼센트 이상을 차지하고 있음을 기억하라. 이 인구통계는 미국을 비롯해 전 세계에서 가장 규모가 크고 빠르게 성장하는 사업 기회를 대변한다.

○ 이것이 55세 이상 인구를 위한 기회만이 아님을 고려하라. 이 기회는 한 세기가 넘는 삶을 위한 다중세대 제품과 서비스를 포함하는 더 폭넓은 스펙트럼을 아우른다.

○ 장수가 가져올 기회를 고려할 때 나이가 아닌 세대 개념을 융합시키라. 인생의 새로운 지도에는 수많은 새로운 단계들이 등장할 것이다. 이들은 나이로 규정되지 않으며 새로운 기회를 풍부하게 만들어낼 것이다.

○ 단순히 생물학적 수명이 아닌 건강수명 연장을 목표로 삼아라.

○ 단계와 다중세대 관점을 제품 설계, 소비자 서비스, 마케팅 전략의 요인으로 포함시키라.

2장

'연령'이 아닌 '단계'
패러다임이 필요하다

———

더 길어진 생물학적 수명과 건강수명 때문에 소위 노령층 성인들은 하나의 인구통계 집단으로 함께 묶일 수 없다. 노령층 성인을 이야기할 때 사용하는 단어들은 연령에 바탕을 두고 있으며, 더 이상 정확하지도, 현실과 맞지도 않다. 여기서 나는 노령층 성인의 다양한 삶을 이해할 프레임을 마련하기 위해 새로운 단어들을 개발했다. 언어를 초기화함으로써 우리는 장수 시장을 더 잘 이해하고 연령차별주의의 끈질긴 함정에서 벗어나게 될 것이다.

———

———

다음 세 사람에 대해 생각해보라.

에두아르도는 모나코에서 막 열 번째 그랑프리 경주를 마쳤다. 그는 자동차 경주를 사랑하고, 매일 전기자전거를 타고 출근하며, 20대 말에 창업한 사업체를 운영한다. 그는 최근 재충전을 하면서 지속적 학습자가 되고 싶어 하는 전문직을 위한 1년짜리 대학 프로그램을 마쳤다. 그는 겨울마다 가족과 스키를 타러 가고, 삶을 온전히 즐기며, 자신이 속한 커뮤니티를 더 나은 곳으로 만드는 데 기여하고 있다고 묘사할 수밖에 없는 사람이다. 에두아르도는 아내와 전 세계를 여행하는 것도 즐긴다.

마리아는 10년 전 남편과 사별했다. 그녀는 심장병, 당뇨병, 폐질환을 포함한 몇 가지 만성질환을 앓고 있으며, 최근에는 뇌졸중을 겪었다. 회복에 석 달이 걸렸는데, 메디케어Medicare(65세 이상을 위해 미국 정부가 시행하는 의료보험—옮긴이)는 비숙련자의 자택 간호에 대해서 돈을 지급하지 않았다. 그녀의 딸인 에린은 미국 반대편에 사는 유일한 자녀이며, 투자회사를 다니다가 어머니를 돌보기 위해 무급 휴가를 얻은 상태다. 마리아는 현재 딸과 함께 미래의 헬스케어와 유산에 대한 자신의 소망을 논의하면서 이 시간을 보내고 있다.

킴은 활동적이지만 '더 젊은' 룰루레몬Lululemon 스타일의 제품이 더 이상 맞지 않는 더 나이 많은 여성을 위해 의류제품을 만드는 회사를 새로 막 창업했다. 그녀는 전국의 유통업체를 방문하고, 여성들과 포커스 그룹을 구성해 제품 개선 방안과 새로운 기회에 관해 배우고 있다. 그녀는 자신이 즐겨 참여하는 댄스와 운동 수업에서 자사 제품을 입는다.

이제 이 세 사람을 각자 가장 젊은 사람부터 가장 늙은 사람까지 순서를 매겨보라. 아마도 활동적인 킴과 에두아르도가 더 젊고, 병을 앓고 있는 마리아가 나이가 가장 많다고 추측할 것이다.

이 세 사람의 나이는 75세다. 그러나 셋 모두 연로하거나 늙은 것은 아니다. 이들을 모두 시니어senior라고 부를 수 있을까? 그럴 수도 있다. 하지만 그 용어는 이들의 다양한 활동과 필요, 욕구를 묘사하는 데 전혀 도움이 되지 않는다.

사실 이들을 그룹으로 한 데 묶거나, 동일한 단어를 사용해 분류하는 것은 어리석은 일이다. 이들은 생물학적 수명이 같지만 건강수명은 서로 다르다. 에두아르도는 활기와 목적으로 충만한 생물학적 수명과 건강수명을 누리고 있다. 마리아는 의료상으로 더 심각한 문제를 겪고 있으며 도움과 간병이 필요하다. 그녀는 연약하고 신체 기능이 제한된 탓에 전형적으로 나이 든 사람처럼 보일 수 있다. 그렇다 하더라도 늙다old라는 단어는 마리아의 현재 단계와, 그 단계를 공략한다는 말이 의미하는 바를 적절하게 포착하지 못한다. 킴은 창업자(올더프러너) 단계에서 활발하게 사업을 구축하고 있으며 활기가 넘치는 상태다.

우리가 65세가 넘는 사람들을 묘사할 때 통상적으로 사용하는 단어들은 나이를 언급하고 있다. 이 단어들은 불충분할 뿐 아니라 잘못됐다. 하나의 용어가 삶의 30년에서 40년에 걸친 기간을 아우를 수 있다는 개념은 더 이상 작동하지 않는다. 그런 생각은 환원주의(다양한 현상을 하나의 원리나 요인으로 설명하려는 형태—옮긴이)일 뿐만 아니라 정확하지도 않다.

85세에 도달한 사람들 중 절반 이상이 좋은 건강상태를 유지할 것이며, 설문조사에 따르면 절반 이상이 70세가 넘어서도 활발하게 일할 거라고 예상하고 있다.[1] 시니어, 실버silver, 심지어 은퇴자retiree라는 단어는 적절하지 않다.

이것이 사소한 문제로 보일지 모르지만, 우리가 사용하는 언어는 우리의 이해와 믿음을 형성한다. 이 시장을 더욱 정교하게 이해하려면 이를 묘사할 더 섬세한 언어가 필요하다. 올바른 단어를 찾지 못한다면 우리는 사회의 생산적인 한 부분을 소외시키면서, 급속히 커지는 그 시장을 공략할 기회도 놓칠 것이다.

아직까지 언어는 충분히 진화하지 않았다.

1장에서 언급한 것처럼, 내 친구 마크는 일흔 살이지만 기분은 마흔다섯이라고 말했다. 그는 현직 변호사이자 성공한 뮤지션이고, 투자자이자 록 콘서트 애호가다. 또한 90대인 아버지를 돌보고 있기도 하다. 마크는 종종 단순히 자신이 늙었기 때문에 무시당한다고 느끼며, 그런 묘사는 자신이 스스로를 보는 시각과는 반대라고 말한다. "나는 지금 단계에서도 30년 전처럼 여전히 인생에서 원하는 것을 성취할 수 있어." 그리고 덧붙였다. "슬픈 건, 내가 그렇게 보이지 않는다는 거야."

　새로운 언어는 사람들이 스스로 속해 있다고 느끼는 수많은 단계에 초점을 맞춰야 한다. 같은 나이의 노령층 성인이더라도 완전히 다른 세부시장에 속할 가능성이 있기 때문이다. 그들이 관심을 갖는 제품과 서비스는 매우 다양할 것이다. 이 주제와 관련된 패널 토론을 듣고 이와 같은 사고방식을 체득한 한 학생은 영리하게 이렇게 표현했다. "당신이 75세인 사람 한 명을 봤다면, 그저 당신은 75세인 사람 한 명을 본 것이다." 원하는 어떤 나이로든 바꿔서 대입해보라. 그 관점은 여전히 적용된다.

　연령이 아니라 단계를 중심으로 새로운 언어를 개발하고 널리 사용하게 만들기란 쉽지 않다. 하지만 마케터들은 그 일을 시도 중이다. 노령층 성인은 2018년에만 8.3조 달러를 소비했고, 그 규모는 2050년까지 세 배로 늘어나 28.2조 달러에 달할 것이기 때문이다.[2] 우리는 이미 그 기회를 장악한 기업들의 브랜딩 활동에서 새로운 유행어가 등장하는 모습을 보게 될 것이다.

하지만 이 일을 제대로 하기가 늘 쉽지만은 않다. 실버빌스Silver Bills 와 실버네스트Silvernest 같은 회사를 예로 들어보자. 실버빌스는 청구서 지불 서비스를 제공한다. 실버네스트는 부모들이 성장한 자녀를 독립시킨 후, 부모들이 학생이나 전문직 직장인에게 빈방을 임대하도록 도와준다. 두 서비스 모두 아이디어는 좋다. 하지만 (마크처럼) 그들이 타깃으로 삼은 사람들이 모두 실버로 분류되지는 않는다. 게다가 그 나이대 사람들 중 일부는 그런 연관성을 적극적으로 피하려고 할 것이다. 실버라는 용어가 나이, 즉 흰머리가 날 만큼 충분히 늙었다는 점에 맞춰져 있기 때문이다. 이 서비스를 이용할 수 있는 사람 중 많은 수가 다른 단계에 있을 수 있고, 상품 자체와 그들이 받는 소통은 약간 수정될 필요가 있다. 하지만 회사들은 이 인구집단에 속한 사람들의 단계를 설명하는 언어를 개발하지 않았다.

세 번째 장third act 혹은 세 번째 단계third stage처럼 세 번째third라는 단어에 집착해온 다른 회사들도 많다. 다시 한번 말하지만 이런 문구들은 일시적인 표식이며, 오히려 은연중에 마지막 장last act이라는 의미를 내포해 마음을 상하게 한다. 앞으로 살펴보겠지만 단계를 통해 세상을 보면 당신은 수없이 많은 장들을 볼 수 있다.

그러면 삶의 새로운 시기, 새로운 단계, 새로운 목적, 새로운 모험을, 끝낸다기보다 그 속으로 나아간다는 사고방식은 어떻게 포착할 수 있을까?

一

나를 늙었다고 표현하지 말라

실버빌스와 실버네스트같은 회사들을 너무 비판적으로 판단해서는 안 된다. 시장에 대한 미묘한 차이를 포착하는 새로운 용어를 창조하는 일은 어려운 과제다. 이 단어를 어떻게 개발하는 것이 최선이며 누구에게 적용해야 하는지에 관한 논쟁은 계속되고 있다. 예를 들어 한 설문조사에서는 18세부터 29세 사이의 성인 중 압도적인 다수가 65세가 늙었다고 말한 반면, 60세 이상 성인 중 그렇게 생각한 사람은 16퍼센트에 불과했다.[3]

나는 다음의 단어들을 포함해 '새로운 노령new old age'을 묘사하기 위해 시도된 명칭을 50개 넘게 발견했다.

탐험가Explorers	젊은 노년Young old	기품 있는Distinguished
중간자Middlers	욜드Yold	새로운 노화의 시대New age of aging
중년기Middlescence	더 나은 노령Better old age	꽃 피우는 사람들Bloomers
다년생Perennials	유산의 해Legacy years	경험이 많은Experienced
B세대Generation B	장년기Elderhood	현명한 사람들Wise ones
새로운 노년New old	노년기Olderhood	현대 노인들Modern elders
새로운 노령New old age	빈티지Vintage	프리올드Pre-old

용어가 충분히 수집되면 범주들이 보이기 시작한다. 색깔 표현 (회색Gray, Graying, 은Silver, 금Golden), 꽃들(다년생Perennials, 꽃 피우는 사람

Bloomers), 약자들(베이비부머Baby boomers를 뜻하는 B세대, 은퇴자Retirees를 뜻하는 R세대), 만들어낸 단어(중간자Middlers, 중년기Middlescence, 노인Oldster, 노년기Olderhood 그리고 젊은Young과 노인Old의 합성어로, 솔직히 이상하게 들리는 '욜드Yold') 등이 보인다.

이들 중에 이름표를 달 사람들에 대한 애정이나 관심을 포착하고 있는 용어는 드물다. 이들 중 어떤 것도 삶에 추가된 30여 년이 가진 활력이나 변동성을 반영하지 못한다. 게다가 어떤 것도 이들을 둘러싼 새로운 기회를 적절하게 반영하지 못하고 있다.

2020년 초반에 나는 스탠퍼드대학교 우수경력연구소Distinguished Career Institute에서 내가 이끌던 장수혁신분과회Longevity Innovations Special Interest Group 활동의 일환으로 명명 프로젝트Naming Project를 출범시켰다. 이 프로젝트에서 나는 다양한 전문 분야의 사람들을 한 그룹으로 모아, 더 길어진 인생이 만들어낸 새로운 단계에 이름 붙이는 방법에 대한 아이디어를 브레인스토밍했다. 아울러 다중세대 프로젝트를 이끄는 데 도움받기 위해 스탠퍼드대학교 디자인스쿨d.school의 하소플래트너디자인연구소Hasso Plattner Institute of Design에서 디자인 사고 분야의 전문 강사를 초빙했다.

우리는 50세부터 85세 사이의 사람들을 인터뷰했고, 그들 삶의 여정, 경험, 그들에게 종종 부착되는 다양한 이름표에 대한 그들의 반응을 알게 됐다. 아울러 대학원생들이 누구를 늙거나 나이가 많다고 보는지, 또 그들이 건강하고 활기찬 상태로 60~80대가 되었을 때, 이 새로운 단계들을 위해 어떤 단어가 사용되기를 바라는지 등 노화에 대한 그들의 관점도 담았다.

프로젝트 워크숍에서 우리는 문제의 틀을 잡고, 새로운 용어를 위한 아이디어를 도출하고, 견본을 만들어 발표했다. 우리는 다른 언어와 문화에서는 더 나이 많은older이라는 단어가 지혜를 얻었음을 함축하며 존경받는다는 사실을 배웠다. 미국 문화와 언어에서 나이가 많다는 것은 무언가가 끝난다, 쇠락한다는 의미가 있다. 우리는 세월과 함께 얻게 되는 지혜, 활력, 경험, 자신감을 포착하는 것을 목표로 삼았다.

50개가 넘는 용어들을 돌아가며 검토하던 중, 장수 고객을 묘사하는 가장 흔하고 덜 불쾌한 최근 용어가 노령층 성인Older Adult이라는 사실을 발견했다. B세대(시니얼리Seniorly의 CEO인 아서 브렛슈나이더Arther Bretschneider가 최초로 고안한) 역시 불쾌하지는 않지만 미래 세대를 고려하면 범용성이 떨어졌다.[4] 예를 들어 Z세대가 나중에 B세대가 된다면 혼란스러울 것이다.

워크숍의 많은 부분은 결국 건강하게 늙기, 혹은 성공적이고 건강한 노화에 초점을 맞추면서 마무리됐다. 물론 우리는 그 언어가 나이가 아닌 단계를 묘사하는 것을 목표로 삼아야 한다는 데 동의했다. 그리고 새로운 단계에 있는 사람을 묘사하는 단어가 그들이 가진 활력과 행동가Doers, 실천가Actualizers, 선구자Trailblazers, 플레이어Players, 리더Leader로서의 역할을 반영해야 한다는 데 일반적으로 합의했다.

워크숍에서 각 팀은 뭐라고 불리면 더 편안할 것 같은지 그 명칭들을 발표했다. 대부분의 참석자들이 공감했던 명칭은 다음 네 가지였다.

- 단계인Stagers
- 일찍 꽃 피우는 사람과 늦게 꽃 피우는 사람Early bloomers and late bloomers
- 웰더스Wellders
- 줌알지ZoomRz

다양한 사람들이 다양한 단어에 공감할 것이다. 예를 들어 르네상스 시기Renaissance years라는 단어는 개인적으로 내게 반향을 불러일으킨다. 르네상스는 '삶의 회복, 활력, 흥미, 재탄생, 부활, 부흥'을 말한다. 여기서 목표는 하나의 단어에 정착하는 데 있는 것이 아니라 오히려 시간 기반 단어들을 단계 기반 단어들로 바꾸기 시작하는 데 있다.

그림 2-1) 장수 고객을 묘사하는 일부 새로운 용어들

모험가Adventurers 　실천가　 개척자 세대Frontier Generation

타협하지 않는 사람들Noncompromisers 　노력하는 사람들Strivers　 선구자

여행가Voyagers 　꿈을 좇는 사람들Dream Catchers

개척자Pioneers

플레이어 　르네상스 행동가들Renaissance doers

활력이 넘치는Vital 　번성하는 사람들Thrivers

노력하는 사람들Strivers

당신 엄마의 엄마가 아닙니다Not your Mama's Mama 　리더들

나를 틀 안에 넣지 마세요Don't put me in a box

경험 많은Seasoned 　방향을 전환하는 사람들Pivoters

등대Guiding Lights

실현하는 사람들Realizer 　실험가Experimenters 　진짜배기인Authentic

맥시마이저Maximizers(끊임없이 최적의 결과와 최대 만족을 추구하는 사람—옮긴이)

나는 여전히 친구들과 노령층 성인들에게 뭐라고 불리고 싶은지 물어본다. 친구인 샘은 더 진보하는 사람들The furthers, 혹은 더욱 더 진보하는 사람The further-mores이라는 명칭을 제안했다. 그의 말에 따르면, 열정적인 사이클리스트이자 온라인 수업을 자주 이용하는 사람으로서, 그 명칭이 자신이 하는 일을 묘사하고 있다는 것이다. 즉 그는 건강과 교육 측면에서 진보하고 있다. 95세인 그의 장모 실비아는 지역 커뮤니티 풀장에서 매일 수영을 하고 프롬평생교육센터Fromm Institute for Lifelong Learning에 다닌다. 샘보다는 건강이 좋지 않아서 약간의 돌봄이 필요하지만, 25세라는 나이 차이에도 불구하고 실비아는 샘만큼이나 자신의 삶에 대한 목적의식으로 가득하다. 두 사람 모두 활력이 넘치고 미래를 생각하며 진보하고 있다.

명명 프로젝트에서 다양한 포커스 그룹을 통해 새로운 이름을 테스트하고 탐색하는 일은 아직 완료되지 않았지만, 적절한 용어를 사용한다는 것은 혁신가나 마케터, 혹은 CEO로서의 당신에게도 중요한 일일 것이다. 더 중요한 사실은, 노령층 성인(혹은 노인)을 위한 마케팅 전략을 개발하면서 장수 고객의 새로운 사고방식을 이해해야 한다는 것이다. 그리고 완벽한 이름표를 찾는 것보다 단계들을 기억하고 이해하는 일이 훨씬 더 중요하다. 노령층 성인을 대상으로 할 때는 마치 그들이 젊은 고객의 특성과 태도를 많이 가지고 있지만 살짝 다른 기능이 필요할 수 있는 것처럼 마케팅하라. 그리고 결정적으로, 그들의 나이에 맞는 기능들을 판매 포인트로 삼지 말라. 당신은 나이가 아니라 단계에 판매하는 것이다. (이런 모든 기능은 5장에서 더 자세히 설명할 것이다.)

─

단계 규정하기

장수가 가져온 삶의 새로운 기간 전체에 이름을 붙이는 일 외에도, 해당 인구 집단에 존재하는 여러 국면과 단계를 찾아내고 이름 붙일 필요성이 점차 커지고 있다. 배우고, 돈을 벌고, 은퇴하는 세 단계로 이루어진 전통적인 삶은 더 이상 현실과 맞지 않는다. 새롭게 등장하는 많은 단계들 때문에 지금 우리에게는 더 다양한 언어가 필요하다. 게다가 그 단계들이 더 이상 나이와 단선적으로 연결되지 않기 때문에 더 유연해질 필요도 있다.

이 책의 나머지 부분에서 우리는 구성상의 원칙으로 18단계를 활용할 것이다. 표 2-1을 보면 그 단계들은 그룹으로 느슨하게 묶여 있다.

앞으로 나올 장에서 나는 이 단계들을 더 심도 있게 논의할 것이다. 우선은 모든 단계가 나이와 깔끔하게 연결되지 않는다는 사실에 유의

표 2-1) 삶의 18단계

성장 단계	직업과 가족 단계	재창조 단계	마무리 단계
시작	지속적 학습	새로운 목적 부여	유산
성장	재정적 안정 형성	재출발	삶의 말기
첫 출발	부모 되기/가족	삶의 우선순위 재설정	
실험	돌봄제공	전환	
	건강 최적화	포트폴리오	
		르네상스	
		사이드프러너	
		sidepreneurs	

하라. 사람들은 자신이 한 번에 두 개가 넘는 단계에 속해 있음을 깨달을 수 있다. 단계 간 이동이 직선으로 이뤄지는 경우는 거의 없을 것이다. 자녀나 노부모를 돌보려고, 혹은 교육받거나 재충전의 기회나 안식년을 갖기 위해 커리어상의 휴식기를 여러 차례 가지는 사람들이 많아질 것이다.

노년기에 있는 내 친구 마크는 음악을 향한 자신의 애정을 탐구하며 거기에 시간을 투자하므로 새로운 목적 부여 단계에 있지만, 동시에 95세인 아버지의 여생을 돌보며 삶의 질을 높이려고 노력하므로 돌봄제공 단계에 있기도 하다. 여러 가지 심각한 질병을 앓고 있는 마리아는 유산 단계에 가까워지고 있으며, 이 시기는 그녀에게 삶의 말기일 수도 있다. 나는 (재정적 안정을 형성하는 시기와 겹쳐진) 돌봄제공 단계를 위해 휴식기를 가졌고, 지금은 르네상스 단계와 포트폴리오 단계에 머무르며 새롭고 흥미로운 경력 기회를 다양하게 찾아내고, 개혁가들과 리더들, 변화를 일으키기 위해 헌신하는 사람들의 새로운 커뮤니티와 연계하고 있다.

—

은퇴라는 개념 대체하기

이 단계들 중에 은퇴라는 단어는 찾아볼 수 없을 것이다. 거기에는 충분한 이유가 있다. 많은 것들이 변화하고 있는 만큼, 구성 원칙 측면에서 은퇴 단계는 유용성이 떨어진다. 한 가지 이유는 은퇴 연령이 높아지고 있다는 것이다. 또 다른 이유는 80대와 90대, 혹은 그 이상까지 사람들이 건강하게 살고 있다는 경제적 현실이다. 이는 은퇴가 쉬운 선택지가 아닐 수도 있음을 의미한다. 마지막 이유는 은퇴하고 싶어 하지 않는, 건강한 노령층 성인들의 욕망이다. 65세가 넘으면 누구나 은퇴할 나이가 된다는 개념은 낡았다.

대신 노년의 은퇴 단계에서 당신이 발견할 여러 단계들은 다음과 같다.

- **새로운 목적 부여:** 새로운 핵심 목적을 향해 경력의 초점을 옮긴다.
- **재출발:** 학습과 같이 삶의 새로운 부분을 시작할 수 있게 해주는 온갖 활동을 한다.
- **전환:** 하나의 정체성에서 다른 정체성으로 이동을 촉진한다.
- **삶의 우선순위 재설정:** 새로운 우선순위와 목표를 뒷받침할 수 있는 가치 시스템을 새롭게 수립한다.

과거에는 은퇴에 해당했던 많은 부분이 이제는 학습이 될 것이다. 실제로 학습은 우리 인생의 시작 단계에서뿐 아니라 더 의미 있는 방식으로 삶의 모든 부분에 걸쳐 이어지게 될 것이다. 그리고 시간이 갈수록 개인과 기업 모두, 경력 전반에 걸쳐서 전환을 준비하고 새로운 기술 학습을 통합할 필요성이 커질 것이다. 이처럼 다양한 삶의 단계와 전환을 지원하기 위해 새로운 비즈니스가 계속 등장할 것이다.

새로운 창업자들

더 길어진 수명과 새로운 사업 기회가 가져온 놀라운 부산물 한 가지는 노령층 성인이 창업해 성공한 기업의 숫자가 급격하게 늘어난다는 점이다. 60세에 창업한 사람이 성공할 가능성은 30세보다 세 배더 높다. 가장 성공한 스타트업 중에는 50세가 넘는 사람이 창업한 경우가 50퍼센트를 넘는다. 2016년에 유잉 매리언 카우프만 재단Ewing Marion Kaufman Foundation이 실시한 미국 내 스타트업 활동 연구에 따르면, 신규 창업자 중 55세에서 64세 사이의 연령대인 사람이 25퍼센트를 차지한다.[5] 2018년 실시된 미국 소기업 대상 주별 인구조사 설문에 따르면 기업 소유주들 중 50세에서 59세 사이에 해당하는 사람이 다른 어떤 연령대보다 많고, 이들 중 다수가 기업을 성공시키기 위해 풍부한 경력상의 경험, 직업상 인맥, 재정적 안정을 활용하는 것으로 밝혀졌다.[6]

기술과 더불어 노령층 성인이 많이 확보하고 있는 경험은 그들의 성공에 도움을 준다. 나아가 이와 같은 시장 기회를 대할 때, 노령층 성인이 그 시장에 대한 귀중한 관점과 통찰을 갖고 있는 경우가 많다. 노령층 성인은 더 젊은 사람들이 아직 충분히 내부화하지 못한 단계를 살고 있기 때문에, 나이가 더 많은 다양한 소비자들의 필요와 단계를 더 잘 이해한다.

그런 인식이 커지고 탄력받으면서, 나이 많은 창업자를 육성하기 위해 미국과 캐나다에서는 인큐베이터와 액셀러레이터 숫자가 늘어나기 시작했다. 이런 트렌드를 포착하려는 다양한 신조어(예를 들어 올더프러너와 시니어프러너seniorpreneurs)가 떠돌고 있지만, 여전히 단계가 아니라 나이에 초점을 맞추고 있다는 점에서 미흡한 것도 사실이다. 내가 좋아하는 용어이자 아메리칸 익스프레스American Express가 처음 고안한 용어인 사이드프러너와 이 용어들을 비교해보라.[7] 사이드프러너는 사업을 운영하되 주당 20시간보다 적게 일하는 여성 사업가를 정의하는 용어다. 2014년부터 2019년 사이에 이 그룹의 규모는 39퍼센트 증가했다. 이런 증가세는 부분적으로는 공유경제를 반영하며, 또 부분적으로는 수명과 새로운 단계에 진입하는 노령층 성인의 숫자가 늘어났다는 점에 기인한다. 하지만 이 용어가 실제로는 나이에 초점을 맞추지 않고, 하나의 다른 생애 단계를 의미하고 있다는 점에 관심을 기울여보라.

이 새로운 혁신가와 창업자들은 경험과 목적, 열정을 가지고 있으며, 미래의 비즈니스와 사회에 크게 기여할 것이다.

—

다섯 분기로 구성된 삶

단계와 단계를 정의하기 위한 용어들은 여전히 진화하고 있다. 진행 중인 시도도 많다. 어휘 목록이 혼란스러울 수도 있다. 우리에게는 수많은 단계와 그 단계들이 평생 어떻게 작동하는지를 포착하는 데 적용할 하나의 프레임워크가 필요하다.

앞서 언급한 것처럼, 이 책에서는 내가 다섯 개의 분기, 혹은 5Q라고 부르는 프레임워크를 이용할 것이다. 이것이 파격적인 구분이라고 생각할 수도 있다. 이렇게 제안하는 이유는, 한때는 우리가 누릴 수 없었지만 이제는 늘어난 건강수명과 장수 덕분에 누릴 수 있게 된 여분의 시간이라는 개념을 포착하자는 것이다.

5Q는 100년이라는 삶 동안 개인이 거치게 될 다양한 단계를 포착하는 우산이다. 하나의 분기에 하나의 단계만 존재할 수 있는 것은 아니다.

이 프레임워크 아래서 우리는 사람들에게 일반적으로 단계인, 혹은 명명 프로젝트가 제시한 다른 새로운 단어 중 하나의 이름표를 붙일 수 있다. 우선 나는 다음에서 요약하는 것처럼, 삶의 세 번째 분기부터 다섯 번째 분기까지(Q3~Q5) 사람들에게 일어날 수 있는 장수의 새로운 단계들을 나타내기 위해 내가 고안한 **퍼더후드**furtherhood(진보하는 시기―옮긴이)라는 용어를 사용하고 있다. 퍼더후드는 60세가 넘는 사람들에게는 언제라도 일어날 수 있고 고대할 것이 많은 시기다.

5Q, 즉 다섯 개의 분기는 다음과 같다(그림 2-2도 참조하라).

- **Q1, 시작하는 분기:** 이 분기는 전통적으로 탄생부터 30세까지를 아우른다. 이 분기에 사람들은 말하고, 걷고, 배우기 시작한다. 고등학교, 대학교, 직장에서 새로운 장을 시작한다. 가족을 만들기 시작할 수도 있다. 이 분기는 30대까지 연장될 수 있다.

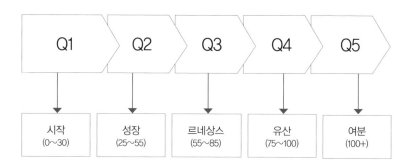
그림 2-2) 5분기(5Q) 생애 프레임워크

Q1	Q2	Q3	Q4	Q5
시작 (0~30)	성장 (25~55)	르네상스 (55~85)	유산 (75~100)	여분 (100+)

- **Q2, 성장하는 분기:** 성장하는 분기는 대체로 업무와 경력 모색, 전환, 경력 휴식기, 지속적 학습으로 가득 찬, 성인으로서의 삶을 구축하는 시기다. 25세부터 55세 사이에 이 분기를 겪을 가능성이 많다. 사람들은 여기서 삶을 성장시키고, 가족과 커뮤니티, 인간관계, 재산을 형성할 수 있다. 종종 사람들은 이 분기 내내 삶의 구성요소들을 재점검한다. 아울러 Q2는 장수하는 삶과 일에 대비하면서 새로운 기술을 배우거나 지속적으로 학습하는 등, Q3의 구성요소들로 특징지을 수도 있다. 이 분기에는 아이나 부모, 때로는 둘 다를 위한 상당한 돌봄제공이 포함되는 경우가 종종 있다.

- **Q3, 르네상스 분기:** 이 분기는 새로움re의 시기다. 새롭게 목적을 부여하고, 새롭게 원기를 회복하고, 르네상스를 경험하고, 새로운 평가를 하는 때다. Q3는 새로운 모든 것이라고 부를 수 있다. 지속적 학습과 탐색으로 가득 차 있어, 어쩌면 포트폴리오 라이

프스타일에 가깝다고도 할 수 있다. 이 분기는 50세와 85세의 중간 어딘가에서 겪는다. 누군가에게는 Q3가 80대 중반까지, 어쩌면 90대까지도 지속될 수 있다. Q3에 실제로 개인은 새로운 경력을 시작할 수도 있고, 교육을 더 받거나 새로운 기술을 익히기 위해 학교로 돌아갈 수도 있다. 새로운 가족을 만들기 시작할 수도 있고, 아이나 부모를 계속해서 돌볼 수도 있으며, 손주 돌보기에 참여할 수도 있다. 이 분기에 일은 많은 우선순위 중 하나에 불과할 수도 있다. 이 분기는 종종 '포트폴리오 기간portfolio years'이라고 불려왔던, 사람들이 목적의식을 가지고 다양한 활동에 참여하되 그중 일부에 대해서만 돈을 받는 기간이 될 수도 있다. 이 기간은 활력이 넘치는 창업가적 기회를 제공할 수도 있고, 멘토링, 조언, 투자 활동을 포함할 수도 있다.

- **Q4, 유산 분기:** 네 번째 분기로 진입하면서 사람들은 각자 자신의 건강수명을 새롭게 평가할 수 있다. 그들의 건강수명이 그들이 참여할 수 있는 활동의 유형과 단계를 결정할 것이다. 많은 사람들에게 Q4는 충분히 80대와 그 너머까지 유지될 수 있다. Q4에 사람들은 예외 없이 의료상의 필요와 지원에 관해 더 많이 걱정하게 될 것이다. 하지만 이 분기는 또한 한 사람의 유산을 규정하는 새로운 기회로 가득 찰 수도 있다.

- **Q5, 여분의 해 분기:** 다섯 번째 분기는 늘어난 건강수명과 함께 올 수 있고 오지 않을 수도 있는 보너스 시간이며, 예측하지 못할 수도 있다. 일반적으로 삶의 마지막 5년 동안 대부분의 사람

은 어떤 형태이건 도움이 필요하다. 오늘 태어난 아기들은 100대까지 살 것으로 기대되는 만큼, 추가된 장수의 기간을 어떻게 활용할지는 대개 건강수명과 재정적 안정에 얼마나 잘 투자해왔고 이를 잘 유지했는지에 달려 있다.

이 장의 시작 부분에서 당신은 에두아르도와 마리아, 킴을 만났다. 그들은 모두 75세다. 에두아르도와 킴은 Q3에 있고, 마리아는 Q4에 있다.

우리는 앞에서 막 이야기한 것처럼, 이 패러다임을 이용해 각 분기 내에 여러 삶의 단계가 발생할 수 있음을 인식해야 한다. 예를 들어 당신은 Q1이나 Q4에 속한 돌봄제공자일 수 있다. Q4에 당신에게는 돌봄제공이 필요할 수도 있고 전혀 아닐 수도 있다. 이런 성찰은 당신이 장수 비즈니스를 할 때 그 고객과 최종 사용자가 서로 다를 수 있고, 당신의 제품이나 서비스가 종종 복수의 연령 그룹과 세대에 어필할 필요가 있다는 점을 인식하는 데 도움이 될 것이다. (고객과 돈을 지불하는 사람, 최종 사용자가 누구인지 5장에서 더 자세히 설명하고 있다.)

다섯 개의 분기에 18단계가 존재한다고 상상할 수 있듯이, 조합의 수는 셀 수 없이 많다. 삶을 자세히 들여다보기 위해 이 두 개의 프레임워크를 교차해서 연결할 수도 있고, 여러 분기 내의 단계를 대상으로 마케팅하는 방법을 이해하도록 도와줄 수도 있다. 그림 2-3은 상상해본 삶을 두 개의 프레임워크에 걸쳐 연결한 내용을 보여준다.

그림 2-3) 5Q 삶을 사는 한 개인의 사례

장수 단계가 어떻게 다양한 연령대에 걸쳐 펼쳐지는지를 보여주는 사례다. 마리아가 100세까지 산다고 상상해보라. 다음은 그녀가 다섯 개의 분기에 걸쳐 경험할 삶의 단계 중 일부다. 어떻게 일부 단계가 다양한 연령대에 걸쳐서 지속되는지, 어떻게 다른 단계들이 서로 다른 시기에 반복되는지 주의를 기울여보라. 아울러 마리아가 60세가 되기 훨씬 전인 2Q에도 돌봄제공자로서 장수 고객이었다는 사실에 주의를 기울여보라.

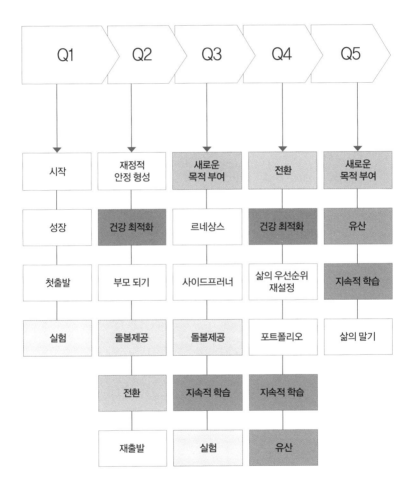

—
언어가 인식을 좌우한다

새로운 언어가 필요하고 사고방식을 연령에서 단계로 전환해야 하는 이유 중 하나는 연령차별과 싸우기 위해서다. 더 길어진 삶의 새로운 단계들을 설명할 새로운 언어를 찾는 과정에서, 우리는 기존의 편견과 일부 고정관념에 저항할 필요가 있다. 이런 편견들은 노령층 성인에게 불평등할 뿐 아니라, 기업과 투자자 들이 사람들의 기대보다 더 많은 것을 사회에 기여할 준비가 된 다양하고 번창하는 인구집단에서 나오는 엄청난 기회를 놓치도록 만들기도 한다.

연령차별의 핵심에는, 65세가 되면 다른 사람의 재무적 지원과 직접적인 돌봄에 의존하게 되고, 노쇠하고 병약해지며, 결국 재택간호를 받게 된다는 고정관념적인 가정이 존재한다.[8]

연령차별은 더 젊은 세대가 노령층 성인을 향해 할 수도 있고, 나이가 들면서 가치가 떨어졌다는 느낌에 스스로 내면화하기도 한다.[9] 연령차별은 업무 환경 속에서 다양한 형태로 나타날 수 있고, 기업이 그들의 고객을 어떻게 생각하는가에 영향받을 수도 있다. 실리콘밸리에 있는 많은 기술기업에서 40세인 사람은 자신이 늙었다거나 혹은 쓸모없다고까지 느낀다.

연령차별과 연령 다양성은 예민한 문제다. 이 문제에 접근할 방법을 찾는 기업과 기관이 점점 더 많아지고 있다. 2017년에 트랜스아메리카연구소Transamerica Institute가 실시한 설문조사에 따르면, 나이가 더 젊을수록 늙은old이라는 단어가 60세 근처 어디쯤에 해당한다고 여기는 경향이 있었다. 더 나이 많은 세대들이 늙었다고 여기는 나이보다 훨씬 더 젊은 나이다.[10]

이런 연구 결과는 그리 놀랍지 않다. 그럼에도 노화하는 인적자원 내부의 연령차별을 고려할 때, 이를 이해하는 것이 중요하다고 트랜스아메리카연구소는 경고한다.

고령층 인구에 대한 우리의 생각을 형성하는 언어를 비롯해, 연령차별의 영향은 치명적이다. 여성들은 직장에서 돌봄제공을 위한 경력 휴식기를 종종 겪어야 하는 만큼, 연령차별은 이들에게 가장 심각한 영향을 미친다. 경력 휴식기를 겪는 남성의 숫자도 점점 더 늘어나고 있으며, 그들은 자신의 역할과 기회에 영향을 끼칠 수 있는 연령차별에 대한 공포 없이 노동시장에 참여하고 싶어 한다. 사실 장수와 돌봄제공자가 점점 부족해지는 현상을 고려할 때, 대부분의 근로자들이 일과 삶의 여정에서 한 번 혹은 그 이상의 경력 휴식기를 겪어야 할 것이다.

새로운 장수는 우리에게 새로운 사고방식을 요구한다. 직장문화는 물론 장수 시장에 대응하는 새로운 제품과 서비스를 개발하고 마케팅하는 과정에서 연령차별을 제거하는 것이 그것이다. 이 새로운 사고방식은 우리가 사용하는 단어를 바꾸는 데서 시작된다.

새로운 패러다임이 내 사업에 어떤 의미가 있는가?

새로운 패러다임 덕분에 당신은 고객과 직원 양쪽 모두를 더 잘 이해할 수 있다. '시니어'에게 더 새롭고 큰 계기판이 부착된, 사용하기가 더 편한 신차를 파는 경우와, 더 좋은 기능을 보유하고 있지만, 모든 기능이 스텔스stealth인 신차를 갖기를 열망하는 '르네상스 성인renaissance adult'에게 신차를 파는 경우의 차이점을 상상해보라. (스텔스는 노령층 성인의 특정한 니즈를 위해 설계되었지만 구체적으로 그런 기능, 예를 들자면 더 커진 계기판이나 색의 대비 등을 강조해서 말하지는 않는 것을 의미한다. 더 자세한 내용은 5장을 참고하라.) 또한 생애 여정 전반에 걸쳐 당신의 제품과 서비스의 최종 사용자가 될 사람들을 생각해보라. 이상적으로 보면, 당신은 다중세대를 공략할 수 있는 제품과 서비스를 개발하고 싶을 것이다. 더 젊은 고객과 더 나이 많은 고객 모두가 당신이 시제품에 탑재할 수 있는 스텔스 기능들을 즐길 수 있도록 말이다.

당신의 직원들이 어떤 (나이가 아닌) 단계에 있는지 더 잘 이해하여 고용 정책을 그들의 니즈에 더 잘 맞출 때 직원들로부터 얻게 될 생산성 향상을 고려해보라. 그들은 계속해서 일하고 싶어 하지만 자녀 돌봄에 관한 혜택이 더 이상 필요하지 않을 수도 있다. 혹은 나이와 상관없이 노부모를 위한 돌봄제공 혜택이 필요할 수도 있다.

노령층의 능력과 필요, 욕구에 대해 고정관념을 갖게 하는 연령차별은 장수 고객을 부정적으로 바라보는 데에도 영향을 미친다. 다중세대 인적자원을 구성하는 데서 오는 이점이 없다면, 장수 고객을 보는 연령차별적 관점으로 인해 제품 개발 과정에서 제약이 있을 수 있다. 연령차별에 대응하는 일은 기업문화와 직원들의 의료비용 감소에 도움이 될 수 있고, 가장 중요하게는 회사가 장수 고객의 필요와 욕구를 더 잘 이해하는 능력을 갖추는 데 도움이 될 수 있다.

이들 고객을 대상으로 마케팅하려면 새로운 전략과 고려사항이 필요하다. 다중단계의 인생 여정을 이해한다면, 이를 효과적으로 수행하는 능력을 키울 수 있다. 다음 장에서는 새로운 장수 고객을 보는 관점에 관한 프레임워크를 제공한다.

기업가와 마케터를 위한 제언

○ 나이 많은 소비자와 고객을 대상으로 적절한 용어를 사용하라. 이것은 혁신가로서, 마케터로서, 혹은 회사의 리더로서 당신에게 중요하다.

○ 실제로 사람들이 더 오랫동안 더 젊어질 것임을 기억하고, 그들이 삶의 여정에서 다양한 시기에 겪게 될 다양한 단계에 우선순위를 부여하라.

○ 삶의 말기가 아니라 르네상스 시기를 보내는 노령층 성인을 생각해보라.

○ 여러 세대로 인적자원을 구성하라. 당신이 제품을 개발하고 시장에서 성공하는 데 도움이 될 것이며, 장수 고객에 대한 연령차별적 관점을 제거하는 데에도 도움이 될 것이다.

○ 조직 내에서 연령차별을 없애면 많은 이점을 얻을 수 있다. 조직문화 개선, 직원 의료비용 감소도 있지만, 가장 중요한 혜택은 더 똑똑하게 마케팅하고 장수 고객의 필요와 욕구를 더 잘 이해할 수 있는 능력을 얻게 되는 것이다.

3장

시장을 이해하기 위한 세 개의 렌즈: 인구통계, 도메인, 단계

———

장수 시장을 세분화하는 작업은, 이들 인구집단에 현재 포함된 30년에서 40년에 이르는 추가적인 삶 안에서 나이로 범주를 만드는 방식으로는 할 수 없다. 인구통계, 도메인domain(도메인은 '영역'을 뜻하는 일반명사이지만, 이 책에서 '세분화된 시장 영역'을 의미할 때에 한해 '도메인'으로 번역함—옮긴이), 단계라는 세 개의 렌즈가 필요하다. 이 세 가지 방법을 종합하면 장수 시장을 이해하는 것은 물론, 전통적인 시장과 어떻게 다른지 이해하는 데에도 도움이 될 것이다. 복수의 렌즈를 사용해볼 수 있다면 예컨대 구매가 어떻게 일어나는지, 언제 사용자와 구매자가 달라지는지, 의사결정권자가 누구인지, 제품 기능을 어떻게 전달해야 하는지를 이해하는 데 도움이 된다. 이 세 가지 세분화 도구를 사용함으로써, 장수 시장을 성공적으로 공략하기 위해 반드시 알아야 하는 미묘한 차이를 파악할 수 있을 것이다.

———

새로운 생물학적 수명과 건강수명은, 다양하고 더 미묘한 차이를 가진 인생의 진행 과정을 만든다. 자라나는 나무 한 그루를 생각해보라. 90센티미터 높이의 나무에 여러 방향으로 가지가 뻗어 있다. 그 나무에는 네 개의 큰 가지가 있고, 각각의 큰 가지에는 세 개의 나뭇가지가 있으며, 나뭇가지마다 몇 개의 잔가지가 달린 모습을 볼 수 있다. 반면 9미터 높이의 나무에는 수십 개의 큰 가지와 수백 개의 나뭇가지, 잎을 달고 있는 수천 개의 잔가지가 뻗어 있다. 우리의 수명과 건강이 수십 년간 양호하게 연장된다면, 삶에도 이와 유사한 기하급수적 효과가 일어난다.

이만큼 복잡한 모든 것들에는 구성 원칙이 필요하다. 나무 한 그루를 세분화하기 위해 우리는 큰 가지, 나뭇가지, 잔가지, 잎이라는 몇 가지 용어를 사용했다. 또한 이 복잡한 시스템을 이해하기 위해 새순, 오래된 잎, 개화 등 다른 표현도 이용한다.

장수 시장도 이와 유사하게 탄탄한 세분화가 필요하다. 이 장에서 우리는 그런 작업을 위한 노력 중 일부를 살펴보고, 그런 노력들이 장수 시장을 이해하고 공략하는 데 어떻게 도움이 되는지 탐색해볼 것이다.

기회를 인식한 사람들은 나무만이 아닌 그 이상을 고민하기 시작했고, 시장을 정교하게 세분화하려는 노력이 진행 중이다. 지난 5년간 나는 장수 시장을 수십 개의 도메인으로 세분화하려는, 최소 열 건 이상의 다양한 시도들을 발견했다. 해마다 더 많은 시도가 추가되고 있으며, 수많은 세부시장에 걸쳐 정보를 제공하는 플랫폼이 등장하고 있다.[1]

하지만 불행히도 아직까지 많은 기업이 이 시장을 전혀 세분화하고 있지 않다. 보통 사람들은 심지어 인구구조의 변화가 일어나고 있다는 사실조차 알지 못하고, 보통의 기업은 그저 조금 더 인식하고 있을 뿐이다. 앞의 은유를 이어 나가자면, 대부분의 기업이 나무만 볼 뿐 잎과 나뭇가지와 잔가지들을 보지 못한다. 그들은 하나의 나이, 예를 들어 60세를 선택하고는 그 연령 이상의 모든 사람을 같은 세부시장으로 바라본다. 그것도 그들이 사업 전략 속에서 그 세부시장을 조금이나마 고려하고 있을 때 그렇다.

이 시장을 공략하기 위한 많은 위대한 아이디어는 연령만을 세분화하여 시장에 접근했기 때문에 실패했다. 기업들은 '실버' 혹은 '그레이' 시장에 서비스를 제공하고 '노인'을 위한 제품을 만들기로 결정한다. 하지만 그것은 그저 큰 나무에 속한 하나의 큰 가지일 뿐이다.

우리는 장수 시장에 존재하는 수많은 유형의 소비자를 그룹화하고 설명하는 데 도움이 되는 세 개의 세분화 도구를 통해 시장과 고객을 분류함으로써 조금 더 정교하게 접근하고자 한다.

- 인구통계
- 도메인
- 단계

진정한 마법은 당신이 각각의 세분화와 그 미묘한 차이들을 이해하고, 단계를 거기에 연결할 때 일어난다. 각각을 차례대로 살펴보자.

—

인구통계학적 세분화

속성: 나이, 건강과 신체 기능, 교육, 소득, 지리, 인종, 태도

이 인구통계에서 가장 명백한 속성인 나이는, 장수 고객에 대한 오해의 소지가 가장 많은 속성이기도 하다. 특정 나이의 사람들이 가진 니즈가 비슷하다고 생각하고 시장에서 이를 포착하려 시도하는 것은 실수다. 장수 고객의 경우, 인구통계학적 세분화에서 가장 중요한 단일 지표는 건강 상태와 신체 기능이다. 건강 상태에 가장 큰 영향을 미치는 요인은 물론 교육이다.

나이

100세까지 사는 것이 일반적인 사회에서 기업은 구매 패턴, 동기, 라이프스타일, 니즈를 나이에 기반해 동질적인 것으로 분류하지 않아야 한다. 인구통계학적 세분화에서는 단계를 나이와 결합하는 것이

중요하다.

　일부 마케터들은 노화에 대한 노인학 전문가의 묘사를 그들의 계획에 혼합하면서 이런 개념에 서서히 접근해왔다.[2] 이런 묘사는 실제 단계들에 대한 힌트를 제공하지만 제대로 포착하고 있지는 않다.

- 뉴 올드new old 혹은 영 올드young old: 65~74세
- 올드old 혹은 미들 올드middle old: 75~84세
- 올드-올드old-old: 85세 이상

　이런 경계 설정은 나이와 신체 기능, 혹은 전반적인 건강 사이에 일부 선형 관계가 있음을 시사하는 방대한 데이터를 기반으로 한다. 하지만 이런 관계는 건강수명이 늘어나면서 점점 더 복잡해지고 있다. 만약이 범주의 의도가 전반적인 건강을 암시하려는 거라면, 그런 점에서는더 이상 적절하지 않다. 세상에는 올드-올드인 72세가 있고, 뉴 올드인 75세가 있다. 85세가 넘는 사람들 중 절반 이상이 여전히 일할 수있다고 느끼며, 이런 상황은 올드-올드의 이야기처럼 들리지 않는다.

건강과 신체 기능

　인구통계학적 세분화를 섬세하게 조정하는 또 다른 방법은, 누가건강수명의 어느 단계쯤에 있는지를 설명하는 층을 하나 추가하는 것이다. 미국노인학학회는 건강과 신체 기능을 묘사하는 데 유용한 다섯 단계 접근 방식을 개발했다.[3]

- **고-고**Go-go: 탁월한 건강, 활동적이며 제한이 거의 혹은 전혀 없음
- **고-슬로우**Go-slow: 매우 좋은 건강, 일부 자기 제한적인 상황이 있음
- **슬로우-고**Slow-go: 좋은 건강, 일상적인 생활에 도움이 필요함
- **슬로우-슬로우**Slow-slow: 괜찮은 건강, 일상적인 생활에 제한이 있음
- **노-고**No-go: 요양원이나 생활지원시설assisted living facility에서 고도의 간호가 필요한 신체적·정신적 상태[4]

이런 패러다임은 재무 서비스 회사나 자문사가 고객의 재무 포트폴리오 니즈를, 해당 고객의 건강수명에 따른 활동 수준을 기준으로 세분화할 때 종종 이용된다. 당신도 이 용어들을 들어봤을 수 있고, 광범위한 세분화 접근법으로는 유용할 수 있다. 하지만 장수 렌즈를 요인으로 고려하고 있을 때는 그다지 포괄적이지 않다. 60세 이상인 사람들 사이에는 건강과 신체 기능에 엄청난 차이가 있다. 이 집단의 50퍼센트 이상이 자신의 건강을 양호하다고 평가하며, 탁월하다고 평가하는 사람도 25퍼센트에 달한다.

교육

특정 코호트의 교육 수준을 파악하면 그 그룹에 대한 많은 정보의 문이 열린다. 장수 고객도 예외가 아니다. 지금까지 성공적인 노화의 가장 뛰어난 예측 변수는 단연코 교육이다. 건강수명과 교육은 상관관계가 있다. 당연히 교육은 소득 및 자산과 밀접한 상관관계가 있으며, 이는 다시 구매력에 영향을 미친다.

교육과 건강수명의 관계도 선순환될 수 있다. 새로운 건강수명은 다양한 단계를 겪는 장수 고객이 더 많은 교육을 찾을 기회를 열어주고, 이는 결국 그들의 건강과 자산 증진에 기여한다. 예전에는 교육 단계가 주로 어린 시절(학교)에 국한되다가 직업 생활을 하면서(지속적 학습 혹은 성인 교육) 확장되었다면, 이제는 교육이 장수 시장이 제공하는 방대한 기회와 함께 평생 추구할 대상이 될 것이다..

태도

마케터들은 또한 실제 나이와는 관계없이 노령층 성인의 인생관에서 일어나는 변화를 살펴볼 수도 있다. 노화는 모든 사람이 생각하는 문제임이 밝혀졌다. 데이터에 따르면 사람들은 20대에 죽음을 가장 두려워하고, 30대에 노화에 대해 가장 많이 생각한다. 반면 70대가 노화에 대해 실제로 가장 적게 걱정한다.[5] 하지만 마케터는 전통적으로 장수 고객과 소통할 때 노화의 영향에 초점을 맞춘다. 한 보고서에서는 마케터가 연령대 대신에 초점을 맞춰야 할 노화에 대한 태도 다섯 가지를 다음과 같이 요약했다.

- **나이를 초월한 모험가**Ageless adventurers: 무한한 기회와 개인적 성장의 여정
- **공동체 관리자**Communal caretakers: 커뮤니티에 참여하고 인간관계를 풍요롭게 하는 시간
- **실현하는 성인**Actualizing adults: 성인으로서의 책임을 습득하고 성숙

해지는 과정

- **미래를 두려워하는 사람**Future fearers: 노화에 따른 위험으로 불안하고 불확실한 시기
- **젊음의 추종자**Youth chasers: 젊음과 활력의 쇠퇴와 상실[6]

분명히 어떤 숫자상의 나이도 이들 태도와 연관되어 있지 않다. 2장에서 서술한 바와 같이, 에두아르도에게는 나이를 초월한 모험가, 킴에게는 실현하는 성인, 마리아에게는 미래를 두려워하는 사람이라는 이름표를 붙일 수 있다.

따라서 다양한 유형의 노령층 성인을 대상으로 마케팅할 때는 이미지가 중요하다. 연령차별주의는 문제가 된다. 당신이 그리는 노령층 성인이라는 인물과 그들의 이미지는, 유약한 노인뿐 아니라 실행가와 모험가의 모습까지도 반영해야 한다.

자산

앞선 인구통계학적 세부 부분들은 자산에 영향을 미치고, 자산 역시 그 세부 부분들에 영향을 미친다. 전체 소비자 지출의 53퍼센트 이상이 50세 이상의 코호트에서 나온다. 하지만 노령층 성인의 거의 절반 정도가 사회보장 혜택을 받지 못하고 빈곤 속에서 살게 될 것이다. 이런 양분은 장수 고객과 시장 구성을 이해하는 데 중요하다. 저렴한 제품과 서비스를 고안하는 일은 당신의 전략과 이해를 구성하는 또 하나의 중요한 층이 될 것이다.

이제 우리는 60세에서 70세까지라는 세부시장 이상의 무언가를 구축하기 시작했다. 예를 들어 당신은 지금쯤 70세(나이)로 고-고(건강과 신체 기능) 상태에 있으면서 온라인 수업을 듣고, 할아버지가 되어 가면서(삶의 사건) 자신의 나이에 대해 편안함을 느끼는(실현하는 성인) 어떤 사람을 생각하고 있을지도 모른다.

그리고 아직 우리가 할 수 있는 세분화가 더 있다.

—

도메인 세분화

고객을 인구통계학적으로 더 상세하게 이해하는 것은 좋은 시작이다. 당신이 '60세 이상'이라는, 종종 하나로 취급되는 그룹 안에 존재하는 놀라운 다양성을 이해하도록 해줄 것이다. 마케터들은 거기서 더 나아가 장수와 연관된 기회가 있는 도메인을 고려해보고 이를 세분화해야 한다.

간단히 말해, 기회는 당신이 생각할 수 있는 거의 모든 소비자 대면 영역에 존재한다. 건강과 웰니스는 당연한 기회의 영역이다. 평생학습으로서의 교육 역시 진정한 의미로 평생교육(때때로 장수학습long-life learning이라고 불린다)이 됐다. 70대와 80대에 일하는 사람이 많아지면서, 일은 또 다른 기회의 영역이 됐다. 더 길어진 삶을 위해 저축과 투자를 하면서 자연스럽게 재무 역시 거대한 도메인이 됐다. 식품이나 영양과 관련된 기회 역시 풍부하다. 주거는 장수 시장에서 또 하나의 중요한 도메인이다. 그다음으로 레저, 여행, 오락, 패션이 있다. 노령층 성인이 속해 있는 수많은 단계와 장수 기회에 투자하고 싶어 하는 기업들이 채워주기를 기다리는 빈 구멍이 없는 도메인은 상상하기 어렵다.

다중단계로 이뤄진 생애 과정을 향상시켜줄 새로운 기술들이 등장하면서, 매년 더 많은 도메인이 파악될 것이다. 이들 도메인 안에는 수많은 서브도메인subdomain이 있다. 예를 들어 돌봄제공 도메인에서는 새로운 제품과 서비스가 폭발적으로 등장하고 있다. 그 도메인에는 돌봄제공자, 돌봄대상자, 의료 서비스 전문가에게 초점을 맞춘 서브도메인이 있으며, 그들 모두는 돌봄제공 거래와 관련이 있다. 예를 들어 원격의료 제품은 새로운 장수에 맞춰 돌봄대상자의 사용자 경험을 개선하거나 의료 전문가를 위한 보안 거래에 초점을 맞출 수 있다. 환자에게 공급하는 하드웨어가 될 수도 있고, 돌봄제공자가 이용하는 소프트웨어가 될 수도 있다. 더 많은 서브도메인과 해결책은 4장에서 상세하게 설명할 것이다.

많은 그룹들이 도메인을 공식화하려고 노력해왔다. 내가 유용하다고 봤던 어떤 시도에서는, 도메인을 여덟 개의 생애 단계 우선순위와 열한 개의 서비스 영역으로 나누었다(표 3-1 참조).[7]

당신은 패션과 액세서리를 장수 도메인 중 하나로 생각해보지 못했을 수도 있다. 하지만 앞 장에서 킴은 활동적인 노령층 성인을 위한 피트니스 의류에서 기회를 찾았다. 이와 비슷하게 여행과 오락은 에두아

표 3-1) 장수 시장에서 타깃이 되는 핵심 도메인

생애 단계 우선순위	서비스와 제품 영역
주택과 거주	거주와 주택 개조
돈과 안전	재무 서비스
건강과 장수	교통
돌봄제공과 가족	헬스케어
목적과 기부	식품과 영양
영성과 정체성	개인적 돌봄
학습과 유대	장기 돌봄과 기억 돌봄
시민적 삶과 커뮤니티	패션과 액세서리
	웰니스
	훈련과 교육
	여행, 미디어, 오락

출처: 수전 콘리Susan Conley의 '장수 시장 지도Longevity Market Map', Stria News, 2019

르도와 그의 가족 같은 장수 고객의 필요와 욕구를 수용하기 위해 점점 더 재설계될 것이다. 대부분의 혁신가와 기업가는 마리아처럼 건강이 좋지 않은 사람들에게 도움이 될 수 있는 성공적인 노화와 교육 및 훈련 시장을 위한 디지털 리터러시 창출의 중요성을 아직 이해하지 못하고 있다.

에이징2.0Aging2.0이라고 불리는 네트워킹 기관은 또 다른 사례를 제공한다. 이들의 플랫폼인 콜렉티브Collective는 '대단한 도전'이라고 불리는 다음 여덟 개 영역에서 글로벌 혁신 협업 그룹을 구축하고 있다.[8] 이들을 도메인으로 생각해보라. 아울러 잠재적인 서브도메인으로 주목할 영역으로 고려해보라.

- **참여와 목적:** 노령층 성인이 의미 있게 참여하고 그 상태를 유지하도록 돕는 것은 그들의 건강과 커뮤니티의 건강에 중요하다. 여기서 집중해야 할 영역에는 디지털 격차digital divide, 사회적 포용, 평생학습, 앙코르커리어encore careers(은퇴 후 두 번째 경력—옮긴이), 은퇴 중단, 자원봉사, 의미, 유산 등이 있다.
- **재정적 안정:** 일과 은퇴에 대한 전통적인 모델은 제대로 보조를 맞춰오지 못했다. 길어진 삶을 위한 재원 조달 차원에서 집중해야 할 영역으로는 삶의 후반기 취업, 계획 수립을 위한 새로운 모델, 자금 조달, 돌봄, 사기 예방이 포함된다.
- **이동성과 움직임:** 일상적인 물건, 집, 지역사회는 원래 장수를 염두에 두고 설계되지 않았다. 이들은 종종 이동과 안전, 독립, 사회화에 장애가 된다. 집중해야 할 영역에는 안전, 힘, 균형, 피트니스, 독립, 이동성이 포함된다.
- **일상생활과 라이프스타일:** 65세 이상 인구의 3분의 2는 일상생활에서 도움이 필요하지 않다. 도움이 필요한 사람들을 위한 제품과 서비스는 흔하다. 하지만 새롭게 집중해야 할 영역에서는 도움을 필요로 하지 않는 사람들을 공략할 수 있다. 이들 새로운 영역에는 라이프스타일, 패션, 활동적인 취미, 여행이 포함된다.
- **돌봄제공:** 돌봄제공은 공식 및 비공식 서비스와, 전문 서비스 및 가족 기반 서비스의 조합이다. 수명이 길어지면 더 많은 돌봄이

필요하다. 가족 돌봄제공자는 종종 돌봄대상자와 떨어져 살면서 돌봄대상자 외에 자신의 가족과 일에 대한 다른 책임도 감당해야 한다. 집중 영역들은 그런 돌봄제공자에게 도움이 될 수 있으며, 효과적인 돌봄제공을 위한 지원, 훈련, 자원, 도구들이 여기에 포함된다.

- **돌봄 코디네이션:** 제약을 최소화하고 비용 효과가 가장 큰 환경에서 사람들을 돌보고자 하는 욕구를 목표로 삼는다. 집중 영역에는 돌봄 전환을 지원하기 위한 새로운 도구와 모델, 임상 협업, 약물 관리, 주민 건강관리, 원격 돌봄제공이 포함된다.

- **뇌 건강:** 인지 기능이 제한되거나 정신 건강 문제를 가진 사람들의 수가 지속적으로 늘어나는 만큼, 인지 능력과 뇌 건강을 극대화하는 것은 노화하는 사회의 우선순위 과제다. 치료를 강화하고 돌봄제공자를 지원하기 위한 새로운 접근법, 도구, 서비스에 집중하는 것이 중요하다.

- **삶의 끝:** 자신이 살아온 삶의 방식을 존중받지 못한 채로 삶의 마지막을 경험하는 경우가 너무나 빈번하다. 여기서는 존엄하고 긍정적인 임종 경험을 만들기 위한 새로운 기술과 공동의 노력에 집중해야 한다.

이들은 장수 렌즈로 파악한 새로운 시장 기회 중 일부일 뿐이다. 이 기회들은 4장에서 더 자세히 살펴보겠다.

리더들은 사업 전략 측면에서 도메인과 서브도메인에 대해 생각해보는 훈련을 하는 것이 도움이 된다. 어떤 곳에서 새로운 기회를 발견할 수 있을까? 당신이 장수 고객을 위해 상상할 수 있는 다른 서브도메인이 존재하는가?

—

단계 세분화

이 모든 렌즈들은 새로운 제품을 개발하거나 사업 아이디어를 창안한다는 관점에서 소중하다. 타깃으로 삼은 시장을 세분화하고, 제품이나 서비스의 시제품을 개발하고, 종합적인 마케팅 전략을 세우는 데 이들 패러다임을 함께 사용할 수 있다. 하지만 100세까지 이어지는 다중단계의 인생이 요구할 더 폭넓은 니즈를 통합하려면 또 다른 세분화가 필요하다.

무엇보다 세분화 노력을 이끄는 것은 나이가 아니라 단계여야 한다. 인구통계학과 당신이 속한 도메인을 넘어서서 스스로에게 물어보라. 내 고객이 그들의 삶의 여정을 출발하는 단계에 있거나 혹은 새로운 목적을 부여하는 단계에 있는가? 새로운 목적을 부여하는 단계에 있지만 한 명은 40대이고 한 명은 70대인 두 고객이 있을 수도 있다. 고객의 다양한 단계를 이해하면 시장에 적합한 제품을 만드는 데 도움이 되고, 거기에 맞춰 마케팅 전략을 조정할 수 있다. 당신은 점차 다중세대 고객을 대상으로 비즈니스를 전개하는 것을 목표로 삼으면서, 하나의 제품이나 서비스가 수많은 인구집단을 공략할 수 있다는 태도를 갖게 될 것이다.

나는 2장에서 18개의 단계를 정리했고, 그들이 5Q 프레임워크에 어떻게 적용되는지 살펴봤다. 이들 단계를 인구통계 및 도메인과 결합하면, 장수 시장에 대한 가장 똑똑하고 정교한 세분화가 만들어진다. 이렇게 더 완벽해진 그림에 비추어보면, 이런 결합으로 장수 시장 내에서 마케팅 전략이 어떻게 달라질지를 알 수 있다.

예를 들자면 앞에서 묘사한 대로 에두아르도와 마리아, 킴은 모두 75세다. 이들은 모두 다른 단계에 있다. 나이는 비슷하지만 다양한 인구통계상의 프로필을 보유하고 있으며, 서로 다른 도메인에 속한 고객이기에 매력적이다.

에두아르도

에두아르도는 자신과 아내가 미래에 필요로 할 경우에 대비해 이미 지역 은퇴자 주거단지에 한 자리를 예약했다. 하지만 실제 그곳으로 이사하는 것은 10년 혹은 그 이후에나 일어날 미래다. 아마도 그들이 90대가 됐을 때 일어날 일일 것이다. 에두아르도는 어떤 소셜 미디어도 이용하지 않는다. 그를 시니어나 실버, 노인으로 여겨 마케팅하는 것은 엄청난 실수다. 그는 자신이 늙었다고 생각하지 않는다. 그의 나이인 누군가에게 맞춘 제품이나 서비스의 기능을 강조하는 것은 그에게 자신의 인구통계상의 위치를 상기시키는 일이 될 뿐이다. 당신은 이런 기능을 제공할 수 있지만 강조해서는 안 된다. 그는 자녀와 손주들을 포함해 가족과 여행하고 모험을 추구하는 일을 계속할 수 있기를 갈망한다.

에두아르도는 지속적 학습 단계와 르네상스 단계에 있다. 75세의 사람이 아니라 이 단계들에 놓인 대상으로 그에게 마케팅해야 한다. 이는 곧 다중세대 여행, 개인과 가족, 혹은 최근 수업에서 사귄 더 젊은 친구들을 위한 학습 기회와 관련해 그가 엄청난 타깃이 될 수 있음을 의미한다. 그는 자전거 주행을 할 때 시야 개선을 위해 자전거에 부착할 새로운 액세서리를 필요로 할 수도 있다. 대부분의 자전거 제조사들은 아직 나이 많은 라이더들을 위한 액세서리를 만들거나 설계하지 못했다. 나이 많은 선수들을 위해 새로운 유형의 선수용 신발을 개발하는 나이키Nike의 경험에서 영감을 얻을 수도 있다(4장을 참조하라). 하지만 에두아르도는 경미한 청력 손실을 겪고 있다. 따라서 그는 콘서트나 다른 공연, 저녁식사 자리에서 대화의 즐거움을 높여주는 제품과 서비스를 매우 선호할 수도 있을 것이다. 단, 시니어를 위한 제품으로 마케팅하지 않아야 한다.

에두아르도와 그의 아내를 대상으로 하는 마케팅은 활동적인 성인과 평생학습자를 대상으로 하는 마케팅으로 보는 것이 최선일 것이다. 그리고 그것이 전부다. 에두아르도를 위해 당신이 개발한 기능들이 그와 나이가 같은 누군가에 맞게 만들어진다 해도, 르네상스 단계의 건강한 사람으로서 그가 느끼는 가치는 다를 것이다.

어쨌든 미국에는 약 1600만 명의 에두아르도가 있고, 그 숫자는 계속 늘어나고 있다.

마리아

　36세인 마리아의 딸 에린은 건강이 좋지 않은 어머니를 만나러 가고 그녀를 돌보는 데 많은 돈을 투자해왔다. 에린은 이동하는 데 드는 돈을 '만약 이번이 우리가 함께할 수 있는 마지막 시간이라면, 나는 어머니 곁에 있어야 해'라는 이유로 정당화해왔다. 에린은 마리아의 건강이 좋지 않지만 그녀가 더 많은 해를 살 수도 있다는 사실을 깨닫지 못하고 있다. 그리고 에린은 돌봄제공자로서 자신이 쓴 돈을 그녀의 어머니에게 실질적으로 도움이 되는 전문적인 돌봄제공에 투자할 수도 있었다.

　마리아가 속한 단계는 아마도 유산 단계일 것이다. 하지만 여기서 당신이 고려해야 하는 것은 돌봄제공, 부모 되기, 재정적 안정 형성이라는 에린의 단계다. 마리아에게 직접 마케팅한다면 이 기회를 놓칠 수 있다. 마리아가 이용할 수 있는 많은 제품과 서비스의 타깃은 그녀의 딸이 돼야 한다. 하지만 에린이 30대이기 때문에 이들 제품과 서비스 중 어떤 것에 대한 일상적인 마케팅도 에린이 속한 인구집단을 대상으로는 이뤄지지 않고 있다. 그녀는 돌봄이 필요한 나이가 아니지만, 돌봄제공 단계에 완전하게 관여하고 있다. 회사들이 소셜 미디어에서 그녀의 네트워크를 통해 딸/의사결정권자/영향력 행사자 역할을 찾을 생각을 했다면, 그들은 그녀가 제품과 서비스를 접하는 곳에서 마케팅에 접근할 수 있었을 것이다.

　특히 노인병 전문 돌봄 매니저 서비스는 마리아의 딸에게 도움이 될 수 있다. 에린은 이런 종류의 서비스에 대해 결코 들어본 적이 없다. 새로운 이니셔티브의 하나인 도터후드Daughterhood는 부모님을 돌보고 있는 여성들을 지원하고 자신감을 북돋우기 위한 다양한 모임과 서비스를 제공하는 커뮤니티이자 플랫폼이다. 이들은 노령층 성인을 돌보고 의사결정권자나 최고 구매 책임자 역할을 하는 데 딸과 며느리 양쪽 모두의 중요성과 역할을 인식했다. 도터후드는 딸들(아들들의 숫자도 점점 늘어나고 있다)이 부모와 사랑하는 사람을 돌보는 방법에 관한 더 양질의 정보에 접근할 수 있도록 플랫폼을 만들어 전국에 걸쳐 니즈와 제품, 서비스를 공유하고 있다. 이 시장에서 컨시어지concierge(고객의 요구에 맞춰 모든 것을 처리해주는 서비스—옮긴이) 유형의 서비스를 제공하기 위한 새로운 기업들도 등장하고 있다. 컨시어지는 가족과 개인을 위한 내비게이터 역할을 하면서 나이가 많은 가족 구성원들을 위해 다양한 비의료성 돌봄 관리를 제공하고, 그 사람이 병원에서 퇴원하면 전환 서비스를 제공한다.

마리아와 그녀의 딸 에린의 상황은 미국에서 가장 흔한 경우에 속한다. 여성은 남성보다 더 오래 살고 더 빨리 사별한다. 여성의 3분의 1이 혼자서 살고 있다. 그들의 자녀들은 종종 일을 계속하면서 돌봄을 제공하거나 그동안에 재무적 희생을 해야 한다. 그런 상황에 처한 30대를 위한 재무 서비스는 장수 시장이 제공하는 기회다. 만약 누군가가 에린에게 이런 서비스에 대해 마케팅한다면, 그녀가 노인병 전문 돌봄 매니저나 컨시어지를 포함해 자신의 어머니를 위한 추가 서비스의 구매자가 될 가능성이 가장 클 것이다.

킴

킴은 막 새로운 회사를 시작했고, 창업자로서 모든 결정을 내릴 때 종종 외로움을 느낀다. 그녀는 나이가 많은 창업자들을 위한 새로운 공유 업무 공간에서 혜택을 받을 수 있다(이 시설은 코로나19 팬데믹 이전에 막 등장했으며, 일부는 한동안 가상공간이 됐다). 올더프러너들을 위한 인큐베이터도 더 흔해졌다. 킴은 사이드프러너 단계와 실험 단계에 있으며, 그녀가 돌봄제공자로서 휴식기를 가진 후에 일을 다시 시작한 만큼, 아마도 새로운 목적 부여 단계에 있다고도 볼 수 있을 것이다. 아울러 그녀는 경력 휴식기에 개발된 새로운 기술을 배워야 한다. 곧 그녀는 자신이 지속적 학습 단계에 있다는 사실도 알게 될 것이다. 디지털 리터러시에 집중하는 기업들이 킴에게 도움이 될 것이다. 그녀는 여러 단계에서 많은 니즈가 발생하는 역동적인 위치에 있다. 그리고 킴과 같은 사람이 많다. 가장 성공한 스타트업 중 50퍼센트 이상이 50세가 넘는 사람들에 의해 설립됐다. 그리고 55세 이상 성인들은 해당 인적자원에서 가장 빠르게 성장하는 세부 그룹에 해당한다.[9]

이제는 이 모든 요인, 그중에서도 특히 단계를 고려한 세분화의 강점을 보게 될 것이다. 이왕이면 또 다른 75세인 카림의 사례를 하나 더 추가해보자.

카림

카림은 프랑스인이다. 그는 16세에 담배를 피우기 시작했고, 35세에 미국으로 이민을 왔다. 그는 한 식당에서 웨이터로 오랫동안 일했다. 그는 결혼한 적이 없으며, 아프거나 생산력이 감소해도 그를 돌봐줄 자녀가 없다. 카림은 관절염을 앓고 있으며 이동성이 떨어진 상태다. 그는 은퇴자 주거단지로 이사해야 할지 고민하면서 자신에게 실제로 그렇게 할 수 있는 재정적 여유가 있는지 걱정한다. 그는 대부분의 날들을 집에 머무르면서 텔레비전을 많이 보고 신문을 읽으면서, 30년 동안 일했던 작은 식당에서 손님이나 다른 직원들과 나누던 교류를 그리워한다. 그는 외롭다. 때때로 대가족과 함께 살기 위해 프랑스로 돌아가야 할지 고민한다.

카림은 전환 단계에 있다고 묘사할 수 있다. 그리고 아마도 유산 단계에 가까울 것이다. 그에게 가장 필요한 것은 고립을 줄일 수 있는 다양한 서비스와 제품일 것이다. 그에게 상호작용의 주된 소스는 의사와 텔레비전이다. 그에게는 커뮤니티가 필요하다. 커뮤니티를 통해 새로운 정보와 전환의 기회를 얻을 수 있고, 새로운 목적 부여 단계에 진입할 수 있다. 카림과 같은 사람들을 타깃으로 하는 신규 회사들도 있다. 그들은 고객을 차에 태워서 사교 행사나 운동 수업, 혹은 주거단지에서 새로운 친구들을 만들 수 있는 다른 곳으로 데려다주는 서비스를 제공한다.

흥미로운 사실은 그 회사들이 카림에게 이런 서비스를 제공하는 만큼이나, 메디케어 어드밴티지 플랜Medicare Advantage Plan(처방약, 안경, 치과 방문, 피트니스 수업 등 원래의 메디케어보다 더 많은 혜택을 제공하는 민간 의료보험. 보험회사가 혜택을 관리하며 메디케어는 규정과 지침을 설정하고 감독하는 역할을 함—옮긴이)을 제공하는 보험회사를 대상으로도 마케팅을 한다는 점이다. 이런 이유로 이 서비스에 돈을 지불하는 사람은 최종 사용자가 아니다. 이런 관계는 회사의 전략에 중요한 시사점을 제공한다.

공략해야 할 카림은 많이 존재하며, 그들을 공략하는 일은 연속적인 효과를 낳는다. 사회적 고립은 인구 노화에 따른 의료비용을 높이는 원인 중 하나다. 사회적 고립을 다루는 제품과 서비스는 사람들을 돕고 비용을 절감하게 해준다.

—

시장 세분화가 내 사업에 어떤 의미가 있는가?

보다시피 이들 도메인은 미국만 보더라도 매일 최소 1만 명의 새로운 고객이 생기는 거대한 시장이다. 단계의 관점에서 볼 때, 이들 시장은 100세 인생에서 모든 가족과 개인, 사업을 아우른다. 이것은 그저 건강과 웰니스 시장의 기회가 아니다. 성장하는 인구집단에 대응하기 위해 많은 산업에서 혁신 기회가 생길 것이다. 예를 들어 평생학습은 새로운 산업이 될 것이다. 사람들이 더 오래 살게 되면서, 교육과 일에 대한 전통적인 접근 방식이 변화할 것이다. 더 오래 사는 노동인구는 두 번째, 세 번째, 네 번째 경력을 위해 기술을 새롭게 배워야 할 것이다. 교육에서는 구독 모델이 이런 유형의 제품과 서비스를 위한 새로운 마케팅 전략이 될 수도 있다.

오락, 여행, 미디어는 모두 고객층이 성장할 것이다. 나는 최근 한 콘서트 바이올리니스트와 대화를 나눴다. 그는 처음에는 자신이 속한 오케스트라가 젊은 연령층 관객의 수가 줄어드는 상황을 크게 아쉬워했다고 말했다. 하지만 그는 관객들의 생물학적 수명과 건강수명이 늘어나 음악회 단골 관객이 훨씬 더 오래 참석할 수 있게 되면서, 실제로는 고객층이 더 커지고 있다는 사실을 깨달았다. 심포니와 공연 기관 들에게 더 길어진 삶을 경험하는 노령층 성인은 명백한 장수 시장의 기회다. 코로나19는 행사나 박물관 등과 관련된 디지털 멤버십의 발전을 가속화했고, 새로운 가상 오락, 학습, 여행을 위한 미래를 만들었다.

심지어 노령층 인구 통계에 속해 있지 않을 수도 있는 장수 고객을 대상으로 마케팅을 한다는 것은, 단계를 이해하고 이러한 단계가 더 나은 인구통계학적 이해와 결합되면서, 기업들이 참여하기를 원하는 도메인과 서브도메인의 명확한 개념과 결합될 때 가장 성공적이 될 것이다.

내가 스탠퍼드대학교 경영대학원에서 가르치는 장수 과정에 참여한 학생 중 한 명이 이런 상황을 가장 멋지게 표현했다.

"저는 취약한 노인에 대한 돌봄은 장수의 정의 중에서 하나의 조각에 불과하다는 점을 배우고 있습니다. 우리 세대는 우리보다 앞선 세대들 중 누구보다 더 오래 살 것입니다. 그리고 가장 중요한 질문은, 65세에 은퇴하는 것과 같은 낡은 시스템에 계속 매달리는 대신 우리가 살아가는 동안 어떻게 적응할 수 있을까 하는 것입니다."[10]

그 학생이 옳다. 당신의 상상을 훨씬 넘어서는 풍부한 시장 기회와 다양한 장수 고객이 존재한다. 이제 그 기회 중 일부를 더 깊게 파고들어갈 시간이다.

기업가와 마케터를 위한 제언

○ 고객의 니즈를 이해하고 세분화하고, 그들을 위한 최선의 마케팅 방법을 결정하기 위해서는 나이만이 아닌 단계를 이용하라.

○ 고객을 볼 때 50세, 65세, 70세 이상의 사람을 획일적으로 하나의 나이 범주로 묶지 말라. 그 대신 100세까지 살 개인들이 접하게 될 다양한 단계를 인식하라.

○ 100세 인생이 많게는 18개의 다양한 삶의 단계를 아우를 수 있으며, 이들 단계의 대부분은 엄격한 연령 가이드라인이나 범주와는 무관하게 발생할 것임을 기억하라. 2장에서 요약한 것처럼 더 길어진 삶은 이제 다중단계와 새로운 측면의 접근 방식을 수반할 것이다. 이는 당신이 고객의 현황을 파악하고 더 잘 이해하는 데 도움이 될 것이다.

○ 다중세대 고객층을 목표로 삼고 있다는 태도를 취하라. 이제 기업은 젊은 고객과 나이가 많은 고객 양측에 동시에 어필하는 제품과 서비스를 개발하는 것은 물론, 수많은 새로운 인생 단계를 고민해야 한다.

2부

장수 경제 시장 전략

NOT AGE

NOT AGE

Nike • Merrill Lynch • Warby Parker • A Place for Mom • Uber Health • Cake • Teladoc • Wider Circle • Silvernest • Lyft Healthcare • Nesterly • UpsideHōM • Papa • GoGoGrandparent • Tembo Health • Bold • Honor • Vesta Healthcare • Wellthy • Iris Healthcare • Amava • Gather •

○ 4장 ○

장수 전략
수립하기

———

장수 시장은 교육, 핀테크, 패션과 의류, 식품 영양, 레저, 여행, 오락, 주거, 돌봄제공 등 사실상 제품과 서비스의 모든 도메인에 관여할 것이다. 이들은 모두 각각 수많은 서브도메인을 보유한 거대한 시장이다. 다중세대 주거, 디지털 리터러시, 원격의료와 같은 새로운 기술과 혁신이 등장하면서 매년 더 많은 도메인과 서브도메인이 나타나고 있다. 성장하는 새로운 시장 기회에 대응하려면 모든 회사가 도메인과 서브도메인에 기반을 둔 전략을 개발할 필요가 있다.

———

최근에 매년 열리는 가장 규모가 큰 헬스케어 콘퍼런스에서 한 재무 서비스 회사는 헬스케어 분야에 종사하는 여성들을 위한 리셉션을 개최했다. 벤처캐피털, 은행, 자산관리 회사의 여성 임원이 200명 넘게 참석했다. 이 회사는 경력 휴식기를 보내는 여성들을 지원하는 리턴십 프로그램을 포함해 여성을 위한 기회를 만들어내는 것으로 알려져 있었다.

　재무 분야에서 그리고 다른 어떤 기준으로 보더라도 가장 뛰어나고 존경받는 리더 중 한 명인 그 회사의 CEO는 이런 질문을 받았다. "귀사의 직원과 수많은 고객은 물론, 오늘 저녁 이곳에 있는 여성 리더들은 100세가 넘는 삶을 살게 될 가능성이 큽니다. 이런 상황은 여성에게 독특한 방식으로 영향을 미칩니다. 귀사의 장수 전략은 무엇인가요?" CEO는 잠시 멈춘 다음 대답했다. "우리에겐 아직 전략이 없습니다. 그건 매우 좋은 질문이군요."

　이는 회사와 산업 내에서 이미 여성을 위해 그토록 많은 일을 해온, 널리 존경받는 선도적인 리더가 장수 전략을 개발하지 않았다면, 그만큼 진보적이지 못한 다른 리더들도 아마 그럴 것임을 시사한다. 하지만 그런 전략을 마련하는 것은 지상과제다. 당신의 회사를 위한 전략이건, 회사를 시작하려는 전략이건, 무대책은 선택지가 아니다. 회사의 제품, 서비스, 인적자원은 모두 새로운 장수와 더 길어진 삶의 수많은 단계들과 통합돼야 한다.

이 시장을 위한 핵심전략은 두 가지다. 바로 기업이 그들의 제품과 서비스 포트폴리오에 이 시장을 추가하는 기업 전략corporate strategy과, 이 시장 내의 어떤 도메인을 공략하기 위해 벤처를 출범시키는 기업가적 전략entrepreneurial strategy이다.

2장에 나온 세분화, 도메인, 서브도메인은 당신이 장수 시장 전략을 수립하는 방식을 좌우할 것이다. 그들 각각은 나름의 도전과제와 잠재적 해결방안을 제시한다. 예를 들어, 당신이 장수와 관련된 재무 설계라는 니즈에 대응하려고 한다면, 수많은 고객이 다양한 단계를 겪고 있는, 더 큰 도메인에 집중하는 것이 된다. 삶의 말기 단계에 있는 사람들을 공략할 것인가, 아니면 새로운 목적 부여 단계에 있는 사람들을 공략할 것인가? 당신의 고객은 건강하고 활동적인가? 이 도메인에 있는 고객들의 폭넓고 다양한 특성을 고려한다면, 그런 광범위한 인구를 대상으로 제품과 서비스를 개발하느라 고전할 수도 있다.

하지만 하나의 세부시장과 하나의 단계, 예를 들어 르네상스 단계에 있는 여성을 대상으로 시작한다면, 당신의 전략과 그 결과로 나온 제품은 더 명확해질 수 있다. 당신은 인구통계상으로, 남성과 비교해 여성이 더 오래 살고, 평균적으로 수입이 더 적으며, 투자에 접근할 때 더 위험회피 성향이 있다는 걸 알고 있다. 아울러 르네상스 단계에 있을 때 여성들은 새로운 열정과 관심을 가지고 투자한다는 사실을 알고 있다. 이렇게 초점을 좁히는 것은 더 현명하게 전략을 구축하는 방법이다.

장수 시장의 서브도메인을 탐색할 때는 잘 정의된 고객조차 복잡할 수 있음을 명심하라. 실제로 제품을 구매하고 돈을 내는 사람이 그 제품의 목표 대상과는 다른 사람일 수도 있다. 이런 면에서 장수 시장은 어린이가 목표 대상이지만 부모들에게 마케팅하는 제품들과 거울처럼 닮아 있다.

장수 전략을 개발하는 모범 사례는 이미 쌓이고 있다. 나는 사례 연구들을 통해 이를 보여주고자 한다. 우리는 다음 네 가지 영역에서 모범 사례를 살펴볼 것이다.

- **전략 파악하기:** 나이 렌즈가 아니라 단계를 활용해 장수 시장을 아우르는 사업 전략을 재정의하기
- **새롭고 비전통적인 전략:** 내 집에서 나이 들고자 하는 노령층 성인들의 욕구에서 비롯된, 새롭게 등장하는 니즈를 충족할 새로운 전략 정의하기
- **돌봄 경제:** 성장하고 있으며 엄청나게 방대하고 복잡한 돌봄제공 시장을 정의하고 탐색하기
- **떠오르는 기회와 명확하지 않은 시장들:** 더 길어진 삶이 우리에게 제시하고 있지만 명확하지 않을 수 있는 새로운 시장과 인적 자본 전략 기회 정의하기

이들 네 가지 영역에 있는 기업들의 사례를 탐색하면서, 우리는 앞 장에서 파악한 대로 타깃이 되는 도메인과 서브도메인, 단계를 파악할 것이다. 아울러 새로운 장수 기회를 고려할 때 유익함을 제공할, 이 회사들의 모범 사례를 살펴볼 것이다.

주의사항이 하나 있다. 이 책이 인쇄될 시점이면, 여기서 조명한 회사들의 현황에 변화가 생길 수도 있다. 여기는 성장하는 역동적인 시장이다. 우리는 계속해서 수많은 인수 합병을 보게 될 것이다. 피벗 pivots(기존의 경영 비전을 유지하면서 전략만 수정해 사업 방향을 전환하는 것―옮긴이)과 새로운 고객 확보 전략이 나올 것이다. 하지만 이 사례들은 여전히 장수 시장과 그곳에 진입할 방법을 이해하기 위한 훌륭한 프레임워크다.

―
장수 전략 알아보기

장수 전략을 보유하지 않은 기업이라면 그곳에 기회가 얼마나 많고, 그 기회들의 수익성이 얼마나 좋은지만 알아도 놀랄 수 있다. 기업 리더들은 그들이 왜 장수 전략에 대해 더 일찍 생각하지 못했는지 의문을 가질 것이다. 아울러 그들은 활동적이며 끊임없이 변화하는 장수 시장을 발견하게 될 것이다. 심지어 이 책을 쓰는 동안에도 내가 검토한 사례 연구에 몇 가지 주요한 변화가 있었고, 시장의 한 부분을 놓고 경쟁하고 서로 다른 니즈를 채우면서 새롭게 진입하는 경우가 수 없이 많았다.

아래에서 나는 메릴린치Merrill Lynch, 나이키, 와비파커Warby Parker 세 기업이 장수 전략을 찾기 위해 취한 접근 방식을 정리했다.

메릴린치는 100세까지 살 고객을 위해
회사의 방향을 어떻게 재설정했나

재무 서비스 산업은 더 오래 살게 된 고객들이 추가된 여생 동안 스스로를 부양할 돈이 더 많이 필요하다는 사실을 알게 되면서 장수 기회를 인지한 첫 번째 산업 중 하나다. 슬프고 의미심장하게도 50세가 넘는 사람들 중 절반 이상이 자신에게 충분한 은퇴 자금이 없다고 말한다. 이와 같은 재정적 안정성 부족은 국가 차원에서 우려할 일이며, 끔찍한 재정 침체를 피하려면 상당한 조치를 취해야 한다. 고객들이 더 길어진 삶을 대비하는 만큼, 다양한 우선순위와 재정적 요구는 성장을 이끄는 강력한 요인이 된다.

피델리티Fidelity, 메릴린치, 프루덴셜Prudential에서는 장수가 제시하는 과제를 이해하고 기회를 잡기 위해 상당한 투자를 해왔다. 메릴린치는 처음으로 장수를 사업 전략과 인재 전략의 일부로 통합한 기업 중 하나로, 직원들이 자신의 장수에 대비할 수 있도록 복리후생을 고안했다.

메릴린치는 고객의 고령화를 우려하는 대신, 장수를 그들 사업의 핵심으로 삼아 회사의 방향을 재설정했다. 그들의 새로운 초점은 합리적이다. 80퍼센트가 넘는 부가 65세 이상인 사람들에 의해 통제되

기 때문이다.[1]

메릴린치는 '7가지 생애 우선순위7 Life Priorities 프로그램'을 개발하는 작업부터 시작했다. 이 프로그램은 은퇴 계획이 단순한 재무적 건강을 훨씬 넘어서서 자금, 주거, 건강, 가족, 레저, 기부, 일을 포괄한다.[2] 이 프로그램에 가입한 고객은 자신의 포트폴리오에 대한 평가와 자산으로 무엇을 할 수 있는지에 대해 자문을 받는 데 그치지 않는다. 평가 도구는 그들이 처한 삶의 단계에서 걱정하고 있는 일곱 가지 영역 중에서 우선순위를 부여하도록 도와준다. 이 우선순위는 포트폴리오를 관리하고 주기적으로 재평가하는 데 사용된다.

이 경우 메릴린치는 고객에게 그들이 속한 단계에 대한 정보를 제공해 달라고 요청한다. 심지어 고객이 그런 방식으로 생각하고 있지 않더라도 말이다. 이 시장에 진입할 수 있는 좋은 방법은 고객을 대상으로 설문조사하여 어떤 단계가 가장 우세하며 타깃으로 삼을 가치가 있을지 알아보는 것이다.

메릴린치는 또한 2014년 금융업계 최초로 노인학 전문가를 고용해 일선 직원들이 고객을 이해하도록 도왔다. 고객에게 제공하는 조언의 유용성은 상담직원이 그 단계들을 이해하는 능력을 넘어설 수 없기 때문이다.

노인학 전문가는 생애 계획, 장수, 노화, 은퇴라는 주제에 대해 고객이 관심을 가지도록 메릴린치의 1만 4000명의 재무 상담직원을 교육, 훈련시키고 자원을 제공한다. 이 교육에서 주로 집중하는 부분은 재무 설계사들의 초점을 전환시켜서 그들이 고객의 나이를 기반으로, 예를 들어 "80세가 넘는 사람들은 이것을 해야 합니다"라는 식으로 조언하지 않도록 하는 것이다. 이제 재무 설계에서 나이가 아닌 단계는 핵심적인 부분이다.

메릴린치는 상담직원들의 재무적 우선순위 설정을 돕기 위해, 고객을 위한 여섯 개의 주요 생애 단계와 각 단계의 니즈를 이해할 수 있는 지도를 만들었다. 여섯 단계는 초기 성인기, 부모 되기, 돌봄제공, 은퇴, 사별, 삶의 말기/유산으로 구성된다. 메릴린치에 따르면 여섯 개의 생애 단계 각각에는 고유한 여정이 있으며, 중요한 순간들과 재정적 고려 사항으로 가득 차 있다.

생애 우선순위와 단계를 통합한 덕분에 메릴린치는 더 구체적인 재무 설계 도구와 제품을 만들어낼 수 있었다. 게다가 메릴린치는 직원들에게도 똑같은 프레임워크를 사용하는 새로운 전략을 세웠다. 이를 위해 회사는 직원들의 경력, 더 많은 시간적 유연성, 돌봄제공 지원 그룹, 은퇴 시기까지 일하기를 원하는 사람들의 욕구를 평가했다. 그리고 2021년 직원들을 위해 다양하고 새로운 노인 돌봄 혜택을 도입했다. 이러한 혜택 중에는 가족 구성원을 위한 노인 돌봄에 도움이 되는 서비스와, 유산/삶의 말기 단계에 있는 나이가 많은 가족 구성원을 돌보기 위한 유급 가족 휴가가 포함된다.

- **회사명:** 메릴린치
- **도메인:** 재무 서비스
- **서브도메인:** 여성 투자자와 금융 리터러시. 금융 착취와 노인 학대 예방

- **기회:** 7조~8조 달러
- **해당 단계:** 첫출발부터 삶의 말기까지 18단계 모두
- **모범 사례:** 재무 분야의 노인학 전문가를 고용해 새로운 제품을 설계하도록 도왔다. 직원과 고객을 위한 교육을 도입했다. 경영진이 그런 노력을 공개적으로 지원했다. 직원에게 노인 돌봄 혜택을 제공한다.

메릴린치의 모델은 유용할 수 있지만, 우리가 여기서 사용할 단계들을 모두 반영하고 있지는 않다. 게다가 우리의 단계 지도보다 덜 상세하다. 2장에서 나오는 에두아르도와 킴은 은퇴하지도, 사별하지도 않았다. 하지만 마리아의 딸은 돌봄제공자이며, 초기 성인기에 있다. 아마도 메릴린치의 단계 중 어떤 것도 에두아르도에게는 적합하지 않을 것이다. 그러나 메릴린치의 결합된 접근 방식은 에두아르도, 킴, 마리아의 딸이 가진 삶의 우선순위와 재정 상태를 모두 고려하기 때문에 그들의 재무적 니즈를 포착할 수 있다.

재무 서비스 산업은 마케팅과 제품 개발 전략에 나이가 아닌 단계를 통합한 최초의 산업 중 하나다. 아울러 재무 서비스 기업들은 그 산업의 다양한 서브도메인을 이해하고 있다. 재무 상담직원을 대상으로 최근 실시한 설문조사에서 자신의 회사에 영향을 미치는 선도적인 거시 트렌드로 장수를 꼽은 사람이 29퍼센트에 달했다. 장수의 중요성을 인정하는 재무 상담직원 중 44퍼센트는 고객들의 더 길어진 수명이 향후 10년간 그들의 사업에 상당한 영향을 미칠 것으로 예상했고, 어려움으로는 고객의 자산이 그들의 생애 전체에 걸쳐 유지되도록 보

장하는 일을 들었다.[3]

더 길어진 수명과 장수는 지속되는 중요한 트렌드인 만큼, 모든 유형의 재무 서비스 및 자산관리 회사는 이 기회를 마케팅 전략과 통합해야 한다. 사람들이 더 많이 저축하고 예산을 활용할 수 있도록 돕기 위해 많은 앱 중심의 회사들이 새롭게 등장하고 있다.[4]

서브도메인: 여성 투자자와 금융 리터러시

메릴린치 자산관리의 회장인 앤디 지이크Andy Sieg는 "장수를 이해하면 고객을 더 잘 모실 수 있다"라고 말한다.[5] 지이크는 자신과 동료들은 고객과 상품을 생각할 때, 고객이 일정한 햇수 동안 살아남는 데 필요한 것이 무엇인가보다는, 인생 후반의 행복과 만족을 주도하는 것이 무엇인가를 보기 위한 렌즈를 사용한다고 말한다.

이 시장을 이해하는 데 투자함으로써 메릴린치는 서브도메인과, 심지어 다른 세부시장에 속한 더 많은 기회까지 찾아냈다. 2018년 메릴린치는 여성과 남성이 모두 현재의 은퇴 연령에 도달했을 때, 양측 사이에는 100만 달러의 자산 격차가 있음을 발견했다. 이런 격차에 기여하는 요인은 세 가지였다. 급여 격차, 여성이 돌봄제공을 위해 경력을 중단하게 될 가능성이 더 높다는 점 그리고 더 길어진 여성의 평균 수명이었다.[6]

질적 연구와 양적 연구를 통해, 메릴린치는 얼마나 많은 여성들이 더 투자하지 못했다는 사실에 대해 탄식하는지를 알아차렸다. 그래서 여성들이 더 복잡한 그들의 장수 여정에 대비하는 데 사용할 금융 리터러시 서브도메인 분야의 도구들을 만들어냈다. 점점 늘어나는 여성 투자자들을 위한 금융 교육 이니셔티브는 이제 회사 전략의 핵심 부분이 됐다.

서브도메인: 금융 착취와 노인 학대 예방, 재무적 돌봄제공

삶의 말기 단계에는 슬프게도 노령층 성인 대상의 금융 착취와 싸우기 위한, 또 다른 성장하는 시장이 있다. 당신은 영업사원이나 다른 외부인이 유산이나 삶의 말기 단계에 있는 사람을 먹잇감으로 삼을 거라고 상상할지 모르지만, 가까운 가족 구성원이 금융 착취의 가해자가 되는 일이 더 흔하다. 나는 일부 가족 구성원이 취약한 노령층 성인과 그들의 친척을 이용할 때 가정이 파괴되는 것을 개인적으로 목격했다.

추정치는 매우 다양하지만 이러한 종류의 착취와 부당한 위압으로 빼앗기는 자산이 매년 최소 90억 달러, 많게는 300억 달러에 달한다. 하지만 사례의 거의 98퍼센트는 보고되지 않는다. 마흔네 건 중 단 한 건만이 성인보호서비스 혹은 다른 정부 기관으로 이송된다.

이 문제를 이해하는 데 도움이 되는 두 가지 핵심 정의가 있다. 미국 상해예방통제센터National Center for Injury Prevention and Control는 금융 학대 또는 착취를 다음과 같이 정의한다. "노령층 개인이 아닌 다른 사람의 이익을 위해 돌봄제공자나 신뢰 관계에 있는 다른 사람이 노령층 개인의 자원을 불법적으로, 무단으로, 혹은 부적절하게 사용하는 것. 여기에는 개인적 혜택과 자원, 소유물, 자산에 대한 정당한 접근, 관련한 정보, 사용권을 빼앗는 일이 포함된다. 사례로는 돈이나 소유물의 위조, 남용, 절도, 자금이나 재산을 포기하도록 강압을 행사하거나 속이는 것, 후견인 지위 혹은 위임장의 부적절한 사용이 포함된다."[7]

미국변호사협회The American Bar Association와 국립법률및노인권리센터 National Center on Law and Elder Rights는 부당한 위압undue influence을 이렇게 정의한다. "사람들이 신뢰와 의존, 다른 사람에 대한 공포를 부당하게 이용하기 위해 그들의 역할과 권력을 사용하는 것. 그들은 이 권력을 사용하여 그 사람의 의사결정을 기만적으로 통제한다."[8]

사기를 찾아내기 위해 금융 기관들이 법률집행 기관과 협력하고 있지만, 피해자가 사망할 때까지 발견되지 않는 경우가 많아 이런 독특한 유형의 사기 위험에 대비해 가족과 돌봄제공자를 교육할 방법이 더 많이 필요하다. 성인들이 고령화됨에 따라 서면으로 작성된 유효한 사전 연명의료 의향서advance directives(19세 이상인 사람이 임종과정에 있는 환자가 되었을 때에 대비해 연명의료 중단 및 호스피스에 관한 의사를 직접 문서로 작성한 것—옮긴이), 위임장 그리고 투명성이 예방도구로서 다른 무엇보다 중요하다.

이 주제를 기회라고 이야기하기는 어렵다. 하지만 그러한 학대의 대상이 되는 사람과, 그 사람의 삶 속에 있는 사람들 모두에게 이익이 되는 상품과 서비스는 절실히 필요하다. 재무적 돌봄제공financial caregiving 이라고 부를 수 있는 새로운 서브도메인에 많은 소기업들이 등장하고 있다. 트루링크True Link, 에버플랜즈Everplans, 실버빌스, 골든Golden, 에버세이프Eversafe, 프리윌FreeWill이 거기에 해당한다. 일례로 이 회사들 중 일부는 청구서에 돈을 지급하기 위해 고객으로부터 자금 관리 권한을 넘겨받아 다른 사람들이 그 돈에 접근할 수 없게 한다. 혹은 한 번에 쓸 수 있는 금액을 통제하기 위해 선불 체크카드를 간격을 두고 제공해 자금 흐름을 조정하기도 한다.

나이키는 어떻게 나이 많은 선수들을 발굴하고 있는가

많은 기업의 고객 전략은 18세 인구집단에서 시작해 34세 인구집단에서 끝난다. 그 인구집단에 선수용 운동화와 의류를 판매하면서 370억 달러의 제국을 건설한 글로벌 시장 리더 나이키의 경우는 특히 그랬다.

2019년 나이키는 회사 매출의 10퍼센트를 차지하고 다른 고객보다 구매당 지출이 더 많은 나이 많은 선수들의 니즈에 대응하기 위해 전략을 확대하기로 결정했다. 꽤 의도적으로 나이키는 노령층 성인을 위해서가 아니라 특별히 나이가 들어가는 선수들athletes getting older을 겨냥해 운동화를 만들기로 결정했다.

당시 나이키의 카테고리 및 제품 부문의 사장이었던 마이크 스필레인Mike Spillane은 한때 활동적이거나 경쟁적인 러너였지만 지금은 '슬로우 러너slow runner'가 된, 나이키의 장수 고객을 이해하는 과정에 돌입했다. 그는 많은 노령층 성인이 운동을 위해 걷는다는 사실을 알았지만(1억 1000만 명이 넘는 미국인들이 건강을 위해 걷고, 6000만 명이 조깅을 한다), 여전히 나이키의 목표는 나이 든 워커walker가 아니었다. 나이키의 목표는 이제 걸어다니는 나이 든 선수였다. 그는 나이키가 수년에 걸쳐 만들어낸 제품 충성도를 놓치지 않을 방법을 찾고, 여전히 자신을 선수로 여기는 사람들에게 초점을 맞추고 싶어 했다. 회사의 목표는 '영원한 선수athlete forever'와 '지속적 선수continuous athlete'를 포착하는 것이었다.⁹

나이키는 크루저원CruzrOne이라는 신제품을 설계해 출시했다. 이 제품은 특별히 유명한 나이키 창업자이자 자기 자신도 지속적 선수 단계에 있는 고객 필 나이트Phil Knight를 염두에 두고 설계됐다. 전설적인 디자이너 팅커 햇필드Tinker Hatfield가 그 신발을 디자인했다. 타깃은 1킬로미터를 8분 혹은 그 이상의 속도로 주파하는 러너들이었다. 나이키는 뒤축, 중창, 앞면을 재설계하여 착지할 때의 하중이 뒤축에 더 실리게 하고, 앞으로 굴러가는 움직임을 유도해 '슬로우 러너'들이 추진력을 유지할 수 있게 도왔다. 이런 디자인에도 불구하고, 나이키의 메시지는 이와 같은 기능이나 구매자가 현재 슬로우 러너라는 관찰 결과를 강조하지 않았다. 나이키의 마케팅은 단계, 즉 스스로 도움이 필요하다고 생각하지 않지만 도움을 제공하는 제품을 높게 평가할 지속적 선수 단계의 고객들에게 집중되었다.

크루저원은 시범적으로 한 켤레당 150달러에 온라인에서 출시됐다. 이제 크루저원은 더 이상 나이키 내부의 별도 사업부 중 하나가 아니다. 회사는 지속적 선수들을 이해하고 그들에 대한 마케팅을 시작하면서도 전략을 계속 진화시켰다. 2020년 7월 나이키는 남성, 여성, 아동이라는 새로운 고객 세분화로 전환했다. 마이크 스필레인은 이세 개의 새로운 부서를 총괄하는 고객창조Consumer Creation 부문의 사장이 됐다. 나이키가 '영원한 선수'라는 성장하는 시장을 인식하고, 고객의 3분의 1이 몇십 년 안에 온전히 이 범주에 해당될 수 있다는 사실을 인정하게 되면서, 그는 처음 두 개의 범주에서 생애 전반에 걸친 지속적 선수라는 패러다임을 통합하고 있다. 나이가 많은 고객들은 제품에 대한 충성도를 중요시하고, 나이키는 이런 충성도를 높이기 위해 포지셔닝하고 있다.

핵심은 나이키가 목표 시장에 대한 광범위한 정의를 피해왔다는 사실이다. 나이키는 워커들이나 패션에만 관심 있는 사람들을 목표로 삼지 않았다. 처음에는 특정한 단계에 있는 구체적인 서브도메인에 집중했다. 또한 나이키는 가정과 편견이 그들에게 영향을 미치는 것을 허용하지 않았다. "노령층 성인이 필요로 하는 신발은 이것이다"라고 말하는 대신, 고객이 스스로를 어떻게 정의하는지에 귀 기울이며 거기에 따랐다. "당신은 고객이 될 필요는 없습니다. 하지만 고객을 이해해야 합니다." 스필레인은 말한다. "잘 귀 기울여 듣는 사람이 되는 것이 좋은 마케팅의 핵심입니다."

나이키는 이제 영원한 스포츠와 영원한 선수라는 주제를 아우르기 위해 스포츠와 선수를 더 폭넓게 정의하고, 나이 많은 인구집단을 활동적으로 유지하는 부가적인 방법에 초점을 맞추고 있다. 나이키는 댄스와 요가를 스포츠로 보고 이 그룹을 위한 의류 전략을 수립하는 등, 미래 피트니스를 중심으로 더 심오한 제품 전략을 개발하고 있다. 또한 나이키는 활동적인 라이프스타일을 통해 건강수명을 늘리도록 돕는 공중보건 논의에서 선도적인 목소리를 낼 기회를 엿보고 있다.

- **회사명:** 나이키

- **도메인:** 피트니스, 의류

- **서브도메인:** 지속적 선수

- **기회:** 40억 달러와 성장하는 신발 시장

- **해당 단계:** 새로운 목적 부여, 르네상스, 건강 최적화

- **모범 사례:** 노령층 성인라는 인구집단을 대상으로 마케팅하는 대신, 핵심 고객인 선수들에게 제품을 마케팅했다. 젊은 소비자의 나이 범주를 넘어 선수들의 더 장기적인 충성도를 높였다. 특정한 단계와 세부시장에 초점을 맞췄다.

와비파커는 어떻게 힙스터를 벗어나 그 바깥으로 이동했는가

2010년 2월에 설립된 와비파커는 당시 사회적 관심을 가졌던 수많은 벤처들처럼 회사가 안경 하나를 팔 때마다 어려움을 겪는 사람에게 하나를 기부했다. 출범 당시 공동 창업자였던 닐 블루먼솔Neil Blumenthal과 데이브 길보아Dave Gilboa는 단초점 처방 안경을 저렴하게 판매하면서 18세에서 34세라는 전형적인 고객층에 초점을 맞췄다. 이 회사는 500달러짜리 제품을 95달러에 팔았고, 그 대신 다양성을 포기했다. 전형적인 안경점이라면 품목번호가 약 1000개에 달할 것이다. 블루먼솔은 와비파커에 30가지 스타일이 있고 스타일마다 색상이 세 가지여서 전체로는 90개의 품목번호를 가지고 출범했다고 내게 말했다.[10]

두 번째 해에 이 회사는 일반 선글라스와 처방 선글라스를 추가했다. 세 번째 해에는 서로 다른 소재의 새로운 테를 추가했다.

매장을 연 지 4년 만에 와비파커는 두 가지 이상의 가시 범위를 교정해주고 위쪽의 원거리 시력 교정에서 아래쪽의 돋보기 시력 교정으로 전환할 수 있는 다초점 렌즈를 도입했다. 다초점 렌즈는 많은 노령층 성인에게 흔하게 발생하는, 처방전이 다른 두 개 혹은 그 이상의 안경이 필요한 상황을 피하게 해준다.

와비파커는 다초점 렌즈를 위한 방대한 시장이 존재한다는 사실을 빠르게 파악했다. 미국에서 안경 시장의 절반 이상이 다초점 렌즈였고, 평균 가격은 한 개당 500달러였다.

와비파커는 젊은 힙스터들이 선호하는 브랜드가 되고자 3년을 투자했다. 하지만 4년 차에는 장수 시장을 지원하는 쪽으로 초점을 옮겼다. 특히 다초점 렌즈로 이동하는 소비자들에게서 나오는 큰 기회를 보았다. 와비파커는 장수 고객이 매장을 방문하지 않아도 시력 측정을 할 수 있는 디지털 역량을 확보했다. 그리고 65세가 넘는 사람들을 대상으로 시력 처방을 갱신하기 전에 최근 처방이 맞는지 볼 수 있게 해주는 처방 확인 앱을 개발하여, 사용 승인을 받는 대로 이러한 기능을 제공할 준비를 하고 있다. 이 회사는 새로운 고객 세부시장에 어필하는 디지털 및 매장 내 경험을 제공하기 위해 현재까지도 노력을 기울이고 있다.

와비파커는 또 인구집단별로 다른 디자인을 만드는 일을 피하는 것에도 주안점을 두고 있다. 많은 단계의 사람들이 패셔너블한 안경을 원한다는 사실을 인식하고, 힙하고 인기 있는 기존 테에 다초점 렌즈를 적용했다. 와비파커는 또한 이런 접근 방식이 새로운 유형의 더 복잡한 안경으로 바꾸려는 사람들, 즉 다양한 연령층에서 볼 수 있는 사람들을 공략하는 데 최선일 거라고 판단했다.

그리고 이 일을 저비용 대안을 제공한다는 회사의 전략에 부합하는 방식으로 수행해야 했다. 장수 시장과 의료 서비스 시장에서 소비자 직접 마케팅은 높은 고객 확보 비용을 수반하지만, 와비파커는 TV와 페이스북 타깃 광고가 다초점 렌즈로 이동하는 목표 소비자 시장에 접근하는 데 매우 효과적임을 발견했다. 그렇게 해서 그들은 다초점 렌즈를 평균 295달러에 제공할 수 있었다.

이 시장을 포착하면서 회사는 광고 전략에 미묘한 변화를 주었다. 예를 들어 와비파커는 광고에 노령층 성인을 포함시킨다. 블루먼솔은 현재 당면 과제 중 하나가 광고 모델의 연령 다양성을 보장하는 일이라고 강조했다.[11]

이 시장을 공략하기 위한 방향 전환은 너무나 성공적이어서, 와비파커는 이제 젊고 유행을 선도하는 사람들을 위해서만이 아니라 다중세대를 대상으로 제품을 제공하는 회사로 스스로를 인식하고 있다. 현재 다초점 렌즈는 회사 전체 매출의 거의 30퍼센트를 차지하며, 다초점 렌즈를 이용한 안경은 2014년에서 2019년 사이에 100만 개가 넘게 팔렸다.

메디케어와 다른 의료보험회사들이 원격의료 비용 환급의 승인과 사용량을 늘리자 와비파커는 그곳에서 장수 전략을 발견했다. 젊음과 연관된 브랜드로 고객을 끌어들인 뒤 브랜드를 나이 많은 고객에게까지 확대했고, 다양한 니즈를 가진 고객들을 공략하기 위해 맞춤형 제품을 내놓았다. 그들의 목표는 이제 수십 년에 걸친, 다중세대 고객을 확보하는 것이다.

- **회사명:** 와비파커
- **도메인:** 안경
- **서브도메인:** 다초점 렌즈
- **기회:** 미국 내에서 100억 ~ 150억 달러
- **해당 단계:** 전환, 포트폴리오, 르네상스, 사이드프러너, 유산
- **모범 사례:** 다중세대 마케팅 캠페인을 개발했다. 가격 전략을 장수 고객에게 맞춰 조정했다. 장수 고객을 공략하기 위해 디지털 포털을 강화했다.

메릴린치와 나이키, 와비파커가 잘한 일

넓게 보면 우리는 이 사례들에서 공통된 주제 몇 가지를 발견할 수 있다. 이 공통된 접근 방식은 당신이 관심을 두고 있는 도메인과 서브도메인을 공략하는 데 도움이 될 수 있을 것이다.

첫째, 집중하라. 이 회사들 중 어떤 회사도 크고 광범위하게 나아가지 않았다. 예를 들어 나이키는 운동화를 신는, 특정 연령 이상의 모두를 대상으로 삼지 않았다. 그렇다. 그들이 타깃으로 삼은 서브도메인인 지속적 선수들 외에도 매우 많은 사람이 있을 것이다. 하지만 그런 그룹은 마케팅 대상으로 삼기 어렵다. 그러기에는 그 그룹 안에 너무 많은 단계의 다양성이 존재한다.

메릴린치와 같은 많은 기업은 일단 마케팅을 할 서브도메인을 파악

하고, 그들의 장수 전략을 많은 제품과 단계로 확대한다. 메릴린치가 르네상스 단계에 있는 여성과 재무 설계 상품에 집중할 때, 그것은 하나의 서브도메인 내의 하나의 단계에 있는 특정 소비자 한 명을 추가한 것이다.

둘째, 장수 고객을 위해 제품과 서비스를 설계하더라도, 회사가 반드시 그런 기능을 팔릴 만한 측면으로 다룰 필요는 없다. 와비파커는 다초점 렌즈를 다양한 사람들을 위한 다양한 안경으로 마케팅하지 않았다. 그들은 장수 시장의 사람들에게 필요한 렌즈를, 힙스터들이 사랑하는 것과 똑같은 스타일리시한 안경으로 포지셔닝했다. 나이키도 처음에는 선수를 타깃으로 삼았지만, 곧 특정한 단계에 있는 선수들이 됐다는 점에서 비슷하다.

세 번째, 장수 시장을 공략한다는 것이 기술을 피한다는 의미는 아니다. 아마도 이 시장에서 가장 오해를 받는 측면 중의 하나가 이 인구 집단과 기술의 관계일 것이다. 마케터들에게 중요한 사실은 이 고객을 공략하기 위해 기술을 사용하라는 것이다. 장수 고객들이 디지털에 관해 아무것도 모른다고 가정하지 말라. 그들이 더 간단한 기술을 원할 수는 있지만, 어쨌든 기술을 사용할 것이다.

마지막으로 장수 시장을 연구하고 깊게 파고 들어간 사람들은 종종 그들 자신의 조직 내에도 그 아이디어를 적용한다면 이익을 얻을 수 있다는 사실을 알게 된다. 메릴린치가 회사 직원들에게 돌봄제공 혜택을 제공함으로써 그렇게 했듯이 말이다.

많은 기업들은 장수 시장에 관해 가장 힘든 부분이 그저 참여를 선택하는 부분이었음을 알고 놀란다. 일단 진입하고, 나이가 아니라 단계에 초점을 맞추면 가능성이 열린다.

—

새롭고 비전통적인 전략

앞서 소개한 기업들이 그랬던 것처럼 기존 시장에서 기회를 발견하는 것은 좋은 시작점이다. 하지만 더 길어진 생물학적 수명과 건강수명 덕분에 새롭고 때로는 예상치 못한 기회들도 등장할 것이다. 가장 중요한 새로운 전략 중 하나는 이 인구집단에 속한 사람들이 어디에 살고 싶어 하는가의 문제와 관련된 심경 변화를 둘러싸고 등장할 것이다.

미국인들 중에는 나이가 들면서 지속적인 돌봄 은퇴자 주거단지, 생활지원시설, 요양원으로 옮겨가는 것보다 자기 집에서 나이 드는 것을 선호한다고 말하는 사람이 90퍼센트가 넘는다. 건강수명이 더 길어진 사람이 늘어난다는 점을 감안할 때, 자기 집에서 늙어가는 장수 고객의 숫자가 상당한 규모로 늘어날 것을 예상할 수 있다.

도메인: 내 집에서 나이 들기

'내 집에서 나이 들기Aging in Place'라는 도메인은 종종 '계속 일하면서 나이 들기aging on the go' 혹은 '집에서 잘 살기thriving in the home'라고도 묘사된다. 이 엄청난 잠재 시장에는 가뿐히 25개가 넘는 서브도메인이 존재하며, 규모는 7500억 달러로 추산된다. 서브도메인의 예를 몇 가지만 든다면, 거주, 사회적 고립, 교통과 이동성, 웰니스와 피트니스, 주택 개조 등이다.

이들 중 많은 수가 서로 겹치며, 앞으로 살펴보겠지만 일부는 명백하지 않을 수도 있다. 주택 리모델링을 예로 들어보자. 내 집에서 나이들 수 있도록 집을 개조하고, 내 집에서 나이 들기를 위해 설계된 새 집을 짓는 것은 그저 누가 낚아채기만을 기다리고 있는 엄청난 기회다. 미국에는 65만 명이 넘는 리모델링 전문가가 있지만 그들 중 내 집에서 나이 들기를 위해 인증을 받은 사람은 1퍼센트도 되지 않는다.[12] 건축과 리모델링 서브도메인은 주택을 위한 스마트 기능을 개발하고 있는 기술 기업들과 중복될 것이다. 기술 서브도메인은 사용자 경험과 모니터링 서비스 분야에서 기회를 창출한다. 아울러 기술은 주방 가전제품에 들어갈 수도 있으며, 이는 사람들이 자기 집에서 나이 들도록 도와주기 위해 진화할 또 다른 영역이다. 장수 산업에서 일부 기술은 포괄적인 용어인 에이지테크age tech(노화aging와 기술technology의 합성어로, 고령자의 생활을 개선해 삶의 질을 향상시키는 기술을 의미함—옮긴이) 아래에 속한 도메인과 서브도메인을 규정한다. 기술은 분명 내 집에서 나이 들기에 변화를 가져오고 있으며, 사실상 우리가 설명하는 모든 도메인과 서브도메인에 영향을 미친다. 하지만 우리는 여전히 그 안에 속한 많은 세부시장을 이해할 필요가 있다.

나는 내 집에서 나이 들기와 관련된 다양한 서브도메인과, 전략 중에 에이지테크의 구성요소를 가지고 있는 모든 것, 즉 사회적 고립, 대안적 주거, 교통과 이동성, 원격의료, 디지털 헬스digital health, 웰니스와 피트니스, 주택 개량에 대해 소개하고자 한다.

서브도메인: 사회적 고립

사회적 고립은 하루에 15개비의 담배를 피우는 것과 같고, 건강에 미치는 위험은 비만을 능가한다.[13] 사회적 고립은 당신이 얻고자 하는 사회적 유대와, 당신이 경험한다고 느끼는 사회적 유대 사이의 격차로 정의된다. 2017년 미국보건위생국장 비벡 머시Vivek Murthy는 외로움을 공중보건의 전염병이라고 불렀다.[14] 영국에서는 2018년 '외로움부 장관Minister for Loneliness'을 임명했다. 외로움은 혼자 사는 노령층 성인에게 특히 심한 타격을 준다. 그들은 건강에 도움이 되는 행동을 덜 하고, 사회적으로 고립됐다고 느끼지 않는 동년배보다 훨씬 더 자주 병원에 입원한다.

고립은 내 집에서 나이 들기의 함정이다. 가능한 한 내 집에서 나이 드는 것이 건강한 일이지만, 다른 한편으로는 돌봄 시설과 주거단지에서 얻을 수 있는 사회적 유대 중 일부를 잃게 된다. 내 집에서 나이 들기와 함께 올 수 있는 고립과 싸우기 위해 사회적 유대를 재정립하는 기업들이 등장하고 있다.

두 명의 창업자가 설립한 와이더서클은 운동하고, 사교를 즐기고, 웰빙을 개선할 목적으로 열 명에서 열두 명의 이웃을 한 그룹으로 모은다. 훈련된 진행자들과 회원 대표가 정기적인 미팅과 야유회를 이끌며 교통수단도 제공한다.[15]

개인에게 드는 비용은 없다. 멤버십 비용은 메디케어 어드밴티지 플랜이 후원하고 지급한다. 프로그램의 애초 목적은 메디케어 비용을 절감하고 병원 입원을 줄이는 것이었다. 그들은 목적한 바를 이뤘다. 와이더서클의 구성원은 다른 사람들과 비교해서 27퍼센트 덜 빈번하게 병원에 입원했다. 병원에서 보내는 날도 43퍼센트 더 적었다. 그리고 연간 웰니스 방문(메디케어 보장 범위의 하나로, 매년 의사와 만나서 질병이나 장애를 예방하기 위한 개인별 계획을 개발하거나 갱신하는 프로그램—옮긴이)을 12퍼센트 더 했고, 독감 백신을 32퍼센트 더 많이 맞았다.

하지만 이 프로그램은 메디케어 어드밴티지 플랜을 위한 강력한 마케팅 도구로 밝혀지기도 했다. 공동 창업자 중 한 명인 대린 벅스바움 Darin Buxbaum은 회원들이 갱신과 입소문을 통해 신규 가입을 독려하는 프로그램을 신뢰한다고 내게 말했다.[16] 신뢰는 노령층 성인에게 성공적인 마케팅의 핵심 요소인 것으로 드러났다.

외로움에 대한 와이더서클의 해결책은 효과적이고 정확했다. 하지만 그들 사업 전략의 초기 기본 가설은 완벽하지 않았다. 코로나19 팬데믹이 와이더서클에 새로운 어려움을 가져왔다. 하지만 그들은 직접 만나지 못하는 어려움을 보완하기 위해 온라인 역량을 개발했다. 아울러 와이더서클은 회원 대표가 회원의 안부를 확인하는 프로그램을 시작했다. 그리고 우버Uber와 파트너십을 맺고 집에 있는 노령층 성인에게 식사를 배달했다. 이들이 네 개의 새로운 프로그램을 만들고 사업을 캘리포니아주를 넘어 조지아주와 미시간주까지 확장한 뒤 매출은 한 달 만에 두 배로 늘었다.

와이더서클에는 그들의 사업이 수업과 사교 행사를 제공하는 것이 아니라는 사실을 인정하는 것이 중요했다. 그들은 필립 피조^{Philip Pizzo}가 '장수를 위한 처방^{prescription for longevity}'으로 정의한, 성공적인 노화를 위한 핵심 결정요인 중 하나인 강화된 목적과 의미를 사람들에게 제공했다.[17] 우리는 대면 혹은 가상으로, 수많은 방식을 통해 노령층 성인이 목적과 의미를 발견하도록 도울 수 있다.

스타트업 회사들은 메디케어 어드밴티지 플랜이 제공하는 기회를 자신들의 새로운 고객이자, 다른 사람들에게 제품과 서비스를 유통하기 위한 채널로 인식하고 있다. 그렇게 하려면 별개의 그룹(사용자와 고객)을 대상으로 마케팅하는 집중된 노력이 필요하지만, 그만한 가치가 있는 일이다. 메디케어 어드밴티지에 대한 더 상세한 논의는 5장과 6장에서 찾아볼 수 있다.

- **회사명:** 와이더서클

- **도메인:** 내 집에서 나이 들기

- **서브도메인:** 사회적 고립과 외로움, 건강의 사회적 결정요인

- **기회:** 70억 달러. 노령층 성인의 3분의 1이 외롭다고 느끼며, 25퍼센트는 사회적으로 고립돼 있다. 5000만 명이 넘는 미국인에게 건강상의 결과와 관련된 비용에 영향을 미친다.

- **해당 단계:** 전환부터 유산까지

- **모범 사례:** 메디케어 어드밴티지 플랜에 그들의 서비스를 마케팅했다. '돌봄의 서클'을 형성함으로써 최종 사용자들 사이에 커뮤니티를 구축했다.

서브도메인: 대안적 거주

은퇴자나 시니어 주거단지가 아니라 본인의 집에서 잘 나이 들고 싶다는 욕망은 새로운 주거 대안과 주택 개조 기회에 대한 관심을 더 많이 불러일으켰다. 주거에 대한 전통적인 접근 방식 중에는 소위 시니어 주거시설을 건설하는 데 특화한 몇 건의 성공적인 사업들이 포함된다. 시니얼리, 어 플레이스 포 맘A Place for Mom과 같은 이런 기업들의 현황은 6장에 정리돼 있다.

하지만 다소 놀랍게도 내 집에서 나이 들기를 원하는 사람들이 모두 다른 단계에 속해 있기 때문에 떠오르는 다른 시장이 있다. 바로 커져가는 트렌드 중 하나인 다중세대 주거다. 자신의 집에 공간이 있는 노령층 성인이 젊은 룸메이트와 짝을 짓는 것이다. 이런 단순한 절차를 통해 젊은 사람들은 저렴한 주거를 확보하고, 집주인은 고립과 외로움을 물리칠 수 있다. 룸메이트는 종종 기술 지원, 쇼핑 및 다른 서비스를 제공할 수도 있다.

여러 주요 도시에서 다중세대 주거를 지원하는 기업 중 하나로 실버네스트가 있다. 이 회사는 매칭 시스템, 임대 관리, 현지화된 지원 서비스를 제공한다. 부가적인 서비스와 인프라는 빌리지 투 빌리지 네트워크Village to Village Network와 같은 지역 기관을 통해 추가할 수 있다. 보스톤시의 비컨 힐Beacon Hill에서 시작한 이 기관은 이웃 간에 자원을 공유할 수 있는 시니어들을 연결해 '마을'을 만든다.

다른 회사들이 제공하는 부가 서비스는 실버네스트가 플랫폼 역할을 하게 만든다. 어느새 회사의 성장은 새로운 제품을 자체적으로 고안해내는 능력에만 달려 있지 않게 되었다. 실버네스트는 이제 스마트폰에 앱을 추가하듯 다른 회사들의 서비스를 심사하고 추가할 수 있다.

다른 회사들도 플랫폼을 구축하고 있다. 네스털리Nesterly는 노령층 성인과 젊은 룸메이트를 매칭해주고 포괄적인 배경 조사를 수행하는 플랫폼을 만들었다. 코로나19 팬데믹 동안 네스털리는 보스턴시와 파트너십을 맺고 위기에 처한 개인과 자원봉사자들을 연결해, 비대면 배달과 친절한 안부 확인을 포함한 기본적인 니즈를 충족시켜주는 무료 서비스를 제공했다. 업사이드홈UpsideHōM은 가구가 완비된 아파트를 제공하고, 고객의 단계에 따라 음식 배달, 교통편, 활동지원 등을 서비스한다.

그런 플랫폼 역할은 내 집에서 나이가 드는 동안 사람들이 다양한 단계를 거치면서 거기에 맞춰 적응할 수 있다는 점에서 스마트한 일이다.

- **회사명:** 실버네스트, 네스털리, 업사이드홈
- **도메인:** 내 집에서 나이 들기
- **서브도메인:** 대안적 거주, 주택 개조
- **기회:** 20억 달러
- **해당 단계:** 전환, 르네상스, 돌봄제공, 유산
- **모범 사례:** 외로움 요인에 대처하는 동시에 다양한 서비스를 제공하는 커뮤니티와 플랫폼을 만드는 한편, 노령층 성인을 위한 주거 대안을 창조했다.

서브도메인: 사회적 고립, 교통, 이동성, 원격의료

소셜 네트워크가 각자에게 모두 연결되는 것처럼, 우리는 장수 분야에서 플랫폼과 플랫폼이 연결되는 모습을 볼 수 있다. 대학생과 간호학과 학생들이 교통, 집안일, 기술 교육, 그 외 다른 서비스로 노령층 성인을 도울 수 있게 해주는 기술 플랫폼 파파Papa를 예로 들어보자. 처음에는 노령층 성인을 위한 동반자 관계와 지원을 위한 플랫폼이었지만, 파파는 이제 생활지원 주거단지와 협력하고 원격의료 서비스 가능 면허를 소유한 의사, 임상 간호사, 행동건강 전문가들로 구성된 네트워크를 제공한다. 나아가 파파는 교통 문제로 병원 예약에 늦는 일이 없도록 우버 헬스Uber Health와 협력관계를 체결했다. 2021년 11월 파파는 가입자들에게 파파 서비스를 제공하는 26가지 추가 건강보험과, 1억 5000만 달러의 시리즈 D 자본증자를 발표했다. 파파는 50개 주 전체와, 메디케어 어드밴티지, 메디케이드, 후마나Humana와 애트나Aetna 같은 고용주 건강보험에 서비스를 제공하는 파파 팰즈Papa Pals로 사업을 확대하고 있다.

이들 플랫폼이 힘을 합치고 통합되기 시작하면서, 다중세대 돌봄 시스템intergenerational care system이 만들어지고 있다. 이들 플랫폼이 함께 작동할 때 성공의 열쇠는 다양한 단계에 있는 여러 유형의 고객들을 파악하고, 이들을 위해 플랫폼에 도입할 제품과 서비스를 찾아내고, 다양한 지급자들을 모두 파악하는 데 있다. 파파는 메디케어 어드밴티지, 생활보조 제공자, 건강보험, 업사이드홈과 같은 혁신적인 주거 커뮤니티를 이용해 다양한 고객과 협력할 수 있음을 보여준다.

코로나19 팬데믹 기간 동안 원격의료 서비스가 등장한 것은 장수 경제를 계속 성장시킬 놀랄 만한 변화이다. 이 서비스가 일부 교통 서비스에 대한 수요를 없애버리긴 했지만 노령층 성인들은 특정한 생애 단계에 계속해서 교통 서비스가 필요할 것이다. 여행할 수 있는 능력은 집에서 머무르는 사람들이 직면하는 소외의 문제에 대응하도록 도와줄 것이다. 사람들은 여전히 병원 진료 예약, 사교 행사, 종교 활동, 일터, 자원봉사에 가야 한다. 이 시장 기회만 해도 약 40억 달러 규모에 달할 것으로 추산된다.

우버나 리프트Lyft 같은 회사들은 나이 많은 고객의 니즈에 대처하기 위해 새로운 수직적 시장(주로 병원에 팔리는 MRI 기기를 위한 시장처럼, 기업들이 특정한 요구를 지닌 산업, 직업, 고객 그룹을 대상으로 맞춤형 제품과 서비스를 판매하는 시장—옮긴이)을 창조했다. 우버 헬스는 의료 관련 교통 서비스를 제공하기 위해 1000개가 넘는 의료 서비스 기관과 파트너십을 맺었다. 이 플랫폼은 노령 친화적 도구, 앱, 전화 시스템을 만들었다. 이곳은 또한 처방약 배송 서비스를 제공하는 님블알엑스 NimbleRX와도 협력하고 있다.

이와 유사하게 리프트 헬스Lyft Health는 의료 서비스 제공자들이 에 픽Epic과 같은 전자의료기록 시스템에서 직접 리프트 승차를 신청할 수 있도록 하고 있다. 그들은 노령층 성인에게 도움이 되는 리프트 컨시어지를 포함하도록 서비스를 확대했고, 생활지원시설 및 시니어 주거단지와 협업해왔다.

특정 단계에서는 더 작은 하위 그룹이긴 하지만, 일부 노령층 성인들은 모바일 기술과 앱을 불편하게 여긴다. 고고그랜드페어런트 GoGoGrandparent와 같은 회사는 이 기회를 포착해 앱 없이 우버나 리프트를 이용할 수 있도록 절차를 단순화했다. 나아가서 이 회사는 승차와 하차 시간을 가족에게 통지할 수 있게 하고, 미리 예약할 수 있게 한다. 고고그랜드페어런트는 식사와 식료품 배송 서비스도 추가했다.

여기서 얻을 수 있는 중요한 통찰에는 표준적인 작업을 용이하게 하기 위한 기술 이용과 돌봄을 위한 지식 네트워크 구축이 포함된다. 가족 돌봄제공자에게 알리는 기능은 나이 어린 다른 고객에게도 유용한 서비스를 제공한다. 의료기록 시스템과 연결하는 것은 통찰을 얻으면서 효율적으로 서비스를 제공하게 해주는 현명한 방법이다.

- **회사명:** 파파, 우버 헬스, 리프트 헬스, 고고그랜드페어런트
- **도메인:** 내 집에서 나이 들기
- **서브도메인:** 사회적 고립, 이동성, 교통
- **기회:** 40억 달러 이상
- **해당 단계:** 전환부터 삶의 말기까지
- **모범 사례:** 서비스를 교통을 넘어선 영역으로 더 확대했다. 외로움을 해결하기 위한 동반자 관계를 찾았다. 의료 서비스 제공으로 확대했다.

서브도메인: 원격의료, 디지털 헬스

원격의료는 아마도 장수 분야에서는 조금 더 발달한 시장 중 하나일 것이다. 2020년 현재 170개국에서 서비스를 제공하면서 과거 5년

간 방문 건수가 1100만 회에 달했던 텔라닥Teladoc이 당뇨 관리를 위한 디지털 플랫폼 리봉고Livongo를 185억 달러에 인수했을 때, 이 시장의 가치에 대한 하나의 지표가 등장한 셈이었다.[18]

어떤 점에서 이 서브도메인에는 여러 개의 서브도메인이 포함된다. 돌봄을 지원하기 위한 완전히 새로운 경제적 모델이 창조되고 있다. 예를 들어 원격의료 분야에서는 어떤 사람이 센서 기술sensor technology 과 원격의료 서비스를 통해 병원이 아니라 집에서 집도하는 수술로 건강을 회복할 수 있는, 가정 내 병원hospital at home이 가능할 수도 있다. 당신이 이 아이디어를 뒷받침할 기술을 개발하건, 돌봄제공자 네트워크를 구성해 실제 서비스를 제공하건, 이런 개념만 보더라도 당신은 그 내부에 존재하는 수많은 기회를 볼 수 있다.

이런 개념들을 돌봄제공자와 돌봄대상자의 수요에 맞춰 조정하는 일은 혁신 격차이자 시장 기회다. 다음 섹션에서 볼 수 있듯이, 돌봄제공자는 사실상 가정 내에서 의료 서비스 제공자가 될 수 있으며, 따라서 그 역할을 뒷받침하기 위해 수많은 혁신이 필요할 것이다.[19]

팬데믹은 이런 발전과 원격의료의 수용을 가속화한 것이 사실이다. 이것은 폭발적으로 성장하는 기회다.

- **회사명:** 텔라닥, 템보 헬스Tembo Health
- **도메인:** 내 집에서 나이 들기
- **서브도메인:** 원격의료
- **기회:** 2500억 달러

- **해당 단계:** 삶의 말기까지 걸친 돌봄제공
- **모범 사례:** 돌봄 조정의 복잡성을 남다르게 이해하는 전문가들과 함께, 나이 많은 환자의 니즈에 초점을 맞춘 특화된 돌봄.

서브도메인: 웰니스, 피트니스 훈련

또 다른 서브도메인은 웰니스이고, 원격의료의 새로운 서브-서브 도메인은 온라인 피트니스 훈련이다. 펠로톤Peloton 같은 회사들의 성공은 원격으로 제공되는 운동과 피트니스에 대한 수용이 증가하고 있음을 의미한다. 볼드Bold라는 회사는 원격 체력 테스트를 제공하며, 노령층 성인에 대한 평가에 근거해 12주간의 피트니스 프로그램을 설계한다. 피트니스의 목표는 건강수명을 늘리는 것이지만, 상당히 구체적으로는 낙상을 줄이는 것이기도 하다. 매년 65세가 넘는 성인 세 명 중 한 명이 넘어진다. 미국에서 낙상으로 인한 돌봄 비용은 매년 500억 달러에 달한다.

- **회사명:** 볼드
- **도메인:** 디지털 헬스, 내 집에서 나이 들기
- **서브도메인:** 웰니스, 피트니스
- **기회:** 500억 달러
- **해당 단계:** 건강 최적화부터 르네상스까지
- **모범 사례:** 개인의 니즈에 개별적으로 맞춰 설계된 온라인 트레이닝 프로그램. 건강보험과의 파트너십.

서브도메인: 주택 개조

주택 개조에서는 리노베이션과 기술 업그레이드가 큰 기회가 된다. 전국건설업자협회The National Association of Home Builders는 내 집에서 나이 들기 전문가 인증Certified Aging-in-Place Specialist, 이하 CAPS 프로그램을 제공하기 시작했다. 이 협회는 노령층 성인을 돕는 사양을 포함해 내 집에서 나이 들기 체크리스트를 제공한다. 이 사양 중에는 91센티미터의 넓은 문, 더 넓은 복도, 미끄럼 방지 바닥, 문과 수전에 지렛대 손잡이 설치하기, 출입구 문턱 낮추거나 없애기가 포함된다. (몇몇 스칸디나비아 반도 국가들은 건강한 나이 들기를 위해 모든 신규 빌딩 건설에 적용할 보편적 설계 원칙을 시행했다.) 이제까지 CAPS 인증을 받거나, 내 집에서 나이 들기를 위해 설계된 사양에 맞게 주택을 짓는 데 특화하거나, 주택을 개량하는 제품과 서비스를 제공하는 건설업체는 몇 군데뿐이었다. 리노베이션의 대다수는 50세가 넘는 사람들에 의해 이뤄지기 때문에 주택 개조와 장수에 대비한 주택 짓기는 아직 미개발된 기회다.

· · ·

추가 도메인들은 종종 내 집에서 나이 들기라는 포괄적인 범주에 해당하지만, 너무나 중요해서 그들 자체 도메인과 심지어 자체 경제까지 만들어낸다. 다음에서는 돌봄제공 경제와 수많은 서브도메인을 소개한다.

돌봄제공 경제

돌봄제공은 전통적인 시장 도메인이지만 너무나 방대하고 많이 변화하고 있기 때문에 독자적으로 탐색할 가치가 있다. 돌봄제공만 본다 해도 시장 규모가 약 1조 달러에 달한다.

이 도메인과 관련된 핵심 세부시장은 두 가지다. 비전문가인 가족 돌봄제공자와, 전문적인 돌봄제공자이다. 2020년에 5300만 명이 넘는 미국인이 4800만 명이 넘는 노령층 성인에게 무보수 돌봄을 제공했다.[20] 제공된 가족 돌봄의 가치는 4700억 달러에 달한다. 전문적인 돌봄을 제공하는 시장의 규모는 5000억 달러이다.[21] 이 숫자는 전 세계적으로 비슷하게 크다.

수백 개가 넘는 새 회사들이 이들 도메인에 등장했고, 돌봄 내비게이션care navigation(돌봄대상자와 돌봄제공자에게 구조화된 정보를 제공하고 돌봄 과정을 연속성 있게 지원하며 전체적인 가이드를 제공하는 것—옮긴이)과 이동 지원 서비스, 돌봄 코디네이션, 돌봄제공자의 삶의 질, 돌봄대상자를 위한 일상적인 핵심 활동, 웨어러블, 낙상 예방 및 탐지, 재무적 돌봄제공을 포함한 수많은 서브도메인에도 등장했다. 참고로 이 책의 부록에는 돌봄제공과 관련된 스물여섯 개가 넘는 서브도메인 각각의 세부사항이 포함돼 있다. 그리고 이제까지 검토한 수많은 장수 혁신의 경우가 그랬듯이, 이 시장의 필요와 기회도 중복되기 때문에 하나의 회사에도 여러 가지 기회가 존재한다.

이 시장을 공략하려고 살펴보는 사람들은 시장의 복잡성을 이해해야 한다. 하나의 서브도메인에도 여러 명의 이해관계자가 존재할 수 있다. 바로 돌봄제공자, 돌봄대상자, 코디네이터, 영향력 있는 가족 구성원, 구매자, 지급자이다. 이 모든 역할을 서로 다른 사람이 맡을 수도 있고 중복될 수도 있다.

돌봄제공은 노령층 성인을 위한 하나의 단계이자 장수 분야의 중요한 도메인이다. 돌봄제공에는 당신의 예상 수준을 넘어서는 수많은 돌봄제공 과제들이 포함된다. 예를 들어 손주를 돌보는 조부모는 돌봄제공 시장의 일부다. 아울러 르네상스 단계에 있는 사람이 약간의 돌봄이 필요한 배우자나 파트너에게 돌봄을 제공하는 단계에 있을 수도 있다. 40대가 돌봄제공 단계에 있는 경우 그는 이 장수 시장의 일부다.

아이들을 위한 돌봄, 즉 부모 되기 단계는 부모들을 돕기 위한 콘텐츠와 제품이 과잉 상태인, 잘 발달한 시장이다. 반면 노령층 성인을 위한 돌봄제공을 포함한 다른 종류의 돌봄제공의 경우에는 그렇게 포괄적인 문헌이나 시장이 존재하지 않는다. 아이들을 위한 돌봄제공은 대체로 독립을 향한 선형의 행진이지만, 노령층 성인을 위한 돌봄제공은 더 복잡하고 균열된 사건이다. 하나의 새로운 위기에서 다른 위기로 가는 경우가 흔하며, 여기에는 대개 새로운 의료상의 필요와 다양한 유형의 지원과 돌봄이 필요하다. 주로 무보수로 일하는 돌봄제공자들은 이런 진행 과정을 다루도록 훈련받지 않았다. 이런 이유로 돌봄제공은 중요한 시장 기회다.

예를 들어, 나의 돌봄제공 단계에서 이런 상황을 고려해보라. 내가 처음으로 아버지를 위한 돌봄제공자가 된 것은 10대일 때였다. 아버지가 돌아가신 후에는 30대부터 50대까지 20년 동안 여러 번에 걸쳐 어머니를 돌보았다. 그중 어떤 때에도 진정으로 그들이 요구하는 서로 다른 유형의 돌봄을 온전히 이해하는 데 필요한 도움과 지식을 가지고 있지 않았다. 게다가 어느 누구도 나에게 그들의 제품과 서비스를 마케팅하지 않았다.

가족들이 정보와 자원을 조합하고 돌봄 과정을 헤쳐 나가도록 도와주는 플랫폼을 포함해, 돌봄제공 도메인과 그 서브도메인에 존재하는 거대한 격차를 메우기 위해 새로운 플랫폼들이 필요하다. 중요한 돌봄 내비게이션을 제공하고 전환 과정을 지원하는 몇몇 신규 기업들은 건강보험을 대상으로, 또 일과 부모나 배우자에 대한 돌봄을 병행하는 직원들에게 제공할 혜택을 고민하는 고용주를 대상으로 마케팅하고 있다. 이 사례에서 돈을 지급하는 사람은 최종 사용자도, 돌봄대상자도 아니다.

돌봄제공을 위한 혁신의 필요성도 매우 중요하기 때문에, 미국 내 사회적 진전을 이루기 위해 멀린다 프렌치 게이츠Melinda French Gates가 설립한 투자 및 인큐베이션 기업 피보털 벤처스Pivotal Ventures는 2020년 1월 스타트업 투자자이자 액셀러레이터인 테크스타스Techstars와 파트너십을 맺고 다년간의 이니셔티브를 출범시킨다고 발표했다. 그들은 장수 액셀러레이터의 미래Future of Longevity Accelerator라고 불리는 새로운 프로그램을 함께 개설했다. 이 최초의 액셀러레이터는 오로지 노령층 성인과 그들의 돌봄제공자들의 충족되지 않은 니즈를 해결하기 위한

혁신과 창의적인 돌봄제공 해결책에만 집중한다.[22]

이 액셀러레이터는 13주짜리 프로그램을 통해 매년 열 개의 기업을 인큐베이팅한다. 각 회사는 12만 달러의 투자를 받고, 스타트업의 개발 기간 동안 수많은 멘토를 만날 수 있다. 나는 그런 액셀러레이터의 수석 멘토 중 한 명이고, 현재는 상근 멘토로 활동하고 있다. 2020년과 2021년 과정에 참가한 스무 개 기업은 여기서 논의된 많은 돌봄제공 도메인에 초점을 맞추고 있다. 액셀러레이터 과정에 참가한 창업자들 대부분은 가족과 관련된 개인적 경험에서 돌봄제공 니즈 해결의 영감을 얻은 사람들이었다. 이 액셀러레이터의 목적은 노령층 성인을 돌보는 사람들에게 가해지는 압박을 줄여주면서, 노령층 성인에게 자율성을 부여하고 해결책을 발전시켜 그들이 양질의 웰빙과 품위를 누리며 살 수 있도록 하는 데 있다.[23]

다음에 소개하는 회사들은 새로운 접근 방식과 사업 전략을 보여준다. 이들 회사는 각자 이 시장의 다양한 구성요소들과, 돌봄제공과 관련된 다양한 니즈를 다룬다. 이들은 각자 다른 사업 모델과 고객 확보 전략을 가지고 있다.

그곳에는 아직 시장 지분이 풍부하게 남아 있다. 어느 회사도 전체 시장의 무수히 많은 니즈를 혼자 채울 수 없다. 그리고 당신의 전략에 영향을 미치는 지역 차이도 존재할 것이다. 예를 들어 시골의 주거단지는 연결성이 제한된 만큼 넓게 퍼진 지역에서 돌봄을 제공할 수 있는 독특한 기회가 있다.

돌봄제공과 관련된 서브도메인은 스무 개가 넘는다. 여기서 그중 일부를 소개했을 뿐 모두를 다루지는 않았다. 돌봄제공 경제를 더 완전히 분석하기 위한 자원과, 돌봄제공 혁신의 양상은 부록에 실려 있다.[24]

서브도메인: 재택 돌봄, 기술

연쇄 창업가인 세스 스턴버그Seth Sternberg는 자택 돌봄 공급자들을 교육시키고, 훈련되고 신뢰할 수 있는 돌봄제공자를 원활하게 공급하기 위해 2014년 아너Honor를 설립했다. 처음에 아너는 돌봄 전문가를 상품으로 보고, 이들을 전문적인 돌봄을 필요로 하는 사람들에게 직접 판매했다. 하지만 회사가 이 도메인과 수많은 서브도메인을 타깃으로 삼으면서, 그런 접근 방식은 빠르게 변했다. 회사 리더들은 돌봄 시장이 동네 생활권의 본질을 가지고 있음을 깨달았다. 이는 그들이 돌봄 전문가의 **공급자들**, 즉 수백 곳의 지역 돌봄 에이전시를 위한 고객 현황과 돌봄 계획 같은 서비스를 제공하는 데 집중함으로써 사업을 더 잘할 수 있다는 의미였다. 아너는 인공지능을 사업 전략에 접목해 돌봄제공 수요를 예측함으로써 돌봄제공자의 이직율을 80퍼센트에서 30퍼센트로 낮췄다.

고객에 대한 마케팅에서 지역 에이전시에 대한 마케팅으로 전환하자 그만한 성과가 따랐고, 에이전시와 신뢰가 형성됐다. 그 덕분에 아너는 결과적으로 교통 서비스와 같은 다른 돌봄제공 서브도메인에 대한 탐색을 시작할 수 있었다. 아너는 식품 배송 서비스를 위해 우버 및 지역 슈퍼마켓과 파트너십을 맺었다.

현재 아너는 자신들의 전략을, 신뢰할 수 있는 고품질의 재택 돌봄을 제공하기 위해 지역 에이전시와 협력하는 재택 돌봄 기술 회사로 설명한다. 이 새로운 전략은 그들이 최초에 수립한 소비자 직접 모델에서 방향을 전환한 것이다. 2021년 8월 아너는 가장 규모가 큰 재택 돌봄 네트워크 중 하나인 홈 인스테드Home Instead를 인수했으며, 그들의 재택 돌봄 기술과 운영 플랫폼을 통합할 것이라고 발표했다. 병합된 회사의 매출은 현재 21억 달러가 넘는다. 아너의 성공은 이런 시장에서 새로운 아이디어와 사업 모델에 개방적인 자세를 취하는 것이 중요하며, 특히 스타트업일 경우에 더 그렇다는 훌륭한 교훈을 제공한다. 아너는 이처럼 고도로 세분화된 시장에서는 믿을 수 있는 채널과 신뢰 관계를 구축해야 한다는 사실을 알아차린 것이다.

- **회사명:** 아너
- **도메인:** 돌봄제공
- **서브도메인:** 재택 돌봄. 기술과 운영 지원 플랫폼
- **기회:** 90억~5000억 달러
- **해당 단계:** 돌봄제공
- **모범 사례:** 기술을 통해 더 역동적이고 신속하게 대응하는 돌봄제공 공급망을 만들었다. 동네 생활권에 맞춰진 유료 재택 돌봄 생태계의 특성에 대응했다. 개인 재택 돌봄의 대규모 공급자와 네트워크를 통합했다.

서브도메인: 돌봄 코디네이션, 내비게이션

돌봄 코디네이션은 장수 시장에 존재하는 커다란 빈자리이다. 그

목적이 무급 가족 구성원이 일과 돌봄, 남은 삶을 병행하도록 돕는 것이건, 전문가들이 계획을 수립하고 효과적으로 서비스를 제공하도록 돕는 것이건 말이다. 베스타 헬스케어Vesta Healthcare라고 불리는 한 회사는 애초에 재택 돌봄 도우미를 대상으로 마케팅하며 이 영역에 진입했다. 이 회사는 대상 고객과 함께 성장하는 데 어려움을 겪었다. 따라서 이들은 돌봄 도우미, 가족 돌봄제공자, 의료 서비스 제공자를 하나의 단위로 보고 서비스 제공자 네트워크를 제공하는 방향으로 사업 모델을 전환했다. 베스타는 돌봄제공자들의 네트워크에서 정보와 통찰을 공유할 수 있는 기술을 구축했다. 의사소통은 돌봄 코디네이션에서 매우 중요하고, 이런 접근 방식은 의사소통을 원활하게 하기 위함이다.

이 회사는 특히 도움이 많이 필요하고 취약한 노령층 성인 인구에 초점을 맞춰왔다. 의사는 원격의료를 통해 돌봄대상자의 건강을 모니터링할 수 있고, 돌봄제공자는 그들이 전문가이건 가족이건 상관없이 간호사에게 연락하여 상황을 논의할 수 있다. CEO인 랜디 클라인Randy Klein은 이 기술 덕분에 기존에 걸렸던 시간의 절반 만에 돌봄제공자에게 '해결책을 안내할' 수 있고, 취약한 노령층 성인에게 흔하고 비용이 많이 드는 경험인 응급실 이용과 병원 입원, 재입원을 피할 수 있다고 말한다.[25]

클라인은 베스타의 성공요인이 돌봄제공자를 존중하면서 그들에게 초점을 맞췄기 때문이라고 말한다. 그는 기업들이 돌봄제공자를, 특히 비전문가인 경우에는 더더욱 '가르치려 들기' 때문에 실패하는 경우가 너무 많다고 믿는다. 그들을 네트워크의 파트너로 대함으로써 베스타는 이 그룹과 신뢰를 구축했다.

- **회사명:** 베스타 헬스케어
- **도메인:** 돌봄제공
- **서브도메인:** 돌봄 코디네이션, 돌봄 내비게이션, 원격의료
- **기회:** 300억 달러
- **해당 단계:** 돌봄제공
- **모범 사례:** 병원 입원을 예방하기 위해 7일 24시간 원격의료를 지원해 돌봄제공 분야에서 신뢰받는 파트너를 공급하며, 전체 돌봄 팀과 함께 돌봄제공자의 통찰을 가치 있게 평가하고 통합했다.

서브도메인: 전환 계획하기, 돌봄 내비게이션

가족 구성원을 위한 돌봄제공에서 가장 스트레스가 많은 부분 중 하나는, 사랑하는 사람을 돌봄제공 시설이나 성인 자녀의 집으로 옮기거나 재택 돌봄제공자를 찾는 것과 같은 전환을 계획하는 일이다. 전환은 복잡하다. 이 과정에서 많은 결정을 해야 하며, 시간과 에너지가 든다.

따라서 돌봄제공자들이 이 모든 일을 관리하는 것을 도울 기회로 보는 게 합리적이다. 웰시Wellthy와 같은 기업은 서비스를 돌봄제공자만이 아니라 그들의 고용주에게도 판매함으로써 이를 수행하고 있다. 린지 주리스트 로스너Lindsay Jurist-Rosner는 자신이 돌봄제공자로서 힘든

경험을 한 뒤, 직원 혜택으로 개인적인 돌봄 코디네이터를 포함한 컨시어지 서비스를 제공하는 웰시를 공동 창업했다.[26]

늘어가는 가족 구성원이 있는 직원을 위해 회사(고용주)는 재택 도우미 찾기, 시설로의 이동 지원, 지역 사교 프로그램 추천, 주택 개조 주선, 식사 배달, 교통, 위임장 설정을 포함한 법적 수단 지원, 메디케어, 메디케어 어드밴티지, 사회보장, 재향군인 관련 혜택 안내 등의 도움을 제공할 수 있다.

웰시는 이 서비스가 회사와 돌봄제공자 모두에게 바람직하다고 마케팅한다. 돌봄제공자를 돕는 것은 생산성과 의욕을 높이고, 직원들의 충성도를 높이며, 가치가 높은 직원들의 유지율을 개선하고, 직원들이 말하지 않는 스트레스까지 경감해주는 것을 의미한다.

갈수록 많은 직원들이 일하고 경력을 쌓는 과정에서 자녀 돌봄과 부모님 돌봄이라는 이중의 어려움에 직면하는 만큼, 고용주 혜택 부문의 영역은 성장할 것이다. 웰시는 또한 그들의 서비스를 메디케어 어드밴티지, 건강보험, 보험회사에도 판매할 수 있게 확장했다.

- **회사명**: 웰시

- **도메인**: 돌봄제공

- **서브도메인**: 돌봄 내비게이션, 전환 계획 세우기

- **기회**: 300억 달러 이상

- **해당 단계**: 부모 되기/가족, 돌봄제공

- **모범 사례**: 돌봄제공 컨시어지 서비스를 포함한 고용주 혜택을 제공함으로써, 일과

가족 돌봄을 병행하는 동안 직원과 고용주가 직면할 수 있는 어려움을 해결했다.

이처럼 광범위한 돌봄제공 도메인에는 몇 가지 주제가 등장한다. 이 시장에 진입하는 기업들은 다양한 단계, 때로는 돌봄대상이 아닌 사람들에게까지 서비스를 제공하게 될 것이다. 돌봄을 조정하고, 너무나 많은 사람들이 자신에게 일어날 때까지는 깨닫지 못하는 예측 가능한 사건들을 위해 계획을 세우고, 스트레스를 주는 의사결정을 전문가에게 떠넘기는 것과 같이, 사람들을 위해 각각의 점을 연결하는 일에는 엄청난 기회가 존재한다. 또한 전문가와 원격 상담을 가능하게 하는 원격의료를 통해서건, 돌봄대상자의 상태를 추적하는 센서를 통해서건, 혹은 심지어 시장이 어디로 가는지 예측하는 AI를 통해서건, 돌봄제공에 기술이 널리 보급될 것이다. 이 분야에서도 플랫폼들이 성장할 것을 기대하라.

장수 시장의 일부이며 모든 가족에게 영향을 미칠 또 다른 광범위한 도메인은 삶의 말기 돌봄과 계획 세우기이다. 여기서는 1700억 달러 규모의 이 시장에 대해 서로 다른 접근 방식을 취하고 있는 몇몇 기업들을 소개한다.

도메인: 삶의 말기 돌봄과 계획

죽음과 죽음의 과정에는 다양한 행동이 요구되며, 개인과 가족 구성원에게는 도움과 길잡이가 필요하다. 준비해둔 계획이나 죽어가는 사람의 소망에 대한 명확한 이해가 없다면 대응하기 힘든 시간일 수 있다.

코로나19 팬데믹 동안 삶의 말기 돌봄을 위한 계획의 필요성이 시급해졌다. 언론들은 이 일의 중요성에 대해 매주 기사를 썼다. 최근 몇년간 미국의학연구소Institute of Medicine는 좋은 죽음을 맞이한다는 개념을 홍보해왔다. 그들은 삶의 말기 계획을 수립하고, 문서화하고, 죽을 사람의 소망을 준수하도록 독려한다. 연구원에 따르면 좋은 죽음은 "환자와 가족, 돌봄제공자가 피할 수 있는 스트레스와 고통으로부터 자유롭고, 일반적으로 환자와 가족의 소망과 일치하며, 임상적, 문화적, 윤리적 기준에 합리적으로 부합하는 죽음"이다.[27]

계획의 부족으로 죽어가는 사람의 품위가 손상되거나 희망이 지켜지지 않는 경우가 너무나 많다. 가족은 죽음의 여러 측면과, 죽음을 둘러싼 결정과 관련된 갈등으로 인해 분열될 수 있다. 죽음은 의학적 사건이자 법적, 재무적, 영적 사건이고, 감정적이며 가족적인 사건이고, 유산과 관련된 사건이다. 죽음의 이런 측면은 서로 다른 필요와 기회를 만들어낸다.

모든 사람이 가족 구성원과 자기 자신을 위해 좋은 죽음을 바라지만 그런 죽음은 흔하지 않다. 미국인 다섯 명 중 세 명 이상이 삶의 말기 계획이 부족하다. 다섯 명 중 네 명은 장례 준비를 논의한 적이 없다. 90퍼센트의 사람들이 집에서 죽기를 원하지만 실제로 그렇게 하는 사람은 30퍼센트밖에 되지 않는다.

삶의 말기 돌봄과 계획 수립은 놀라울 만큼 크고 세분화된, 또 다른 장수 시장의 기회다. 완치할 수는 없지만 증상을 완화시키는 돌봄과 호스피스의 필요성이 만들어내는 시장 기회는 300억 달러 규모로 추정된다. 사전돌봄계획advance care planning 수립과 관련된 기회는 500억 달러를 넘어선다. 새로운 녹색 대안을 포함하는 장례와 매장 서비스의 규모는 미국 내에서만 210억 달러가 넘는다.

이러한 니즈들은 삶의 말기 돌봄 시장 기회에 존재하는 수많은 서브도메인 중 일부다. 여기서 소개하는 회사들은 가족의 요구를 해결하고 이 시장의 복잡성을 성공적으로 이해한 회사다.

케이크Cake와 같은 회사들은 사전 장례절차 마련, 의사결정권자 지정, 서류 준비와 계획의 저장소 역할을 포함해 삶의 말기의 거의 모든 측면과 씨름하고 있다.[28] 더불어 사람들이 죽음으로 인한 슬픔과 상실이라는, 예정된 고통을 헤쳐 나갈 수 있게 도와주는 도구를 제공한다.

이런 야심 찬 접근 방식에는 파트너십이 필요하며, 케이크는 파트너들에게서 소개 수수료와 수익 공유 수수료를 받는다. 이 회사는 처음에 금융 기관이나 의료 서비스 비용 지급자 및 제공자인 기업들에 플랫폼을 판매하기 시작했다. 기업들은 3년간의 이용 대가로 라이선스 비용(1만 달러에서 100만 달러 사이의 금액)을 지급했다. 그리고 그 기업들은 케이크의 서비스를 자신의 고객에게 제공했다.

하지만 케이크의 창업자이자 CEO인 수엘린 챈Suelin Chen은 2019년에 소비자 직접 판매 모델direct-to-consumer model을 도입했다. 기업들과 함께 일하다 보니 매출 사이클이 길어져 성장이 저해됐기 때문이다. 고객을 확보하기 위해 스마트 검색 엔진 최적화를 활용하여 가족과 부모님 양쪽을 위한 소비자로서 여성들의 관심을 이끌어냈고, 그들을 잠재 고객으로 만드는 데 성공했다.

코로나19 팬데믹은 또한 케이크의 인지도를 높였다. "팬데믹은 삶의 말기에 관한 소비자 관점의 기존 트렌드를 가속화했습니다." 챈은 말한다. "우리는 수요가 늘어나고, 이 주제를 둘러싼 오명이 줄어드는 것을 봤죠. 사람들은 이제 이 문제를 건강과 재정적 복지의 핵심으로 보고 있습니다."[29]

하지만 챈은 조언한다. "이 분야는 아직 초기 단계이며, 탐색할 영역이 너무나 많습니다. 모든 가족에게 이 분야가 여러 번 필요할 겁니다."

- **회사명:** 케이크
- **도메인:** 삶의 말기 돌봄과 계획하기, 상실 후 지원
- **서브도메인:** 완치할 수는 없지만 증상을 완화시키는 돌봄과 호스피스, 사전돌봄 계획, 법률적 계획, 장례와 매장, 유산 계획하기, 슬픔과 상실 다루기
- **기회:** 1000억 달러 이상
- **해당 단계:** 부모 되기, 삶의 말기까지 가족 돌봄
- **모범 사례:** 삶의 말기 돌봄과 계획 수립 분야에서 잠재적으로 요구되는 완벽한 범위의 서비스와 제품을 제공하는 플랫폼을 만들었다. 기업 고객과 소비자 직접 판매 전략 양쪽을 모두 찾아냈다.

병원에서 죽는 것을 원치 않는 환자들이 더 많아지면서, 다른 기업들은 310억 달러 규모의 계속 성장하는 시장인, 증상을 완화시키는 돌

봄과 호스피스 서비스 같은, 삶의 말기 계획 수립의 더 구체적인 부분에 초점을 맞춘다. 아이리스 헬스케어Iris Healthcare와 같은 기업들은 개인과 가족만을 위해서가 아니라, 보험회사와 의료 서비스 제공자들을 위해 서비스를 개발하려 노력하고 있다. 아이리스 헬스케어는 돌봄과 관련한 대화를 유도하고 의사결정을 촉진하기 위해 원격의료와 전담 가이드를 활용한다. 그들은 서비스에 적합한 후보자들을 찾기 위해 청구 데이터에 근거한 예측 모델링을 사용한다.

- **회사명:** 아이리스 헬스케어
- **도메인:** 삶의 말기 돌봄과 계획하기
- **서브도메인:** 사전돌봄계획, 원격의료
- **기회:** 500억 달러 이상
- **해당 단계:** 돌봄제공부터 삶의 말기까지
- **모범 사례:** 가족들이 사전돌봄계획이라는 힘든 과정을 시작하도록 돕고, 임종 환자의 소망을 서류로 잘 정비하여 신뢰할 수 있는 가족 구성원은 물론 보험회사와 의료 서비스 제공자들이 이를 활용할 수 있도록 보장하는 컨시어지 스타일의 서비스를 제공한다.

또 다른 회사인 프리윌도 비슷한 계획 도구를 제공한다. 2016년 이 회사를 세운 것은 비영리기관에 대한 기부를 지원하고 독려하기 위해 온라인 유산 상속 계획 소프트웨어를 개발한 두 명의 스탠퍼드 대학교 경영대학원생이었다. 처음 3년 동안 프리윌에서는 비영리적 명분에 기부할 것을 약속하는 유언장이 2만 1000건 이상 작성됐고 약속한 금액은 5억 달러가 넘었다.

그 과정에서 이 회사는 독특한 고객 확보 및 영업 모델을 구축했다. 사용자들은 회원으로 가입하고, 온라인 유언장을 만들고, 몇 분 안에 (원한다면) 기부를 결정한다. 그 이후 유언장에 필요한 것은 공증뿐이다. 유언장 작성자 입장에서 발생하는 비용은 없다. 대신 그 비용은 이 도구를 통해 기부금을 받는 대가로 프리윌이 파트너십을 맺은 100개 이상의 자선단체에서 감당한다. 현재 프리윌은 상품과 서비스를 확대해 사전 연명의료 의향서와 재정 위임장을 포함시키려 하고 있으며, 계획 수립 시장의 진입로 역할을 하면서 다른 플랫폼들과 파트너십을 구축하고 있다.

—

떠오르는 기회와 명확하지 않은 시장들

장수 분야의 시장 기회는 처음에는 명확하지 않을 수 있는 새로운 도메인과 서브도메인을 아우르며 성장하고 있다. 생물학적 수명과 건강수명이 더 길어졌다는 인구통계학적 사실이 삶의 거의 모든 부분에 영향을 미칠 것임을 감안할 때, 예상치 못한 기회가 등장하고 놀라운 혁신이 나타날 것이다.

도메인: 평생학습

혁신을 위해 무르익은 분야에는 평생학습이 포함된다. 이 분야는 더 길어진 건강수명을 즐기고 수업에 등록하는 노령층 성인들의 수가 폭발적으로 늘어남에 따라 극적으로 변화할 준비가 됐다. 과거에는 거의 대부분 30대 미만으로 구성됐던 학교 이용자 그룹이 근본적으로 변화하면서, 일부 기업들은 이 시장의 이름을 **평생학습**에서 **장수학습**으로 바꾸었다. 이렇게 생각해보라. 한 노령층 성인에게 10년의 건강수명이 추가된다면 활동과 학습으로 채워야 할 날이 3652일 더 생기는 셈이다. 르네상스 단계와 새로운 목적 부여 단계, 혹은 다른 단계에 있거나 사이드프러너와 올더프러너인 사람 등에게 맞춤형 학습을 하기 위해 새로운 학습 모델과 기술이 개발되고 있다. 첫 번째 경력에서 은퇴한 후, 혹은 경력 휴식기나 돌봄제공을 위한 안식년을 가진 후 노동시장으로의 재입성을 돕기 위한 모델들이 등장하고, 디지털 리터러시 상품도 나올 것이다.

일례로 아마바Amava는 관심사에 따라 스스로 행동하는 평생학습자들의 가상 커뮤니티를 만드는 플랫폼을 구축했다. CEO이자 창업자인 마크 실버먼Mark Silverman에 따르면, 원래의 비즈니스 모델은 로드 스칼라Road Scholar와 스미소니언연구소Smithsonian Institution와 같이 고객을 끌어들이는 기관과 파트너가 돼 소개비용을 받는 것이었다.[30]

하지만 이 회사는 이미 노령층 성인에게 서비스를 제공하는 건강보험 및 다른 기관과의 파트너십을 포함해, 우리가 이 장에서 탐색한 비즈니스 모델 중 많은 것들을 아우르도록 진화했다. 이 플랫폼은 거의

20만 명의 사용자를 끌어들였다. 이 플랫폼의 성장은 경력과 일의 전환 과정에 있는 사람들이 목적과 참여를 새롭게 정의할 정보, 커뮤니티, 도구에 대한 수요가 있다는 증거다. 아마바가 제공하는 프로그램 중에는 새로운 목적 부여 단계에 있는 사람들이 다음에 움직일 방향을 결정하도록 돕는 시리즈 '당신의 다음 설계하기Designing Your Next'가 있다. 은퇴 코칭은 전환 단계에 있는 사람들에게 인기 있는 또 다른 프로그램이다. 메디케어와 메디케어 어드밴티지에 관한 세미나 역시 유명하다. 이 회사는 또한 코세라Coursera나 에드투고ed2go 같은 기존 교육 기관과도 함께 협력해왔다.

단지 전환 단계나 지속적 학습 단계만이 아니라 여러 단계 중 어떤 것을 토대로 삼더라도 새로운 학습 제품 몇 가지는 상상할 수 있다. 예를 들어 포트폴리오 단계에 있는 사람들은 새로운 길을 탐색하고 있는 만큼, 다양한 교육 기회를 원할 것이다.

- **회사명:** 아마바

- **도메인:** 평생학습, 전환 계획하기

- **서브도메인:** 은퇴 취소, 목적

- **기회:** 5조 달러

- **해당 단계:** 지속적 학습, 새로운 목적 부여, 전환, 르네상스, 사이드프러너, 유산

- **모범 사례:** 전환 단계에 있는 노령층 성인의 다양한 니즈를 이해한다. 전환 단계에 있는 사람들이 공통된 관심사나 목적을 가진 커뮤니티('서클')를 구성하는 방법과 강력한 콘텐츠 플랫폼을 만들어냈다. 건강한 노화와 장수

의 두 가지 핵심 구성요소인 목적을 정의하고 새로운 커뮤니티를 발견할 기회를 제공했다.

학습 기회는 또한 노령층 성인, 그중에서도 특히 집에서 늙어가려는 사람들에게 종종 영향을 미치는 고립 및 외로움을 이기는 데 도움을 준다. 우리 중 많은 수가 온라인 과정이나 웨비나(웹과 세미나의 합성어로 컴퓨터와 모바일 기기를 통해 양방향으로 실시간 진행되는 세미나—옮긴이), 콘퍼런스에 등록하지만, 학습 커뮤니티의 일부였을 때만큼 혼자 공부하는 일이 만족스럽지 않기 때문에 결국 해당 과정 중간에 포기한다. 게더Gather와 같은 회사들은 라이브 학습 그룹을 만들어 이런 기회를 활용한다. 게더는 스미소니언 및 다른 박물관, 대학과 같은 기존 기관들의 콘텐츠를 제공하는 시장 역할을 한다.[31] 게더는 이들 기관과 협력하여 콘텐츠를 설계해 라이브와 가상 세션으로 가입자에게 전송한다. 게더는 소비자 직접 판매 모델을 이용하지 않는다. 오히려 시장 안에 있는 기관들의 멤버십에 의존한다. 이들은 박물관 멤버십을 무료 서비스로 새롭게 개발해 뉴욕현대미술관, 메트로폴리탄미술관, 그 외 다른 세계적 수준의 박물관에서 새로운 형태의 디지털 멤버십을 만들어냈다.

2019년에 게더는 3만 9000건의 학습 행사를 주최했다. 참여한 인구 집단의 압도적인 다수는 50세가 넘는 성인들이었다. 단계 렌즈를 가입자에게 적용함으로써 이 회사는 서비스를 오히려 더 정확하게 판매할 수 있었다. 예를 들어, 얼마나 많은 등록자가 포트폴리오 단계 학습자이며, 얼마나 많은 사람들이 르네상스 단계에서 새로운 일자리 기회의 일부로 학습을 하고 있는가를 보는 방식이다.

- **회사명:** 게더
- **도메인:** 지속적 학습
- **서브도메인:** 평생학습, 교육 기술, 사회적 고립
- **기회:** 5조 달러
- **해당 단계:** 전환 단계부터 유산 단계까지
- **모범 사례:** 평생학습을 위해 학습 경험을 설계하고, 전달하고, 관리한다. 학습자의 커뮤니티 참여를 독려한다. 가입한 멤버들과 '끈끈한' 관계를 맺어온 기관들과 함께 일한다.

도메인: 일

더 길어진 건강수명과 함께, 한 회사에 다섯 세대의 인력이 존재하는 경우가 점점 더 흔해질 것이다. 인력이 다양성 있게 구성될 때 성과가 더 뛰어나고 창의성도 더 높다는 사실은 이제 잘 알려져 있다. 몇몇 기업과 기관은 돌봄제공 안식년 지원, 혹은 은퇴하지 않거나 새로운 목적을 위해 경력을 전환하는 노령층 성인 지원을 통해 장수가 가져온 새로운 시장 기회에 대응하고 있다. 일하는 기간이 60년까지 길어지면서 다양한 단계에 있는 근로자를 지원하는 창의적인 전략은 표준이 될 것이다.

이 도메인에는 많은 서브도메인이 포함된다. 예를 들어 마크 프리

드먼Marc Freedman이 설립한 앙코르닷오르그Encore.org는 비영리기관에 경험이 많은 근로자를 배치하는 프로그램 펠로십fellowship을 제공한다. 많은 노령층 성인들은 새로운 목적 부여, 포트폴리오, 르네상스 단계에서 대의에 더 집중하고 경력 개발에는 초점을 덜 맞추기 때문에 비영리 영역의 탁월한 후보가 된다. 아울러 앙코르는 세대 간 유대를 독려하기 위해 나이 많은 사람과 더 젊은 근로자들을 짝짓는다. 이런 유대는 많은 긍정적인 효과를 낳는 것으로 밝혀졌다. 앙코르는 젠투젠Gen2Gen 이니셔티브(2016년 앙코르가 펼친 캠페인으로, 비영리단체들의 후원을 받아 경험이 많은 노령층 성인들과 젊은이들을 연결해주는 프로그램—옮긴이)에 따라 50세가 넘는 100만 명의 노령층 성인을 동원해 멘토링, 개인 교습, 리터러시 향상, 선호하는 단체 지원 등의 방법으로 젊은이들의 성공을 돕고 있으며, 회사명도 코제너레이트Co-Generate로 바꿨다.

여기서 돌봄제공 단계에 있는 사람들은 또 다른 타깃이다. 아이리론치iRelaunch는 자녀를 돌보기 위한 경력 휴식기 이후 노동시장에 재진입하는 여성을 돕기 위해 2008년 설립됐다. 이 회사의 모델 중에는 링크드인LinkedIn과 슬랙Slack과 같은 새로운 업무 도구를 가르치는 워크숍이 포함된다. 아울러 16주에 걸친 유급 리턴십을 제공하고, 그 기간에 해당 '재출발자relauncher'는 훈련, 경험, 멘토링을 거치며 종종 정규직으로 채용될 수도 있다. 기업들은 그들이 채용하는 리터너returner에 대해 아이리론치에 수수료를 지급한다.

이 모델이 두 번째, 혹은 세 번째 경력을 시작하거나 노동시장에 재진입하는 노령층 성인에 맞게 어떻게 조정될 수 있을지는 알기 어렵지 않다. 이 회사는 남성과 여성 양쪽 모두를 지원하며, 노령층 성인을 돌보기 위해 휴식기를 가지는 돌봄제공자에게 초점을 맞추도록 진화했다. 경력 휴식기와 전환은 장수 경제에서 표준이 될 것이다.

- **회사명:** 앙코르닷오르그, 아이리론치
- **도메인:** 은퇴 취소, 재진입
- **서브도메인:** 전환 계획하기, 재개편하기, 새로운 목적 부여, 재출발
- **기회:** 5조 달러
- **해당 단계:** 지속적 학습부터 사이드프러너까지
- **모범 사례:** 경력 휴식기를 가졌거나 경력 전환기에 있는 사람들을 고용하고자 하는 기업 혹은 비영리기관과 함께 유급 리턴십을 개발했다.

도메인: 에이지테크

노령층 성인을 타깃으로 한 기술 개발은 앞으로 번성할 생태계다. 에이지테크는 수많은 다른 도메인과 서브도메인을 다루게 될 것이다. 우리는 이미 센서와 가상 진찰이 어떻게 원격의료를 표준으로 만들어 노령층 성인을 위한 돌봄의 경제학을 근본적으로 바꿔놓고 있는지 살펴봤다.

음성 인터페이스는 기술 플랫폼과 상호작용을 더 쉽게 해주는 제품을 개발하기 위해 활용되고 있는 또 다른 영역이다. 스마트홈 기술은 성장할 것이며, 주택 개조, 내 집에서 나이 들기, 투약 관리, 소셜 네트워킹 및 다른 장수의 구성요소에 영향을 미칠 것이다. 목록은 길다.

삼성, 아마존, 베스트바이Best Buy와 같은 대기업들은 시장 기회를 눈여겨보고 있다. 아마존은 2020년에 알렉사 케어 허브Alexa Care Hub를 출시했다. 베스트바이는 내 집에서 나이 들기를 위한 새로운 수직적 시장을 창조하고, 그들의 기술 제품 사용을 돕기 위해 무제한 전화통화가 가능한 돌봄 센터를 운영한다. 매디케어 어드밴티지 플랜은 독립적인 삶을 유지하는 노령층 성인을 돕기 위해 2020년에 일부 가정 내 기술을 보장 범위에 포함시키기 시작했다. 디지털 건강 기술의 사용에는 원격 모니터링과 원격진료가 포함된다.

노화, 기술, 건강은 미래에 불가분하게 연결될 것이다. 이 관계에는 더 많은 집 안 센서와 웨어러블에 연결될, 끝없이 늘어나는 수많은 앱이 포함될 것이다. 심지어 화상회의처럼 쉬운 기술도, 돌봄제공 단계에 있는 딸이 부담스럽게 장거리를 오가지 않으면서도 늘어가는 부모님과 더 긴밀한 관계를 유지하도록 도울 수 있다. 혹은 유산 단계에 있는 사람이 전문가와 건강 상태를 확인하는 데 도움이 될 수도 있다.

에이지테크가 장수 시장의 도메인으로 성장한 데에는 트렌드를 추적하는 데 전념하는 기업과 기관의 역할이 두드러졌다. 그러한 곳들로는, 로리 오를로브Laurie Orlov가 만든 온라인 간행물로 정기적으로 이 산업에 관한 보고서와 기사를 발표하는 에이징 앤드 헬스 테크놀로지 와치Aging and Health Technology Watch, 중요한 시장 분석을 제공하기 위해 케런 에트킨Keren Etkin이 만든 또 다른 간행물 더 제론테크놀로지스트The Gerontechnologist, 미국은퇴자협회와 그 산하의 혁신 연구소가 후원하는 새로운 에이지테크 콜라보레이티브AgeTech Collaborative가 있다.

기술은 안전장치를 이용하기 더 쉽게 만들 뿐만 아니라 노화의 오명을 줄이도록 도와줄 것이다. 스마트워치와 같은 웨어러블은 많은 사람이 목에 거는 응급호출버튼을 대체할 것이다. 이런 웨어러블 기술은 점차 의류 안에 내장될 것이며, 노령층 성인을 위한 새로운 유형의 패션이 새로운 시장 기회로 등장할 것이다.

—

장수 전략 수립이
내 사업과 직원에게 어떤 의미가 있는가?

지금쯤이면 한 세기만큼이나 긴 인생에서 나오는 필요와 욕구를 지원할 수 있는 기회가 엄청나게 많고 다양할 뿐 아니라 심오하다는 사실이 분명해졌을 것이다. 이용할 수 있는 도메인과 서브도메인 중 그저 일부를 탐색하면서, 해당하는 모범 사례 속에 등장하는 여러 주제들을 살펴봤다. 그 주제들은 다음과 같다.

- 기술을 새로운 제품이나 더 효율적인 비즈니스 모델에, 심지어 명백하게 그렇게 해야 할 것처럼 보이지 않는 곳에도 적용하기.
- 고객이 누구인지 창의적이고 신중하게 생각하고, 새로운 기회를 발견하기 위해 비즈니스 모델의 방향 전환하기.
- 특정 단계와 세부시장, 서브도메인에 계속해서 집중하고, 플랫폼을 통해 확장할 수 있다 해도 더 좁게 초점을 맞춰 시작하는

편이 좋다는 사실 인식하기.

- 창조하는 대신 파트너 맺기. 다른 기업이 존재한다는 사실과, 그들이 이미 잘하고 있는 것을 새롭게 창조하려고 노력하기보다 당신의 고유한 가치를 찾은 뒤 다른 기업의 전문성을 활용하는 편이 더 낫다는 사실을 알기.

나는 당신이 이러한 사례와 검토를 토대로 영감을 얻어 장수 전략을 구축하기 시작했으면 한다. 당신은 거기에 얼마나 많은 기회가 있으며, 고객이 누구인지 알고 있다. 이제 그들에게 다가가야 한다.

기업가와 마케터를 위한 제언

○ 모든 기업은 그들의 제품, 서비스, 인적자원에 대한 장수 전략을 수립해야 한다.

○ 기존 브랜드를 보유한 대기업이라도 60세가 넘는 인구집단을 거기에 통합하라.

○ 나이가 아니라 단계를 이용하는 전략을 파악하라.

○ 장수 단계 렌즈를 이용해 제품과 서비스 전략을 재점검하라. 그러면 그 전략은 장수 고객의 다양한 니즈에 부합할 수 있도록 개선될 것이다.

○ 모든 니즈가 취약한 노령층 성인이나 삶의 말기 단계에 있는 사람을 위한 것이 아니지만, 많은 니즈가 100세 인생 전반에 걸쳐 있음을 기억하라.

○ 나이 드는 방식에는 다양성이 있음을 인식하라. 노령층 성인은 다양한 필요와 욕구를 가진 이질적인 인구집단이다.

○ 성공적인 기업이 되려면 좋은 디자인, 스텔스 편의성, 강력한 브랜드 이미지를 가진 다중세대 제품을 제공해야 한다.

○ 고령층의 감성을 제품과 디자인 팀에 불어넣으라.

○ 장수 고객과 최종 사용자가 실제로는 당신의 제품과 서비스에 돈을 지불하는 사람, 혹은 구매자와 다를 수 있음을 기억하라.

5장

다양한 고객 유형
파악하기

———

장수 시장을 위한 제품과 서비스라면 다중세대 고객층을 충족시킬 필요가 있다. 다른 시장보다 최종 사용자와 고객, 지급자가 다양하고, 때로는 하나의 제품에 서로 다른 세 명의 주체가 공존하는 경우도 있다. 특정 단계에서는 가족 구성원처럼 보수를 받지 않는 돌봄제공자가 제품이나 서비스에 더 자주 영향을 미치거나 실제로 구매하기도 한다는 점은 의미가 있다. 아울러 마케터들은 마케팅에 대한 연령차별적 접근 방식을 인식하고 이를 제거해야 한다.

———

———

모니카는 이혼한 뒤 가족의 생계를 주로 담당했다. 그녀는 명성을 얻은 자신의 쿠키를 온라인으로 판매하는 일을 포함해 케이터링 회사를 새로 시작했다. 그녀는 최신 기술을 활용해서 사업 규모를 키웠고, 비용 효율적인 공급업체와도 관계를 발전시켰다. 귀중한 여가 시간에는 여전히 자신이 좋아하는 춤을 춘다. 64세인 모니카의 건강 상태는 양호하다. 그녀의 어머니는 86세로, 모니카는 어머니를 돌보는 일을 막 더 하기 시작했다.

모니카는 어떤 유형의 장수 고객일까? 까다로운 질문이다. 그녀는 사실상 최소한 세 명의 고객이다.

모니카는 사이드프러너 혹은 올더프러너 단계에 있는 노령층 성인으로, 사업 감각을 키워주는 학습 제품이 필요하고, 사업을 운영하는 기술도 필요하다. 영업을 위한 공간도 필요하며 아마도 그 공간은 노령층 성인에게 맞춰 약간 조정해야 할 것이다.

하지만 그녀는 삶의 네 번째 분기인 르네상스 단계에 있기도 하다. 그녀에게 우선순위는 전적으로 부를 축적하거나 재정적 안정을 형성하는 일만을 중심으로 돌아가지 않는다. 춤은 그녀에게 중요하다. 그리고 그녀는 여기에 시간을 투자한다. 비슷한 사고방식을 가진 동료들과 유대관계를 맺고, 춤을 중심으로 커뮤니티를 구축하고 싶어 한다.

또한 모니카는 돌봄제공 단계도 시작됐다. 여기서 그녀는 한 명의 고객으로 다른 누군가를 위한 의사결정을 내릴 것이며, 돈은 그녀가 지불할 수도 있고 그렇지 않을 수도 있다. 그녀는 메디케어 혹은 메디케어 어드밴티지 같은 프로그램들과 보험 그리고 그들이 운영되는 방식을 배울 필요가 있다. 원격의료와 다른 모니터링 기술을 배우고 이들을 도입해야 할 수도 있다.

그녀는 때때로 소비자 직접 판매 방식의 고객이 된다. 예를 들면 기업 보험의 경우가 그렇다. 그녀는 종종 다른 사람을 위한 서비스에 돈을 지불한다. 어머니를 위한 재택 돌봄 같은 경우처럼 말이다. 하지만 보험회사가 건강과 피트니스 관련 수업비용을 부담하는 경우처럼 어떨 때는 다른 사람, 혹은 다른 주체가 그녀를 위해 돈을 지불하는, 한 명의 사용자이기도 하다. 그리고 여전히 어떤 경우에는 어머니의 담당 의사와 함께 의사결정을 하는 그저 한 명의 컨설턴트이기도 하다. 그리고 마지막으로 자신이 속한 댄스 그룹에서는 당신의 제품에 대해 강력한 발언권과 영향력이 있는 사람이기도 하다.

당신은 그녀에게 해당하지 않는 한 가지 유형의 고객이 무엇인지 알아차릴 것이다. 바로 나이가 많은 고객이다. 모니카를 대상으로 하는 마케팅에서는 나이와 관련된 것이 거의 없다. 심지어 그 제품이 그녀 나이에 속한 누군가를 지원하는 제품이라 해도 말이다. 그녀의 나이에 초점을 맞추는 일은 효과가 없을 뿐만 아니라 연령차별로 해석

될 것이다. 그리고 누가 봐도 성공적으로 살아오고 있으며 자신을 결코 늙었다고 생각하지 않는 (그녀와 같은) 사람에게는 오히려 그 제품에 대한 흥미를 잃게 만들 수도 있다. 실제로 모니카는 아마도 그녀 자신이 아니라 자신의 어머니가 노령층 성인을 위한 시장에 속해 있다고 생각할 것이다. 그리고 그녀의 어머니는 유산 단계로 천천히 접어들고 있는 만큼 어떤 면에서는 옳다.

고객을 이해하고 효과적으로 마케팅하는 비결은 이런 미묘한 차이를 이해하는 것이다. 장수 제품을 만들거나 서비스를 시작할 때 당신은 다음 세 가지 질문에 답하면서 필요한 성찰을 얻을 수 있다.

- 누가 구매 의사결정을 내리고 있는가? 누가 비용을 지불하는가?
- 누가 최종 사용자인가? 그들의 니즈는 무엇인가?
- 고객을 확보하는 데 따르는 어려움은 무엇인가?

—

하나의 시장, 많은 모델, 많은 고객

이 질문들에 답하면서 당신은 결국 여러 개의 공급 모델과 여러 종류의 고객을 파악하게 될 것이다. 그 각각에는 고유한 속성이 있다. 공급 모델과 고객을 파악하면 장수 시장에서 성공 가능성을 높일 수 있다. 일반적인 공급 모델은 다음과 같다.

- **노령층 성인이 구매하는 서비스**: 이런 통상적인 소비자 직접 판매 모델에서 마케터들은 포지셔닝을 위해 고객의 단계에 초점을 맞출 것이다.

- **노령층 성인을 대신해서 구매하는 서비스**: 이런 공급 모델은 때로는 소비자 직접 판매이고, 때로는 대리 구매이다. 여기서 마케터들은 사용자의 단계와 구매 주체 양쪽 모두를 대상으로 마케팅해야 한다. 예를 들어, 아버지를 위해 밀키트 서비스를 구매하는 딸에게 제품을 판매한다면, 영양적 니즈와 식사하는 사람의 음식 선호도를 이해해야 하고, 아울러 구매자가 아버지를 위해 무엇을 원하는지, 그 구매자가 지불하기를 원하는, 혹은 지불할 수 있는 방법은 무엇인지도 알아야 할 것이다.

- **노령층과 젊은층 사이에서 거래되는 서비스**: 이런 잠재적인 직접 모델, 혹은 간접 모델에서는 소비자가 노령층과 젊은층 사이에서 변동을 거듭하게 될 것이다. 예를 들자면 노령층 성인이 젊은이에게 방을 임대하는 경우도 있을 수 있다. 마케터들은 각각 서로 다른 단계에 있는 두 명 이상의 사람에게 초점을 맞춰야 한다.

- **미래의 노령층 성인에게 공급되는 서비스**: 이 모델은 직접적이면서 간접적이다. 이 모델하에서 마케터는 고객이 경험해보지 않은 어떤 것을 이해하고 상상하도록 돕는 데 집중하고 거기에 투자할 가치가 있다고 설득하게 될 것이다.

- **노령층 성인을 위한 것이지만 사회가 지불하는 서비스**: 대개 고객은 사용자가 아니다. 그리고 서비스를 설계할 때, 마케팅에서는 정

책을 고려해야 한다.

이들 모델에 속하는 고객은 다음과 같다.

- **최종 사용자:** 이 사람은 직접 구매한다. 모니카는 사업을 위해 컴퓨터가 필요하다. 따라서 그녀는 컴퓨터를 산다.
- **구매자:** 당신이 알고 있는 이 재무 자원이 사용자가 아닐 수도 있다. 예를 들어 내 집에서 나이 들기를 위해 설계된 집에 설치할 제품을 평가하고 구매하는 도급업자가 구매자일 수도 있다.
- **인플루언서:** 이 고객은 목표 시장에서 존경받는 사람이거나, 거대한 소셜 플랫폼과 함께하는 사람처럼 당신이 알고 있는 비재무 자원이다.
- **'딸':** 노령층 성인의 성인 자녀 혹은 돌봄제공자는 비공식적이며 무보수로 책임을 지고 있다. 엄마와 딸이 돌봄제공의 가장 일반적인 역학관계이기 때문에 여기서 딸이라는 단어를 쓰고 있지만, 고객은 아들이나 여자 조카, 남자 조카, 친구일 수도 있다. 역학관계의 핵심은 더 젊은 사람이 더 나이 많은 사람을 돌본다는 것이다.
- **고용주:** 더 많은 기업과 그들의 최고인사책임자CHRO, 최고재무책임자CFO가 60세가 훨씬 넘어서도 고용되는 직원들을 위한 새로운 혜택을 제공하는 고객으로 확인될 것이다. 업무 생산성을 높이기 위해 직원들은 반드시 새로운 돌봄제공 혜택을 요구할

것이다.

- **메디케어 어드밴티지 제공업체들을 포함한 독립 의료보험회사:** 이 고객들은 민간 조직으로, 이 영역에서 활동하며 성장하고 있다. 우리는 이 장의 후반에서 이 고객 집단에 대해 조금 더 살펴볼 예정이다.
- **메디케어와 메디케이드와 같은 정부 서비스:** 이 고객들은 위의 독립 조직들과 비슷하지만, 대개 공공 기관이며 규제와 정책적 상호작용이 더 복잡하다.
- **주 정부와 지방 정부:** 지자체 기관과 같은 고객에게는 지역에 따라 다양한 규칙과 규제가 있다. 사회적 서비스 개선에 대한 수요가 지방자치단체의 판매 성장을 견인할 것이다.
- **의료 서비스 제공자:** 이들 고객들은 대개 돌봄제공 기관들이지만 원격 돌봄, 웰니스 및 다른 서비스를 지원하는 기업들도 점점 늘어나고 있다. 이 분야에서 기술, 제품, 서비스가 모두 빠르게 등장하고 있다.

—

고객은 (자주) 여성이다

인구통계를 보면 명확하다. 새로운 장수 패러다임하에서 여성은 제품과 서비스의 가장 큰 목표 고객이 될 것이다. 여성은 남성보다 더 오래 산다. 더 많은 단계를 거치면서 더 많은 여성이 혼자 산다. 내 집에서 나이 들려는 사람도 더 많을 것이다. 여러 단계를 거치면서 계속해서 일하는 경우도 더 많을 것이다. 그리고 심지어 노령층 성인보다 훨씬 더 많은 수의 여성이 그들 가족을 위한 주요 구매자이자 영향력 행사자가 되는 경향이 있다. 장수 시장에서 여성이 우위를 점하고 있다는 사실이 고객으로서 남성에 대한 마케팅을 배제한다는 것은 아니다. 이 시장에는 각각의 성별을 위한 분명한 기회가 존재한다. 하지만 장수 전략을 보유한다는 것은 다양한 단계에 있는 여성에 대해 배우고 이들을 대상으로 마케팅한다는 것을 의미한다.

여성 장수 고객을 대상으로 한 마케팅의 가장 명확한 사례 중 하나가 앤 텀린슨Anne Tumlinson이 2015년에 설립한 도터후드Daughterhood다. 이 조직의 이름은 자체에서 많은 딸과 며느리가 아는 사실을 포착하고 있다. 바로 그들이 가족 구성원을 위한 무보수 돌봄제공의 많은 부분을 불균형하게 감당하고 있다는 사실이다. 여성만큼 자신의 부모에 대해 걱정하는 아들도 분명히 많이 있다. 그중 많은 남성들이 책임을 부담하고, 그들의 부모가 독립성과 품위를 상실하는 모습을 지켜보면서 여성들만큼 깊게 영향받고 있다. 하지만 데이터에 따르면 늙은 부모를 위한 돌봄제공자는 열 명 중 일곱 명꼴로 여성 가족 구성원이다. 여섯 명 중 다섯 명이 요리, 청소, 심부름, 병원 예약 시 운전, 목욕 및 기타 일상적인 활동과 같은 매일의 노동 집약적 의무에 대해 주된 책임을 지고 있다.[1]

도터후드 사이트에서 제공하는 무료 출판물의 제목들은 한때 돌봄제공자였던 이들에게 알고 있다는 의미의 미소를 떠올리게 한다. 제목 중에는 '한 자매의 생존 가이드A Sibling's Survival Guide', '딸들을 위한 세 가지 주문3 Mantras for Daughterhood', '변화 탐색하기Navigating Change', '경계 설정하기Setting Boundaries', '자기 돌봄의 부담The Burden of Self-Care', '당신의 잘못이 아닙니다It's Not Your Fault' 등이 있다. 도터후드는 거의 모든 가족이 겪지만 대부분 혼자서 겪는, 점점 더 증가하는 일반적인 생애 단계를 위한 새로운 유형의 자원이다. 아울러 도터후드는 지역별로 사회적 유대를 형성해 지원을 제공하고 지역 자원을 공유하도록 돕는다.

리즈 오도넬Liz O'Donnell은 그녀가 쓴 동명의 책을 바탕으로 '워킹 도터Working Daughter'라고 불리는 작은 그룹을 만들었다.[2] 그녀가 제시한 여성과 남성을 위한 청사진에는 기업 리더와 정책 입안자의 행동을 촉구하는 내용도 담겨 있다. 유용한 온라인 자원과 제품 이외에도, 그녀의 회사는 지원을 위해 정기적으로 만나는 동료 주도peer-led(지식이나 경험이 유사한 사람이 모여 리더의 역할을 맡아 주도하는 것으로, 주로 동료학습 모델에서 활용됨—편집자)의 지역 그룹을 제공한다. 여기에는 모집한 동료 리더들이 활용할 수 있는 소통용 가이드도 완비돼 있다.

이 두 조직은 돌봄제공 단계에 있는 모든 연령층의 여성이 가진 니즈와 제품, 서비스에 대한 정보를 제공하는, 풍성한 광석이 있는 광산과 같다. 이 조직의 사회적 네트워크는 당신이 만들고 있는 제품과 서비스를 테스트하고 홍보하기 위한 확실한 기회다. 그리고 성장 중인 분야에서 전문성을 구축했기 때문에 그들은 잠재력이 있는 파트너십 타깃이기도 하다.

주된 돌봄제공자는 딸이지만, 구매 결정은 단순히 한 명의 가족 구성원에 의해서가 아니라 더 복잡하게 내려질 수도 있다. 가족 내 여러 구성원이 구매 결정에 관여할 수 있고, 의견이 상반되는 경우가 흔하기 때문에 타깃을 정하기가 어려울 수 있다. 따라서 고객 확보 전략의 일부로 전체 가족을 목표로 삼는 것이 중요해졌지만, 진입은 대개 주 돌봄제공자(종종 딸)를 통해서 이뤄진다. 그 사람이 주된 지급자가 아니라 해도 말이다. 도터후드와 워킹 도터와 같은 조직은 이들 코호트를 타깃으로 삼기 더 쉽게 만들어준다.

기업도 일과 돌봄제공을 병행하는 어려움을 겪고 있는 직원들을 위해 자체적인 지원 그룹을 만들기 시작했다. 메릴린치가 그렇게 하고 있으며, 더 많은 회사들이 그 뒤를 따라가야 할 것이다. 2050년까지 일과 돌봄제공을 병행하는 직원의 수는 5000만 명을 넘어서게 될 것이다. 코로나19 팬데믹이 수많은 사람을 현실에 눈뜨게 했음에도 고용주들은 그들 조직 내의 다양한 인구집단에 영향을 미치는 돌봄 책임의 스펙트럼을 과소평가한다. 조셉 풀러Joseph Fuller와 만자리 라만Manjari Raman이 하버드대학교 경영대학원 프로젝트의 일환으로 '일의 미래 관리'에 관해 작성한 보고서 〈사려 깊은 회사The Caring Company〉에서 강조했듯이, 이런 지원을 제공하는 기업들은 인재 확보 경쟁에서 우위를 차지할 것이다.[3] 이들 기업은 그런 혜택을 제공하기 위해 제품과 서비스가 필요할 것이며, 이 또한 또 다른 거대한 기회다.

고객은 (때때로) 다중세대이다

새롭고 비전통적인 시장 기회 중에는 여행과 지속적 학습이 있다. 지출할 수입이 있는 노령층 성인들 중에 얼마나 많은 이들이 손주들과 목적의식이 충만한 교육적인 여행을 떠나고 싶어 할지 상상해보라. 따라서 당신은 그 여행의 비용 지급자이자 참석자들(조부모)만이 아니라 손주들의 부모를 대상으로도 마케팅을 해야 한다. 부모는 그 여행이 자녀가 즐거워할 만한 것인지 알고 싶어 할 것이고, 부모도 함께 가고 싶어 할 수도 있다. 각각의 세대에 대한 마케팅은 다를 수 있고, 사실상 서로 다른 유통 채널이 관련될 수도 있다.

다중세대가 사용할 수 있는 제품, 예를 들어 메모리웰MemoryWell(생애 스토리텔링을 통해 인간 중심 돌봄을 추구하는 디지털 데이터 플랫폼—옮긴이)과 같이 미래 세대를 위해 가족 역사를 기록하는 혹은 더 나은 돌봄을 가능하게 해주는 유산 관련 도구들은 나이 많은 사용자나 젊은 사용자, 양쪽 모두에게 효과적인 인터페이스를 이용해야 한다.

고객은 (점점 더) 고정관념에 질려한다

퓨리서치센터Pew Research Center와 미국은퇴자협회는 2019년에 한 가지 조사를 시행한 후, 비현실적인 고정관념을 굳히고 나이 든 소비자에 대한 연령차별적 관점을 키우는 관행들 때문에, 노령층 성인 인구 집단이 마케팅 이미지 속에서 희화화되며 무시당하고 있다고 판단했다.[4] 당신은 '우리 회사는 아니야'라고 생각할지 모르지만 다음 데이터를 고려해보라.

- 75세 이상인 사람들 중에 스스로 늙었다고 생각하는 사람은 35 퍼센트밖에 되지 않는다.
- 약 73퍼센트가 기업이 그들을 깔본다고 느낀다.
- 약 65퍼센트가 기업은 나이 많은 소비자를 신경 쓰지 않는다고 생각한다.
- 약 80퍼센트가 기업이 그들을 존중하면서 마케팅하지 않는다고 말한다.

젊은 여성과 아름다움에 대한 비현실적인 기대를 창조하는 모델의 포토샵된 이미지와 똑같이, 노령층 성인이 '늙은이들이나 하는 일'을 하거나 혹은 더 중대하게는 그들이 실제로 하는 일을 하지 않는 것으로 그리는 마케팅과 광고가 만연해 있다는 사실은 문제이며, 해결해야 할 필요가 있다. 광고대행사와 그들의 고객이 노화에 대한 이미지를 업데이트하면서, 장수 고객에 대한 마케팅과 고객 확보 과정은 극적으로 바뀔 것이다. 미국은퇴자협회는 저장 이미지 정보처리기관인 게티 이미지Getty Images와 파트너십을 통해 더 좋은 이미지를 홍보하면서, 기업을 운영하고, 농구를 하고, 젊은 세대와 어울리는 노령층 성인의 모습을 찍은 사진의 숫자를 늘려가고 있다.

마케터들이 집중해야 할 연령차별의 또 다른 핵심 영역은 기술이다. 노령층 성인은 많은 사람들이 생각하는 것보다 최신 기술을 더 잘 다룬다. 퓨 재단Pew Foundation은 2017년에 노령층 소비자가 점점 더 기술을 많이 사용하고 있음을 입증하는 역사적인 보고서를 발표했다.[5] 지난 10년 동안 노령층 성인의 인터넷 사용에는 중대한 전환이 있었다. 광대역 인터넷 접속이 보편화되면서 노령층 성인의 절반 이상이 스마트폰을 보유하고, 소셜 네트워크를 이용하고 있다. 한동안 업무 환경에 있지 않던 이들에게는 추가적인 디지털 리터러시 노력이 필요할 수도 있지만, 전반적인 디지털 리터러시는 예상보다 높은 수준이다. 중요한 사실은, 새로운 기술을 기꺼이 시도해보려는 사람 역시 많다는 점이다. 코로나19 팬데믹 역시 노령층 성인의 기술 사용을 가속화했다. 나머지 사람들처럼 노령층 성인은 줌Zoom과 온라인 식품 쇼핑 등에 능숙해졌다.

마케터들이 제품과 서비스에 대해 소통하는 데 이들 채널을 사용할 수 없다고 가정한다면 이는 잘못이다. 혁신가들은 노령층 성인에게 접근하기 위해 이들 채널을 이용할 것이고, 노령층 성인이 기술 문제를 헤쳐 나갈 수 있다고 믿어야 한다.

—
고객은 (언제나) 더 나은 제품 디자인을 누릴 자격이 있다

연령차별은 제품 디자인과 그 결과로 등장하는 제품의 마케팅에 슬그머니 스며든다. 나이 많은 고객들이 스스로 무시당한다거나 기업들이 자신에게 신경 쓰지 않는다고 느끼는 원인 중 일부는 이런 편견이다.

그곳에는 나이 많은 사람들을 위해 만든 제품과 그들이 실제로 원하는 제품 사이의 심각한 불일치가 존재한다. 그리고 그 격차를 넘어서는 지점에 주요한 기회가 존재한다.

유산 단계에 있는 사람을 위한 일부 제품들에는, 복잡한 감정적인 이유로 자신에게 필요한 제품임에도 사용하기를 꺼려하는 마음이 존재한다. 예를 들어 보청기로 혜택을 볼 수 있는 사람 중 20퍼센트만이 보청기를 열심히 찾아다닌다. 65세가 넘는 사람 중에서 2퍼센트만이 사고가 났을 때 911에 전화를 걸어주는 웨어러블 같은 개인용 응급상황 대응기술을 적극적으로 찾는다. 그것을 구입한 사람 중 많은 수가 실제로 사용하기를 거부한다.

그런 상황 너머에는, 단순히 자신을 늙었다고 여기지 않으며 노인을 위한 제품에 관심이 없는, 다양한 단계에 속한 건강한 노령층 성인 핵심그룹의 성장이 있다. 실제로 이 제품들은 그들에게 매우 도움이 될 수 있다. 이런 내키지 않는 마음의 일정 부분은 그 제품들이 디자인된 방식에서 비롯된다. 기업들은 종종 노령층 성인을 위해 제품을 만들지만 그들과 함께 만드는 것은 아니기 때문이다. 목표 시장을 그 과정에 포함시키는 일은 상식처럼 보인다. 하지만 기억하라. 제품 디자이너와 마케터는 항상 나이의 관점에서 생각해왔지 단계의 관점에서 생각하지 않았다. 심지어 그들이 노령층 성인을 디자인 과정에 포함시킨다 해도, 우리가 여기서 제시한 모든 단계와 미묘한 차이를 고려하거나 존중하지 않고 노령층 성인으로만 참여시키는 것이다.

그래서 당신은 노인을 위한 제품이나 서비스를 디자인했는데 시장에 있는 사람들이 그 제품을 사지 않으면 왜 그런지 궁금해한다. 이유는 단순하다. 그들이 스스로 늙었다고 생각하지 않기 때문이다. 그리고 심지어 자신이 늙었다고 생각하는 사람들도 노인을 위한 제품을 원하지 않는다.

MIT의 에이지랩AgeLab의 창립자이자 소장이며, 나이 많은 고객을 위한 디자인 분야에서 가장 뛰어난 학자 중 하나인 조 코글린Joe Coughlin은 이렇게 지적한다. "많은 제품 디자이너는 자신이 노인을 위한 시장의 수요를 이해한다고 생각하지만 나이 많은 고객이 늙음의 냄새를 풍기는 제품에서 왜 도망가는가 하는 문제는 과소평가하지요."[6]

다양한 단계에 있는 다양한 유형의 고객들이 원하는 것과, 기업이 디자인하고 창조하고 그들에게 마케팅하는 것 사이의 격차야말로 거대한 기회가 존재하는 곳이다. 장수를 위한 제품을 디자인하고 마케팅하는 사람들을 위한 모범 사례가 몇 가지 등장했다.

매력도가 중요하다

노령층 성인을 위한 제품 디자인은 대개 '크고, 베이지색이며, 따분하다.' 이런 태도는 결과적으로 사람들에게 이것이 '노인을 위한 제품'이라는 신호를 전달한다. 만약 이것이 소비재라면 고객들은 자신이 노인을 위한 제품을 사용하고 있음을 온 세상에 알리는 것이라 생각한다. 하지만 학습 단계나 르네상스 단계에 있는 노령층 성인들은 멋지고 세련된 물건에 관심이 많다. 그들은 자신을 개인으로 표현하는 데 흥미를 느끼기 때문이다. 더 중요한 사실은, 그들이 자신을 늙었다고 보지 않기 때문에 노인을 위한 제품의 소비자라고 생각하지 않는다는 점이다.

예를 들자면 옥소OXO 제품은 주방 조리도구들이다. 그들은 많은 노령층 성인, 심지어 활동적인 노령층 성인도 직면하는 흔한 질환인 관절염에 걸린 사람들에게 유익한 제품을 만든다. 대부분의 옥소 제품에 달려 있는 커다란 고무 손잡이는 잡기가 쉽다. 이 회사의 주방 조리도구들은 모든 유형의 요리사에게 그 매력을 어필하며, 어떤 주방에서나 당신이 발견할 수 있는 가장 바람직한 브랜드 중 하나다.

마케팅 성공을 위한 스텔스 디자인

장수 제품을 디자인할 때 핵심적인 실수는 디자인과 마케팅 양면 모두에서 해당 인구집단의 특징에 맞춘 기능에 집중하는 것이다. 누가 어떤 단계에 있는지와 상관없이, 필연적으로 나이와 연관된 신체적·감정적인 변화는 좋은 제품 디자인에 중요한 역할을 한다. 예를 들어 많은 노령층 성인이 시각의 선명도와 색상 인식 기능이 떨어지기 때문에, 스마트폰 화면의 작은 폰트와 저대비 색상 구조는 그들에게 어려움을 준다.

하지만 그렇다고 해서 고객이 이러한 한계를 극복하는 데 도움이 되는 기능에 대해 생각하거나 알아차리고 싶어 한다는 의미는 아니다. 마케팅은 손재주 없는 사람들에게 도움이 되는 기능이 포함되어 있다는 사실이 아니라, 제품의 매력도와 기타 기능에 초점을 맞춰야 한다.

이런 스텔스 접근 방식의 좋은 사례가 4장에서 소개한 나이키의 크루저원 신발이다. 나이키는 나이 많은 러너에게 초점을 맞추지 않고 오히려 평생 선수를 타깃으로 삼았다. 그 신발에는 균형을 잡게 도와주고 추가적인 쿠션을 제공하는 밑창처럼, 노령층 성인을 성공적으로 공략할 수 있는 많은 기능이 포함돼 있다. 하지만 나이키는 거기에 안주하거나 고객 앞에서 그 사실을 정면으로 내세우지 않았다. 그랬다면 코글린이 말했듯이 고객은 '노인의 운동화'에서 반대로 달아나버릴 것이다. 대신 나이키는 사람들에게 그들이 하고 싶어 하는 일, 즉 달리기를 할 수 있게 해주는 신발로 마케팅했다.[7]

손재주를 덜 요구하는 사용자 인터페이스, 혹은 다양한 체형을 받쳐주는 옷을 디자인하고 있다면 그런 특성은 장수 고객에게 도움이 되겠지만, 그런 측면을 마케팅할 필요는 없다. 우아한 사용자 경험, 혹은 옷의 트렌디한 색상과 패턴에 초점을 맞추는 편이 더 낫다.

다중세대 및 다중단계를 고려한 제품

인생의 완전히 다른 단계에 있는 젊은 사람을 위해 제품을 디자인하더라도, 특히 그러한 기능이 스텔스라면 장수를 염두에 두고 디자인할 수 있다. 예를 들어 사용자 인터페이스를 고려해보라. 단순히 터치스크린이 있는 차를 구매하려는 젊은 세대를 위해 사용자 인터페이스를 디자인할 수 있다. 다만 신선하고 현대적으로 보이는 고대비 색상과 큰 서체를 사용한다. 그 인터페이스는 트렌디하다. 하지만 특정 장수 고객, 예를 들어 더 큰 서체가 필요할 수도 있지만 터치스크린이 멋지고 현대적이라고 생각하는 장수 고객에게도 어필할 수 있다.

아울러 당신은 사람들이 당신의 제품과 서비스를 자연스럽게 다중세대적이라고 인식하기를 원할 수도 있다. 업무 공간에서 쓰는 제품과 서비스 같은 세부시장을 예로 들어보자. 다섯 세대로 구성된 인적자원이 있다면 가구, 회의 장소, 회의 기술, 소셜 네트워킹, 공유 오피스와 더 많은 것을 새롭게 창조해 모두 같은 제품과 서비스를 공유하는 다중세대 고객층에 매력을 어필할 엄청난 기회가 존재한다.

세대 간 전환을 고려할 수도 있다. 예를 들어 재정적 안정 형성 단계에서 창업자 단계로 옮겨가려고 하는 더 젊은 고객을 생각해보라. 이 사람의 단계 변화 중 어떤 것이 당신의 제품에 대한 니즈를 사라지게 할까? 그리고 세대와 단계의 변화를 겪을 동안 어떻게 이 고객을 유지할 수 있을까? 예를 들어 인기 있는 운동복 분야는 나이 많은 고객을 위해 새로운 사이즈나 여닫기를 더 쉽게 만드는 아이디어를 생각해볼 수 있겠지만, 전반적인 색상과 스타일은 여전히 같을 것이다. 그 옷에

고관절 치환이나 인공관절 수술에서 회복 중인 사람들을 위해 지퍼나 통합 센서 같은 기능을 추가할 수도 있고, 전화기나 열쇠 등을 보관하기 쉽도록 자전거용 의류에 있는 주머니를 결합할 수도 있을 것이다.

—

고객은 (대개) 확보가 어렵다

대부분의 기업이 장수 시장을 타깃으로 삼는 데 실패하는 것은 고객 확보 전략 때문이다. 이것은 장수 시장에서 가장 어려운 부분이다. 거기에는 몇 가지 이유가 있다.

첫째, 장수 시장은 전통적인 18~45세 인구집단 시장보다 고객 확보 비용이 더 높은 경향이 있다. 이런 높은 비용의 일부는 특정한 상황들에서 의료 서비스 분야와 인접해 있기 때문이다. 또 일부는 앞서 논의한 것처럼 사용자, 비용 지급자, 의사결정권자 사이의 복잡성 때문이다.

둘째, 고객의 단계에 따라 그들을 타깃으로 삼을 최선의 채널을 파악하기가 어렵고, 전통적 인구집단과는 다른 전략을 사용해 고객에게 접근하기 때문이다. 이 시장에서는 우편, 이메일, 페이스북이 다른 수단보다 훨씬 더 효과적이다. 모든 주요 소셜 미디어 플랫폼들 중에서도 페이스북은 여전히 노령층 성인들이 주로 선호하는 플랫폼으로 트위터나 인스타그램보다 훨씬 더 많이 선택된다. 50세부터 70세까지의 성인들은 페이스북 광고에 상당히 관심을 보인다. 이 나이대 사용자 중 거의 15퍼센트가 페이스북에서 주당 열 시간 이상을 쓴다. 물론 이 채널을 효과적으로 사용하려면 여전히 그들의 단계를 알아야 한다. 연령 세분화는 단순히 그들이 어디에 있는지를 알려줄 뿐, 그들이 듣고 싶어 하는 메시지가 무엇인지는 알려주지 않는다.

노령층 성인에 관한 자체 연구와 인터뷰에서 나는 그들이 신뢰할 수 있는 정보 제공자로부터 새로운 제품과 서비스에 대해 듣기를 선호한다는 사실을 발견했다. 이런 관찰 결과는 문헌 연구에서도 확인된다.[8] 평생 선수들을 위한 크루저원 선수용 신발 광고에는 나이키의 창업자이자 같은 평생 선수인 필 나이트가 등장했다. 그는 신뢰받는 소스다. 팬데믹 기간 동안에는 다양한 커뮤니티의 신뢰받는 구성원들을 내세워 백신의 안전성을 홍보했고, 그들 역시 백신을 맞았다는 사실을 공유했다. 이 소비자들은 안목이 있고 떠밀려서 뭔가 하기를 경계하기 때문에, 노령층 성인을 대상으로 하는 어떠한 마케팅 전략에서든 신뢰가 주요한 요소이다.

세 번째이자 마지막으로, 대부분은 아니라도 많은 회사들이 소비자 직접 판매 모델로 뛰어들지만 결국 기업-기업B2B, 기업-기업-소비자 B2B2C 모델이 관여하는 더 미묘한 전략과, 때로는 정부 부문을 참여시키는 경우가 더 성공적이라는 사실을 알게 된다. 4장에서 소개한 재택 돌봄 회사인 아너의 상황도 그랬다. 아너는 새로운 지역에 진출할 때마다 시장 진입 전략을 새롭게 짜야 했다. 직접적인 소비자를 확보하기 위해서는 그들이 접촉할 수 있는 현지 돌봄제공자의 지식과 그 시장 내 영세업체들의 사업망이 필요했다.

현지 지식을 확보한 후에도, 아너를 위해 직접 일할 사람을 한 명 한 명 파악하는 것은 엄청나게 노동집약적이었다. 돌봄제공자를 대상으로 직접 마케팅을 한 지 수년이 지난 후, 아너는 방향을 전환해 재택 돌봄 에이전시들과 파트너십을 맺고 자신의 사업 모델에 따라 운영하도록 에이전시의 전문가들을 교육시켰다. 이 전략은 사업 성장을 촉진했지만 어렵게 얻은 교훈이었다.

이런 직접 모델은 몬 아미Mon Ami에게도 어려운 도전이었다. 그들은 팬데믹으로 인해 2020년 3월, 돌봄제공자를 위한 가정 내 단기돌봄의료respite care(환자 가족이 간병 부담에서 벗어나 최소한의 휴식과 회복의 기회를 갖도록 지원하는 서비스—옮긴이)를 제공하던 사업 전략을 재평가해야 했다.[9] 몬 아미는 2018년 두 명의 스탠퍼드대학교 경영대학원 졸업생이 시작했다. 그들은 대학생들을 고용해 내 집에서 나이 들고자 하는 사람들의 집을 방문, 돌봄대상자를 다양한 활동에 참여시키면서 돌봄제공자들에게 절실한 휴식을 제공했다. 애초에 몬 아미는 그들이 확보하려는 고객으로 대학생과 가족 돌봄제공자들을 고려했다. 팬데믹의 타격으로 그 모델이 위협을 받은 것은 명백했지만 몬 아미는 거기에 적응했다. 그들은 모든 대면 방문을 취소했고, 기존 고객을 위해 가상 방문을 실시했다. 몬 아미는 이런 방식으로 더 많은 사람들에게 접근할 수 있고 식료품과 의약품 배달 같은 다른 서비스들을 추가할 수 있음을 깨달았다. 그들은 명상 앱, 가상 운동 수업, 음악 공연을 추가했다.

팬데믹 기간 동안 사업 규모는 눈에 띌 정도로 급속히 커졌고, 소비자에게 직접 판매만을 해오던 회사는 갑자기 새로운 유형의 고객을 확보하게 되었다. 바로 샌프란시스코시였다. 이 커다란 수확은 새로운 유형의 고객 관계와 마케팅 계획이 필요하게 될 것임을 의미했다. 이들은 어려움에 처한 가족에게 서비스를 제공하던 샌프란시스코시 자체 기관들을 통해 더 많은 고객을 확보할 기회를 열었다. 몬 아미는 이제 그들의 기술 지원 서비스를 전국적으로 노령층 성인의 니즈에 대응하는 지역노화담당기관Area Agencies on Aging과 다른 기관들에 판매하고 있다. 나는 장수에 초점을 둔 회사들이 소비자 직접 판매와 B2B 양쪽 모두를 포함하고 때로는 공공 기관을 포함할 수 있는, 더 복잡한 고객 확보 전략으로 방향을 전환하는 경우를 여러 차례 봐왔다.

—

고객에게는 (분명히) 지출할 여력이 있다

현대 마케팅의 가장 이상한 역설 중 하나는, 어째서 대부분의 돈을 지출 규모가 크지 않은 그룹을 위한 제품과 서비스를 발명하고 판매하는 데 쏟아붓는가 하는 점이다.

50세가 넘는 사람들은 미국 내 모든 소비자 지출의 절반 이상, 가구 자산의 83퍼센트를 차지하고 있다(두 숫자 모두 증가할 것으로 예상된다). 맥킨지글로벌연구소McKinsey Global Institute는 전 세계적으로 노령층 성인의 숫자가 2015년 1억 6400만 명에서 2030년에는 5000만 명 이상 증가해 2억 2200만 명에 달할 것으로 전망했다. 그들은 도시 지역 지출 성장의 절반 이상을 차지할 것이며 이는 4조 달러 이상의 규모다.[10]

기업들은 오랫동안 가정해온 주도적인 인구집단에서 벗어나, 지출 규모가 더 큰 장수 고객으로의 전환을 대비해야 할 것이다. 맥킨지앤드컴퍼니에 따르면 소비재와 같은 전통적인 산업에서 기업들은 (다양한 단계들은 말할 필요도 없이) 장수 고객들의 니즈와 미묘한 차이를 무시하고 대개는 이해조차 하지 못한 채 19세부터 60세까지에 해당하는 소비자만 목표로 삼는다.[11]

많은 기업들에 이러한 고객은 대부분 존재하지 않는다. 이 장의 시작 부분에 나온, 르네상스 단계에 있는 모니카의 예를 들자면, 그녀는 전형적인 35세의 순자산보다 다섯 배를 더 보유하고 있다. 만약 그들이 그런 큰 기회를 대변한다면, 어떻게 그녀나 다른 사람들이 그토록 무시받는다고 느끼거나 기업들로부터 홀대받는다고 느낄 수 있을까?

이 시장에 있는 사람들 모두가 부유하다는 이야기를 하려는 것이 아니다. 실제로 장수와 관련해, 특히 장수 고객의 재정적 프로필과 관련해서는 복잡한 요인들이 존재한다. 사회보장제도가 없다면 노령층 성인의 거의 절반이 빈곤 속에서 살고 있겠지만, 안전망 덕분에 10퍼센트만이 빈곤 속에서 살고 있다.[12] 하지만 생물학적 수명과 건강수명이 더 길어지면서 재정적 복지에 대한 압박이 더 커지고 있다. 노령층 성인의 대다수는 더 길어진 생물학적 수명과 건강수명을 감당하기 위한 혁신적인 해결책을 필요로 한다. 한 가지 특별한 요구는 그들에게 집에서 나이 들게 해줄 주거 혁신과 관련이 있다.

노령층 성인들의 재정적 건전성은 미국 연금 시스템이 확정급여형 Defined Benefit에서 확정기여형Defined Contribution으로 전환되면서 악화되고 있다. 그들이 얼마를 저축했는가에 따라서 사람들의 적립금이 매우 다르기 때문에, 오늘의 연금 시스템은 새로운 형태의 불평등을 창조한다. 하지만 심지어 여기서도, 재무 서비스 분야의 기업들은 노령층 성인이 돈을 불리도록 도와주고, 디큐뮬레이션decumulation(은퇴 후에도 은퇴 전 경제 활동기 소비 수준을 지속할 수 있도록 저축한 자산을 적절히 분배하고 사용하는 과정—옮긴이) 선택지를 더 잘 이해하도록 도와줄 기회를 찾아볼 수 있다. 또한 멘토십이나 일자리를 위해 나이 많은 인재를 찾는 기업들은 늘어나는 빈곤을 예방함으로써 사회에 유익한 일을 할 뿐만 아니라 노령층 성인들의 재정적 복지에 기여하는 것이다. 대학생과 노령층 성인을 짝짓는 기업처럼 영리한 기업은 노령층 성인의 외로움과 생활비 문제, 젊은이들의 저렴한 주거와 관련된 문제들을 같이 해결할 수 있다.

—

사용자가 항상 돈을 지불하는 것은 아니다

이제까지는 고객 중에서 최종 사용자에 관해 이야기했지만, 장수 시장에는 추가적으로 돈을 지불하는 세 가지 유형의 고객도 존재한다. 바로 고용주와 메디케어 어드밴티지, 최종 사용자가 아닌 건강보험이다.

점점 더 많은 고용주가 직원들에게 장수와 노인 돌봄 혜택을 제공하고 있다. 많은 직원들이 직면한 어려움을 해결해주기 위해서다. 고용주들은 인재를 확보하고 보유하는 방법이자 직원들의 웰니스, 생산성, 의욕을 높이는 방법으로 돌봄제공과 장수 혜택을 더 많이 제공한다. 웰시, 홈스라이브Homethrive, 케어닷컴Care.com, 케어링스CareLinx 같은 기업은 모두 그들에게 돈을 지불하는 고객인 고용주의 직원들을 위해 돌봄 코디네이션 서비스를 제공한다. 또한 고용주들은 건강수명을 지원하기 위한 웰니스 보너스, 평생학습을 위한 자금 지원, 재정적 웰니스를 포함한 다양한 범위의 건강 및 웰니스 혜택을 제공하고 있다. 우리는 생물학적 수명만이 아니라 건강수명에 영향을 미치는 장수 혜택이 증가하는 모습을 볼 수 있을 것이다. 이는 결국 장수 혜택이라는 우산 아래에서 새로운 제품과 서비스를 위한 수요를 창출할 것이다.

장수 시장에서 또 다른 중요한 지급자는 메디케어 어드밴티지 플랜이다. 이들은 추가적인 혜택을 공급하기 위해 메디케어와 계약을 맺은 민간기업이 제공하는 일종의 메디케어 의료보험으로 유나이티드, 후마나, 시그나와 같은 다양한 전통적 의료보험회사에서 제공한다. 이들 메디케어 어드밴티지 플랜은 새로운 서비스와 제품을 제공하는 방법으로 시장에서 가입자 확보 경쟁을 벌인다. 전체 메디케어 수익자의 3분의 1 이상이 메디케어 어드밴티지 플랜을 선택하고, 이 플랜에서는 종종 4장에서 논의된 와이더서클과 볼드의 멤버십과 같은 혜택을 제공한다.

돈을 지불하는 장수 고객은 개별적인 메디케어 어드밴티지 플랜이고, 최종 사용자는 그 플랜의 가입자다. 2018년과 2019년에 메디케어와 메디케이드 서비스 센터들은 메디케어 어드밴티지 기관이 가입자에게 제공할 수 있는 추가적인 혜택을 확대했다. 이 사실은 핵심 지급 자 중 하나이자 서비스와 제품의 핵심 고객으로서 메디케어 어드밴티 지의 역할이 커지는 데 중요한 요인이 됐다. 게다가 수익자들은 메디 케어 플랜을 선택할 때 이들 추가적인 혜택의 가치를 고려해야 하므 로 의사결정이 복잡해진다. 그 결과 어떤 메디케어 어드밴티지 플랜 이 자신에게 가장 유리한지를 선택해야 하는 사람들을 공략하기 위해 새로운 비즈니스가 개발되기도 했다.

이와 유사하게, 구성원에게 혜택을 주는 의료보험에 직접 제품과 서 비스를 판매하는 일은 새로운 유형의 장수 고객을 만들었다. 하지만 이 러한 지급자들, 즉 고용주와 메디케어 어드밴티지와 건강보험에 판매 하는 일에는 고유의 독특한 판매 사이클이 존재한다(6장을 참조하라).

—

고객을 안다는 것이 내 사업과 직원들에게 의미하는 바가 무엇인가?

당신은 이제 장수가 새로운 시장 기회와 다양한 고객을 창출한다는 지식으로 무장하고 있다. 장수와 노령층 성인은 부담이 아니라 경제를 이끄는 존재이다. 당신은 또한 의료 관련 제품과 서비스가 종종 그렇듯, 장수 시장에서 고객 확보가 더 복잡할 수 있다는 사실을 이제는 안다. 다음 장에서는 거기서 비롯되는 채널의 어려움에 초점을 맞춘다.

우리에게는 생애의 30년에서 40년에 걸친 다양한 단계에 있는 다중 유형의 고객을 위해 다양한 제품과 서비스를 판매할 더 효율적인 시장이 필요하다. 일부 조직은 이들 고객에 대해 배우고 공략하는 과정에서 엄청난 진전을 이뤘다. 하지만 다른 이들이 놓쳐버린, 시장에 진입해 사업을 키우면서 중요한 영향력을 행사하려는 진취적인 영혼들을 위한 기회도 엄청나게 많다.

거기에는 여전히 해야 할 준비 작업이 있다. 기업들은 장수 고객을 타깃으로 삼을 때 순수한 인구통계학적 마케팅과 연령차별적인 전략을 제거해야 한다.[13] 여기서 진전을 이루면서 복잡한 시장과 생기 넘치는 역동적인 고객층을 보는 관점이 더 섬세해진다면 만연한 연령차별과 직설적인 관행들을 극복하는 데 도움이 될 것이다. 하지만 아직 그걸로 충분치는 않다. 이 사실이 중요한 이유는, 품위와 존중으로 노령층 성인을 대하고 그들이 원하는 방식으로 그들에게 대응하는 것이 좋은 일이기 때문만이 아니라, 당신에게 다른 선택권이 없기 때문이다. 여기가 시장이 움직이고 있는 방향이다. 성장이 있는 곳이다. 고객을 이해하는 이들이 그렇지 않은 이들보다 경쟁 우위를 확보하게 될 것이다.

기업가와 마케터를 위한 제언

○ 사람들이 장수 고객을 종종 오해한다는 사실을 기억하라. 이는 부분적으로는 의료 서비스 고객 시장에 흔히 존재하는 독특한 역학관계 때문이다. 구매자는 최종 사용자가 아닐 수도 있다.

○ 장수 고객에는 최대 아홉 가지 유형이 있을 수 있으며, 대부분의 범주

에 속한 고객은 제품이나 서비스의 최종 사용자가 아님을 기억하라.

○ 누가 구매 결정을 내리는지 고려하라. 돌봄제공과 관련된 제품이나 서비스를 만들 때는 돌봄이 필요한 사람은 물론, 딸, 며느리, 다른 가족 구성원, 친구를 타깃으로 삼으라.

○ 다중세대 고객층을 위한 기회를 인식하라.

○ 마케팅 전략을 선택할 때 고객 확보의 어려움을 고려하라.

○ 최종적인 장수 사용자를 '위해서'가 아니라 그들과 '함께' 디자인하라. 어떻게 하면 노령층 성인이 확실하게 제품과 서비스 디자인의 중심에 있게 할 수 있을까?

○ 나이가 섞여 있는 팀은 나이가 동질적인 팀보다 성과가 뛰어나다.

○ 당신의 고객 확보 전략에 포함된 노령층 성인의 연령차별적 묘사를 바꾸라.

6장

소비자 채널과 유통 관련
어려움 해결하기

———

장수 시장이 번창하려면 채널에 대해 다시 생각해야 한다. 이 시장의 본질로 볼 때 현재 채널들은 효율적이지 않다. 우리는 스타트업의 유입과, 커져가는 이 시장을 위해 개발될 제품과 서비스를 뒷받침할 플랫폼과 시장이 필요하다. 작가인 대니얼 핑크Daniel Pink가 말했듯이 "지도가 변경된 상황에서는 개선된 내비게이션이 필요하다Remapped conditions require revamped navigation."[1] 우리는 채널의 비효율성을 해결하고 장수 시장을 위한 플랫폼과 시장을 새롭게 창조해야 할 뿐만 아니라 그들 안에서 기회를 창조해야 한다.

———

삶의 서로 다른 단계에 있는 다음 노령층 성인들을 생각해보라. 그들에게는 한 가지 공통점이 있다. 그것이 무엇인지 파악해보라.

72세인 타룬은 새로운 목적 부여 단계에 있다. 그는 경력을 전환하려고 하는 중이지만, 젊은 사람들과 함께 일하면서 선행을 베풀고 싶다. 학교에서 가르치는 일을 하지는 않았지만 사업에 대한 지식을 다음 세대와 공유하고 싶었다. 또한 목공 취미를 계속하면서 사람들과 공유하고 싶기도 했다.

45세인 마이는 재정적 안정 형성 단계와 부모 되기 단계에 있다. 또한 그녀는 유산 단계에 있는 어머니를 돌보고 있기 때문에 돌봄제공 단계에 속해 있기도 하다. 어느 날 건강 검진을 위해 어머니를 데리고 병원에 간 그녀는 산소탱크와 그 사용법에 대한 안내문을 가지고 집으로 돌아왔다. 두 사람 모두 한 번도 산소탱크를 사용해본 적이 없었고, 마이는 집에 늦게 도착해 딸을 생일 파티에 태워다 주었다.

80세인 돈은 전환 단계와 새로운 목적 부여 단계에 있다. 최근 사별한 그는 현재 혼자 살고 있으며 자녀들이 멀리 살고 있는 상황에서 살 장소를 새롭게 고민해야 한다. 내과 의사였던 그는 의료 분야에서 일하던 시절을 그리워하고 있으며, 이사를 갈 거라면 의미 있는 활동에 참여하고 싶다. 그의 건강은 양호한 상태이며, 이런 전환 단계를 헤쳐 나갈 방법이 필요하지만 어디서 시작해야 할지 몰랐다.

장수 시장에 속한 이 세 사람은 각자 상황은 다르지만 모두 공통된 한 가지 어려움을 겪고 있다. 어느 누구도 성공하기 위해 필요한 것에 쉽게 접근할 방법이 없다는 것이다. 타룬은 사업이나 목공 분야에서 젊은이들을 대상으로 멘토링하거나 가르치고 싶다는 자신의 욕망을 어떻게 현실화해야 할지 아무런 아이디어가 없었다. 마이는 아마도 산소탱크를 설치해서 작동시킬 수 있겠지만 확신이 없었다. 만약 그녀가 그 일을 잘못했다면? 그리고 만약 탱크의 산소가 다 소진된다면 무슨 일이 일어날까? 그녀는 무엇을 해야 할지에 대한 감이 없었고, 다른 돌봄 의무에 대한 압력도 느꼈다. 돈은 많은 능력을 갖고 있지만 자신의 주거 상황을 새롭게 고민해야 했고, 자신의 삶에 새로운 목적을 어떻게 부여해야 할지 감을 잡기 어려웠다. 자녀들에게 부담이 되고 싶지도 않았다.

사실 이들이 각자 필요로 했던 것은 이미 시장에 존재해 있었다. 유사한 관심을 가진 멘토와 젊은이를 연결시켜주는 플랫폼이 있었다. 복잡한 돌봄제공 과제를 위해 사람들을 교육하고 도와주는 노인병 전문 돌봄 매니저가 있었다. 그리고 전환 단계에 접어들어 목적의식을 가지고 활동에 참여하는 노령층 성인에게 코칭과 자원을 제공하는 회사들과, 다양한 커뮤니티에 존재하는 대안적인 주거 기회를 평가해주는 주거 플랫폼도 있었다.

하지만 장수 시장은 그 시장이 가진 성장성과 전망에도 불구하고, 아직 이들 제품을 소비자에게 노출하거나 효율적으로 공급할 만큼 성숙하지 못했다. 이 시장은 현재 다소 고르지 못한 상황에 있다. 사람들이 입소문을 통해 제품과 서비스를 발견하는 경우가 너무나 자주 일어난다. 소셜 미디어 플랫폼에서 하는 광고는 새로운 통로가 되었다. 병원에서 일하는 사회 복지사는 또 다른 출처다. 커뮤니티 그룹들도 마찬가지다. 하지만 이 중 어떤 것도 조직화되지 않고 있다.

고객에게는 제품과 서비스를 발견하는 것이 어려운 일이며, 이는 종종 긴 검색 시간, 부지런한 검색 기술, 엄청난 시간을 요구한다. 당신은 생애 단계 중 하나에서 다음으로 이동할 때 어디서 전환 계획 서비스를 발견하는가? 새로운 단계를 뒷받침하기 위한 재무 설계 서비스를 어디서 발견하는가? 기업에 장수 제품을 판매하고 싶은 회사는 도대체 어떻게 시작해야 할까?

소비자들이 뛰어드는 이 정보 찾기의 여정은 효율적인 경우가 드물다. 소비자가 혜택을 누릴 수 있고 회사는 팔고 싶어 하는 해결책, 제품, 서비스를 직접적으로 연결해주지도 않는다. 예를 들어 〈월스트리트저널〉의 기사 '당신이 옆에 있을 수 없을 때 늙어가는 부모님을 돌보는 방법'은 당신이 검색할 수 있는 훌륭한 정보 소스의 목록을 담고 있다.[2] 하지만 그다음으로 모든 가족은 그들이 사랑하는 사람이나 돌봄제공자를 도울 수 있는 소스를 찾기 위해 세부적인 연구 프로젝트를 수행해야 할 것이다.

돌아다니거나, 질문을 하거나, 그 장소를 스스로 탐색하는 것 이외는 찾을 방법이 없는 거대한 벼룩시장에, 원하는 것과 필요한 것이 서로 다른 수천 명이 몰려나왔다고 상상해보라. 채널이 너무나 비효율적이기 때문에 결국 판매자와 연결된 사람의 숫자는 그 잠재된 가능성에 비해 훨씬 더 적을 것이다. 시장 바닥에 지도가 있다면 도움이 될 것이다. 벼룩시장을 열기 전에 타깃 광고를 하는 것도 도움이 될 것이다. 전문적인 쇼퍼들도. 그 무엇이든. 장수 시장에는 이와 같이 길잡이가 될 연결점들이 종종 빠져 있다.

빠져 있는 것은 누군가의 니즈와 검색을 통합하는 다음과 같은 능력이다; 특정한 조건이나 생애 단계에 비추어 니즈를 파악하도록 도와주는 내비게이터, 그들의 위치에 맞춰 도움을 줄 수 있는 회사와 제품, 서비스 그리고 그 회사에 대한 소개. 이런 빠져 있는 요소들은 AI와 머신러닝의 시대에 해결될 것이다. 만약 플랫폼에 있는 모든 회사가 고객 확보의 어려움과 긴 판매 사이클이라는 문제를 해결할 수 있다면 그런 요소들은 저렴해질 수도 있다.

서비스와 제품을 위한 원스톱 쇼핑 플랫폼은 현재까지 없기 때문에 다양한 장수 고객을 대상으로 판매하기는 어렵다. 소비자가 제품과 서비스를 찾는 주된 방법은 인터넷 검색이지만 특별히 정리된 방식은 아니다. 당신에게 필요하거나 혜택을 얻을 수도 있는 서비스와 제품 유형을 발견하는 데는 노력과 조사 기술이 필요하다. 채널 장애물은 현실이다. 모든 회사는 그들이 직접 소비자에게 판매할지, 어떤 소비자 플랫폼을 사용할지, 직원들에게 제공하는 혜택으로 고용주에게 판매할 지, 아니면 건강보험, 메디케어 어드밴티지 플랜, 메디케어, 메디케이드, 주나 현지 정부 기관, 금융 기관, 혹은 이들의 혼합체에 판매할지를 결정해야 한다.

기업들이 직면한 채널 도전과제의 복잡성을 이해하기 위해 우리는 노령층 성인을 위한 돌봄이라는 하나의 도메인만 살펴보면서, 기업들이 해결책에 집중하기 위해 사용하는 채널의 범위를 검토할 수 있다. 2021년 3월에 나는 피보털 벤처스 및 에이징2.0 콜렉티브와 파트너십 관계에 있는 돌봄제공 CEO들의 원탁회의를 개최했다. 혁신을 향한 그들의 여정에서 고충을 공유하고 해결책을 브레인스토밍하기 위해 15개 기업이 참석했다.[3] 그들이 직면한 장애물과 도전과제 중에 가장 일반적인 것들은 다음과 같다.

- **유통 채널:** 기업들은 소비자 직접 판매 채널을 잃어버린 상태이며, 분열된 의료 채널 문제와 직면하고 있다.
- **시스템 설계:** 가족 돌봄제공자들이 전문적인 돌봄제공팀의 일원이 아닌 경우가 많다.
- **어긋난 인센티브:** 의료 서비스 시스템은 무보수 돌봄제공자에게서 혜택을 얻고 있다. 그리고 3.7조 달러 규모의 의료 서비스 산업 대부분은 건강관리가 아닌, 질병 돌봄과 관련이 있다.
- **시장 인식:** 소비자에 관한 통찰과 데이터에 접근하기가 어려우며, 심지어 누가 소비자인지도 파악하기 어렵다.

원탁회의에서 한 작업은 놀라웠다. 한 실습에서 우리는 열다섯 개의 기업들이 채택하고 있는 아홉 개의 유통 채널을 다양하게 조합해 표로 만들었다. 그 채널들은 우리가 표로 만들기에도 복잡했다. 적절한 제품이나 서비스를 찾고 있는 고객에게는 더 복잡해 보일 것이 틀림없다. 한 CEO는 "가족 돌봄제공자에게 더 잘 접근할 수 있게 해주는 플랫폼이 있다 해도 내가 언니, 그다음엔 남동생, 그다음엔 돌봄제공자에게 이야기할 때쯤이면, 나는 이미 손실을 입은 상태입니다!"라고 말했다.

시장은 더 효율적이어야 한다. 해결책은 오로지 사람들이 거기에 접근할 수 있을 때 그리고 기업들이 해결책을 성공적으로 제공할 수 있을 때 가치가 있다. 다른 많은 시장들은 매우 체계적이고, 조직화돼 있고, 효율적이다. 예를 들어 웨이페어Wayfair와 같은 회사는 가구를 위한 고객을 찾고 확보하는 데 너무나 많은 것이 소요되기 때문에 고객을 놓치거나 확보 비용이 치솟지는 않을까 걱정할 필요가 없다. 그 시장은 서로 깊게 연결돼 있으며 효율적이다.

물론 다양한 장수 기회가 더 심각한 채널 도전과제와 직면하고 있다는 사실은 마케터들이 마음에 깊이 새겨야 할 내용이다. 하지만 이런 도전과제들은 또한 쌍방향 시장을 만들어낼 가장 큰 기회들 중 하나를 의미하기도 한다.

소비자 채널, 소셜 및 플랫폼 채널, 혁신가와 창업자 채널, 이 세 가지 핵심 분야는 추가적인 발전을 위해 무르익은 상태다. 현재 이들 채널에 존재하는 것이 무엇인지 그리고 어디에 기회가 있는지 이제부터 살펴보자.

소비자 채널

당신이 가구를 원한다면, 많은 종류의 가구를 찾을 수 있는 한 장소로 가면 된다. 예를 들어 웨이페어 같은 곳. 영화와 TV쇼를 원한다면, 넷플릭스Netflix, 훌루Hulu 등 선택할 수 있는 다양한 가입 옵션이 있다. 하지만 장수 고객에게 마케팅하려는 모든 제품과 서비스를 위한 통합된 디지털 플랫폼은 현재 존재하지 않는다. 그리고 그런 이유로, 당신이 할 수 있는 데이터 분석도 거의 없다. 장수 고객들은 그들에게 필요한 데이터를 수집할 수 있는 장소로 가지 않기 때문이다. 아마존에서 검색해보면 처음에는 내 집에서 나이 들기에 관한 다양한 책들을 발견할 수 있다. 좀 더 부지런하게 검색해보면 알렉사 케어 허브Alexa Care Hub와 같은 재택 돌봄 제품들과 연결될 수도 있다. 하지만 이들 제품에 관심이 있다는 사실은 사회적 고립을 해결하고, 전환기 계획을 세우고, 새로운 단계를 위해 새로운 목적을 부여하는 일 등의 다른 니즈를 시사할 수도 있다. 그리고 그 제품들은 당신이 찾아낸 제품들과 연결되지 않고, 찾아내기도 쉽지 않다.

4장에서 논의됐던 파파처럼, 채널의 어려움에 대처하려고 노력하는 기업들은 좁은 도메인이나 서브도메인에서부터 시작하는 스케일업 전략scale-up strategy(비즈니스를 빠르게 확장하고 점유율을 확보해 수익과 성장을 극대화하는 전략─편집자)을 이용해서 그렇게 하고 있다. 한 도메인에서 고객 확보에 성공한다면, 점들을 연결하듯 그 고객이 원할 수도 있는 다른 것과 연결되도록 도와주고, 그런 다음 고객 대면 플랫폼으로 확장하고, 더 폭넓은 범위의 정보와 서비스를 포함시키는 것이다.

이와 같은 스케일업이 존재하는 곳은 대부분 돌봄제공 및 내 집에서 나이 들기 도메인과 그 서브도메인들이다. 예를 들어 베스트바이는 2018년 8억 달러가 넘는 돈을 지급하고 그레이트콜GreatCall을 인수하며 장수 소비자 채널을 하나 열었다.[4] 그레이트콜은 사용자가 가족 돌봄제공자와 연락하거나, 컨시어지 서비스를 받거나, 구급요원을 요청할 때 원터치 방식으로 쉽게 이용할 수 있도록 해주는 휴대전화와 웨어러블 기기를 만드는 회사였다. 그 이후 회사는 확장했고, 라이블리Lively라는 이름하에 일일 투약 모니터링을 포함한, 다양하고 혁신적인 건강 및 안전 서비스, 더 많은 연결된 제품들, 심지어 정보 자원까지 제공하고 있다. 또한 베스트바이 헬스Best Buy Health는 응급통신을 위한 기본경보 시스템으로 시작했지만, 원격 건강 서비스로까지 영역을 확장하면서 내 집에서 나이 들기를 위한 더 광범위한 플랫폼이 됐다.

유사한 이야기들이 다른 플랫폼에서도 나오고 있다. 예를 들어 시니얼리는 지역이나 단기 돌봄 의료, 생활지원시설, 기억 돌봄, 독립적 생활 등 필요한 상황에 따라 노령층 성인의 주거 조건을 검색할 수 있는 온라인 플랫폼을 제공한다. 시니얼리는 가장 흔하게 묻는 질문과 고충 사항, 교육 자원, 컨시어지 서비스 등을 위한 정보 소스도 추가했다. 어 플레이스 포 맘 역시 비슷하게 규모를 키웠다. 4장에서 설명한 케이크는 삶의 말기에 발생하는 모든 돌봄 니즈를 제공하기 위해 규모를 키우고 있는 또 다른 도메인 특화 플랫폼이다.

장수 시장에서 더 많이 발전했고, 이해가 더 쉬운 부분인 만큼, 돌봄 제공과 건강 관련 영역에서 더 광범위한 플랫폼이 먼저 개발되는 것은 자연스러운 일이다. 하지만 심지어 이런 영역에서도 온전하게 실현된 쌍방향 소비자 채널은 부족하다. 앞에서 살펴본, 어머니를 산소탱크와 함께 집으로 모셔온 마이는 더 좋은 채널에서 도움을 받을 수 있었다. 장비를 정확하게 설치하고, 언제 어떻게 교체해야 하는지 알고, 어머니가 안전한지 확인하고 싶은 그녀의 니즈는 돌봄 내비게이터로부터 도움을 받을 수 있었다. 하지만 그러려면 돌봄 내비게이터에 대해 알아야 하고, 어디서 어떻게 그들을 찾을 수 있는지 알아야 한다. 돌봄 내비게이션은 여전히 그녀가 필요로 하는 것, 즉 산소탱크만이 아니라 그녀의 어머니에게 필요한 다른 모든 제품 및 서비스와 연관된 정보 자원과 통합되어 있지 않은 분열된 지역 네트워크에 머물러 있다.

게다가 채널을 찾는 어려움에 더해 전체 시스템과 관련된 일부 장애물, 특히 분열된 의료 서비스 시스템과 다양한 노인 돌봄 생태계와 관련된 장애물이 추가된다. 채널이 적절한지는 제품과 타깃 사용자의 복잡성에 달려 있다. 리셀러(제품이나 서비스를 재판매할 목적으로 구입하는 기업이나 개인—옮긴이) 파트너십을 개발한다면 회사의 접근 범위, 서비스의 배치, 지리적 영역, 기술 지원 서비스를 확대할 수 있다.

현재 장수 제품 및 서비스를 위한 가장 흔한 채널 중 두 가지는 메디케어 어드밴티지 플랜과 고용주 혜택 프로그램들이다. 이런 각 유형의 채널과 지급자에 대한 긴 판매 사이클은 모든 회사들이 고려해야 할 요인 중 하나다. 대개 메디케어 어드밴티지 플랜을 대상으로 판매하는 과정은 어떤 보험에서 당신의 서비스나 제품을 제공할지 여부를 선택할 수 있는 해의 1월에 시작된다. 보험 가입 시기는 그 해의 10월에서 12월 사이이다. 이와 비슷하게 고용주를 대상으로 판매할 때는 종종 그 과정을 더 신속하게 처리하기 위해 내부 옹호자를 확보해야 하고, 직원들에게 당신의 제품과 서비스가 보유한 가치를 시연해야 할 수도 있다. 언젠가 장수 시장과 서비스를 위한 쌍방향 시장이 생긴다면, 그 시장은 이런 어려움을 해결할 하나의 새로운 채널이 될 수 있다.

특히 돌봄제공과 삶의 말기 서비스 영역을 넘어서서, 장수 고객들을 위한 포괄적인 서비스 시장이 될 수 있는 많은 기회들은 여전히 남아 있다. 하지만 더 긴 건강수명을 살면서 아직 생활지원시설이나 돌봄제공을 생각하고 있지 않은 사람들을 위한 급성장하는 시장들은 어떨까? 가르치는 일과 멘토링, 자신의 취미를 추구하는 일에 정확하게 집중하고 있는, 타룬과 같은 사람들 말이다. 이들을 도우려고 시도한 플랫폼들이 몇 개 등장했지만 아직 이 분야를 장악하지는 못했다. 타룬이 자신에게 필요한 제품과 서비스를 찾는 일과, 기업들이 소비자로서 그를 찾는 일은 여전히 어렵다.

수많은 도메인과 서브도메인에는 소비자 채널이 통합될 가능성이 존재하지만, 나는 몇 개의 도메인에 걸쳐서 통합할 더 큰 기회도 존재한다고 믿는다. 예를 들어 60세부터 100세가 넘을 때까지, 건강하게 나이 들기의 수많은 구성요소 모두를 위한 계획을 세우도록 도와주는 플랫폼이 있다고 상상해보라. 더 중요하게는, 지속적 학습, 새로운 목적 부여, 전환, 일하기, 새로운 회사 시작하기, 매년 디지털 리터러시 보유자 되기, 참여할 다양한 커뮤니티 찾기, 회고록 쓰기, 유산 개발하기 등 당신이 거칠 수도 있는 수많은 단계들을 상상해보라. 이 중 각각의 일을 할 수 있는 일부 멋진 기업과 기관은 존재하지만, 대다수의 노령층 성인은 그들에 대해 알지 못하고 관련 서비스를 찾느라 고생할 것이다. 그리고 대다수의 기업은 어디서 이런 잠재적인 고객을 찾을 수 있을지 알지 못한다.

통합의 목표는 고객에게 그들이 필요한 것 이상을 한 곳에서 스마트하게 패키지로 만들어 제공함으로써, 그들이 찾고 있는 것 이상을 찾도록 도와주려는 것이다. 이것은 모든 수준에 존재하는 내비게이션을 위한 기회다. 당신은 고객에게 장수 니즈를 향한 지도를 제공하는 것이다.

—
소셜 미디어, 커뮤니티 기반 채널

소셜 미디어는 성장하고 있으며, 장수 시장 내에서 강력한 힘을 가지고 계속해서 성장할 것이다. 기술공포증을 가진 러다이트luddites(영국에서 산업혁명이 가져올 실업 위험에 반대해 기계를 파괴한 노동자의 이름에서 유래된 말로 신기술 반대자를 의미한다―옮긴이)와는 거리가 먼 모든 단계의 노령층 성인들은 소셜 플랫폼을 가장 열렬히 탐하는 사용자들 중 일부다. 특정한 단계에 특화된 플랫폼과 일부분을 장수에 할애하는 더 일반적인 플랫폼으로서, 장수를 중심으로 커뮤니티를 창조하는 일부 기업들의 능력은 장수 고객 확보에 어려움을 겪는 기업들의 고충을 해결하는 데 유용할 것이다.

이들 플랫폼은 종종 사람들을 연결하는 하나의 방식으로 시작된다. 앞 장에서 우리가 살펴봤듯이, 이것은 그 자체가 이 시장을 위한 하나의 서비스다. 특히 자기 집에서 나이 드는 사람들과, 합류할 새로운 그룹을 찾고 있는 르네상스 단계에 있는 사람들을 위해서 말이다. 하지만 이들 플랫폼은 또한 성장하면서 정보 보관소와 제품 판매시장이 될 것이다. 아울러 당신이 하는 사업의 마케팅과 유통 양쪽 모두를 위한 새로운 방안이 될 수도 있다.

우리는 모두 페이스북과 이를 이용하는 노령층 성인의 기반이 거대하다는 사실을 알고 있지만, 소셜 미디어와 커뮤니티의 지형은 훨씬 더 섬세하며 하나의 플랫폼보다 다양하다. 예를 들어 당신은 자연발생적 은퇴 커뮤니티naturally occurring retirement communities, 이하 NORCs를 모를 수도 있겠지만, 그들은 실재하며, 진정한 기회다.[5] NORCs는 상당한 숫자의 노령층 성인이 살고 있는 건물이거나 동네이다. 이들은 계획된 커뮤니티가 아니라 시간이 지나면서 그저 생겨난 것이다. 자신의 집에 머무르며 장수의 시기로 진입하는 사람이 많아지면서 이런 커뮤니티는 더 흔해지고 있다. 그들이 좀 더 독립적인 상태가 되도록 도와주는 비영리기관들이 운영하는 많은 NORCs들은 사회적 고립의 문제를 해결한다. 이들의 서비스로 몇 가지만 예를 들자면 음식 배달, 예방적 건강 조치, 사회적 활동, 차량 이동 등이 있다. NORCs를 지켜보고 있는 기업들은 여기저기에 흩어진 고객 한 명보다 기존의 유기적인 소셜 네트워크인 전체 커뮤니티를 목표로 삼는다.

블루존Blue zones은 살펴봐야 할 또 다른 현상이다. 연구자인 댄 뷰트너Dan Buettner는 사람들이 평균보다 더 오래 사는 지역이나 도시를 확인해 블루존이라고 지칭했다. 이 용어는 소비자 마케팅에서 자생적으로 생명을 얻었다. 식품부터 스킨케어까지 다양한 블루존 제품들이 현재 당신의 생물학적 수명과 건강수명이 늘어나도록 도와줄 제품으로 매장에 나와 있다. 블루존 기관은 소비재를 위한 정보 유통 플랫폼 역할을 맡고 있다.[6]

하와이의 블루존 프로젝트Blue Zones Project는 하와이에 있는 모든 사람이 건강한 선택을 더 쉽게 하도록 도와주는 커뮤니티 차원의 웰빙 개선 이니셔티브다. 그들의 전략은 다음의 전제를 바탕으로 삼는다. 개인의 행동 변화에만 의존하지 않고 전체 커뮤니티가 참여할 때, 작은 변화가 모두를 위한 이익으로 되돌아온다는 것이다. 즉, 커뮤니티 건강을 개선함으로써 개개인의 의료 서비스 비용을 낮추고, 생산성을 개선하고, 삶의 질을 높일 수 있다는 것이다.

많은 건강 이니셔티브들이 다이어트와 운동 프로그램에 초점을 맞추고 있는 반면, 하와이의 블루존 프로젝트는 한 커뮤니티의 환경을 포괄적으로 바꾸는 데 중점을 두고, 개개인이 건강한 선택을 하도록 유도한다. 이 프로젝트는 정책과 건물 디자인, 소셜 네트워크를 통해 웰빙을 개선하는 식으로 체계적으로 접근한다. 진정한 채널 사고방식이라고 할 수 있다.

점점 더 많은 지방자치단체들이 공중보건을 위해 커뮤니티와 소셜 플랫폼들을 바람직한 하나의 연속체로 통합하고 있다. 매사추세츠나 뉴욕 같은 주와 도시들에서는 활동적 노화active aging를 독려하기 위해 협업체들이 결성됐다.[7] 세계보건기구World Health Organization는 활동적 노화를 '사람들이 나이가 들면서 삶의 질을 높이기 위해 건강, 참여, 안전을 위한 기회를 최적화하는 과정'이라고 정의한다.[8] 5장에서 이야기한 것처럼 몬 아미는 현재 기술과 소프트웨어를 제공해 이 협업체의 일부인 기관들을 지원한다.

관리형 돌봄 기관들은 소셜 플랫폼 사업을 시작하고 있으며, 제품과 서비스 추천을 위한 새로운 채널이 되고 있다. 이들에게는 예방적 돌봄을 통합할 재무적 인센티브가 존재한다. 카이저 퍼머넌트Kaiser Permanente와 같은 특정한 통합 의료 서비스 시스템은 비의료용 제품과 서비스 할인, 대안적 주거 조건, 독립적으로 집에 머무르기, 돌봄제공, A부터 Z까지 일반적인 노화 관련 고민, 투약 관리 등 광범위한 자원의 일부를 가입자들에게 제공한다.

이와 유사하게 메이오 클리닉Mayo Clinic에서는 재택 환자에게 종합적이고 복합적인 돌봄을 제공할 의도로 서비스와 제품을 아우르는 새로운 기술 플랫폼을 만들었다.[9] 이 소비자 중심 모델은 유통채널이 될 수도 있다.

• • •

이런 커뮤니티 기반의 모든 소셜 미디어 채널, 혹은 소비자 채널은 정보에 접근할 수 있게 해주지만 대부분의 소비자들은 아직도 그들에 대해 알지 못한다. 우리는 그런 접근을 더 가속화할 필요가 있다. 그렇게 하는 과정에서 우리는 정보와 제품, 서비스의 유통을 위한 새로운 채널을 제공하게 될 것이다. 이들 각각의 채널이 당신 혹은 당신의 고객이 처한 18단계 각각과 연결될 수 있다고 상상해보라. 졸라Zola(미국의 웨딩 플래닝 회사—옮긴이)를 통해 다양한 결혼식 선물을 찾는 것과 같은 방식으로, 당신은 당신의 단계를 지원해줄 다양한 제품과 서비스를 찾을 수 있다.

—

혁신가와 창업자를 위한 채널

혁신가로서 당신은 스타트업에 대한 정보를 찾기 위해 피치북PitchBook, 크런치베이스Crunchbase, CB 인사이트CB Insight에서 제공하는 데이터베이스를 살펴볼 수 있을 것이다. 거기서 당신은 몇 개의 단계를 위한 돌봄제공, 자택 돌봄, 노화 분야의 벤처에 대한 정보를 일부 발견할 수도 있을 것이다. 그리고 그들 창업자들에게는 잠재 고객과 접촉하기 위한 더 좋은 방법이 필요하다. 이 데이터베이스에서 '장수 기업'을 검색해보면 종종 수명 연장을 위한 생물제제와 정밀의학 치료법을 개발하는 스타트업과 연결될 것이다.

18개의 모든 단계와 관련된, 더 광범위하게 정의된 장수 시장, 즉 자신이 늙었다고는 생각조차 하지 않은 사람들이 포함된 시장에 존재하는 역동적이고 성장하는 숫자의 기회에 관한 정보는 훨씬 발견하기가 힘들 것이다! 이 책 전체에 걸쳐서 내가 이야기해온 레저, 여행, 두 번째 경력, 학습, 커뮤니티 구축 등의 모든 기회는 창업 생태계에서 그 존재를 더 키울 필요가 있다.

장수 시장에는 다양한 혁신의 구성요소와 관련된 새로운 플랫폼들이 몇 개 더 등장하고 있다. 새롭게 등장하는 몇 개의 협업체와 액셀러레이터들은 한 가지 형태의 혁신 채널이 될 수 있으며, 시간이 지나면서 이를 장수 고객에게까지 확대할 수 있다. 넷플릭스는 영화를 위한 채널의 어려움을 해결했고, 웨이페어는 가구에 관한 어려움을 해결했다. 우리는 건강한 노화와 장수를 위해서도 이 문제를 해결할 필요가 있다.

예를 들어 미국은퇴자협회는 장수 고객을 위한 제품이나 서비스 개발을 돕도록 해처리Hatchery 혁신 연구소를 출범시켰다. 만약 해처리가 어떤 회사를 매입하거나 그 회사에 투자하기로 선택한다면, 미국은퇴자협회의 승인을 받아 새롭게 인수한 회사의 제품 혹은 서비스의 유통을 지원할 수 있다.

해처리의 목표는 창업자 커뮤니티를 지원하고 50세가 넘는 사람들을 위한 대담한 서비스와 제품, 해결책을 만들어내는 것이다. 해처리는 또한 실리콘밸리 이노베이션 챌린지 같은 행사나 라이브 피치 행사(기업가가 투자자들에게 사업을 홍보하는 행사―편집자)를 금전적으로 후원한다. 이 혁신 연구소는 다른 액셀러레이터와 파트너십을 맺어왔으며, 최근에는 에이지테크 콜라보레이티브를 출범시켜서 장수에 집중하는 기업들의 발전에 투자하고 지원하며, 혁신을 실험하기 위해 시험대가 될 기관들을 연결해주고 있다.

에이징2.0 콜렉티브는 전 세계에서 노화 분야의 혁신을 활성화하고 독려하기 위해 만들어진 또 다른 이니셔티브다. 여기에는 80개국이 넘는 국가의 혁신에 관한 8년 이상의 데이터가 포함된다. 2000개 이상의 기업들이 이 플랫폼을 사용하고 있다. 이 콜렉티브의 데이터베이스는 특정한 지리적 위치에서 매칭을 촉진하는 데 도움을 주는 120명의 대사들에게 의존한다. 이 콜렉티브의 의도는, 인구 규모가 더 작은 국가들을 기반으로 삼고 있지만 보유하고 있는 장수와 노화를 위한 혁신 시스템은 현재 미국에 존재하는 수준을 넘어서는 기업들을 위해 새로운 유통 채널을 제공하는 국제적인 플랫폼이다.

영국에 기반을 둔 에이지테크 액셀러레이터AgeTech Accelerator는 장수 도메인 중에서 의류, 교통, 유산, 학습을 포함한 36개의 도메인과 수많은 노화 돌봄 서비스와 제품을 다루는 기업을 1000개 이상 찾아냈다.[10] 이 액셀러레이터는 이들 기업을 세 개의 범주로 묶었다.

- 성숙했고, 관심은 부족하지만 통합이 필요한 영역을 공략하는 기업
- 현재 발전이 집중된 영역들을 공략하는 기업
- 가정 내 진단, 감각 보조, 강화식품(영양가를 높일 목적으로 비타민, 무기질 같은 영양소를 첨가한 식품—옮긴이)과 음료, 이동성 지원, 로봇공학과 같은, 미래 기회와 시장 내 격차를 공략하는 기업

앞서 4장에서 언급했듯이, 더 최근에 진입한 곳은 2020년에 피보털 벤처스와 파트너십을 맺은 새로운 테크스타스 '장수 액셀러레이터의 미래'다. 이 액셀러레이터는 노령층 성인의 돌봄제공자들과 돌봄대상자들을 위한 해결책을 개발하는 데 초점을 맞춘다. 아울러 3년이 넘는 액셀러레이터 프로그램 동안, 피보털 벤처스는 가족 돌봄제공자를 지원하는 연방 차원의 포괄적인 유급 휴가 정책을 통과시키기 위해 함께 일하는 파트너들과 만든 연합체의 일부로 활동한다. 그뿐 아니라 가족들의 변화하는 니즈에 시장이 더 빠르게 대응할 수 있도록 하면서, 그런 니즈를 해결하는 데 집중하는 몇몇 기관과 이니셔티브를 지원하고 있다.[11]

· · ·

새롭게 등장하는 혁신 플랫폼과 더불어, 소비자 플랫폼과 소셜 네트워크의 탄생은 제품과 서비스를 위한 더 효율적인 시장을 만들었다. 그들이 규모를 키우고 성공을 모색하는 데 장애가 되는 고객 확보 비용을 절감하고, 100세가 넘어서까지 살게 된 수백만 명의 삶을 개선할 것이다.

최종 소비자에게 접근하기 위해 앞에서 설명한 기존 플랫폼들을 이용하는 것을 권장하는 만큼이나, 우리는 YMCA와 YWCA와 같은 커뮤니티 기관들이 플랫폼이 되어 기업들이 그 구성원들에게 가상, 혹은 대면으로 서비스와 제품을 유통하는 모습을 점점 더 많이 보게 될 수도 있다. 이와 같은 특정 커뮤니티 기관들은 다중세대 커뮤니티를 공략하기 때문에, 다양한 세대에게 혜택을 제공할 수 있는 상품을 파트너십을 통해 유통할 수 있다.

하지만 이런 모든 진전에도 불구하고, 장수의 전체 범위와 건강한 노화를 위한 제품과 서비스를 다루는 원스톱 구매, 혹은 유통채널은 존재하지 않는다. 따라서 플랫폼을 통합하는 것은 장수 시장에서 기회를 찾기 위해 내가 최우선으로 제안하는 사항 중 하나다(7장 참조). 소비자, 소셜 미디어, 커뮤니티 기반 플랫폼 등 다양한 기존 플랫폼들이 통합돼 실제 장수 고객이 여기에 접근할 수 있게 하는 일 말이다. 그런 통합은 유통을 강화하고 기업들을 위한 채널의 어려움을 해결할 것이며, 서비스와 제품에 접근할 수 있도록 해줄 것이다. 분명히 밝히자면, 일부 연방 및 주 정책들과 민관 파트너십 역시 건강한 노화를 뒷받침하는 데 필요한 해결책에 대한 접근을 강화할 수 있을 것이다. 이 문제는 7장과 8장에서 다룰 것이다.

—
국제적 관점

흥미롭게도 국민에게 제공하는 사회·의료 서비스와 시스템에 더 많은 재정을 투입하는 국가들에서 채널이 더 잘 발달한다. 영감이 필요하다면, 분열된 미국 시스템이 직면한 고객 확보나 유통상의 어려움을 겪고 있지 않는, 세련된 채널을 가진 국가들을 살펴보라. 영국, 덴마크, 싱가폴, 이스라엘, 캐나다는 더 효율적인 시장과 유통 채널을 만들었고, 지금은 장수의 돌봄제공 부분만이 아닌 더 포괄적인 장수 시스템을 만들어가고 있다.

이들 국가는 디지털 리터러시 프로그램과 노령층 성인의 교육 및 일자리 확대를 위한 국가적 노력을 통해 건강한 노화와 장수의 다양한 니즈를 해결하고 있다. 이들은 부분적으로 정부 기관을 통해 후원과 지원을 받는다.

덴마크는 종종 모방해야 할 최고의 모델로 간주된다. 이스라엘에서 노령층 성인들을 위한 서비스를 계획·개발하는 연합체인 합동유통위원회 에셀Joint Distribution Committee-Eshel의 CEO를 맡고 있는 요시 헤이만Yossi Heymann은 이스라엘의 장수 시장에 대한 포괄적인 접근 방식에 영감을 제공한 것이 무엇이냐는 질문에 이렇게 대답했다. "우리는 덴마크로 갔습니다!" 그는 곧바로 이어서 2018년 7월 덴마크 코펜하겐에서 열린 '지혜를 위한 포럼Forum for Wisdom' 회의에 참석한 이스라엘 사절단의 보고서는 고용과 연금을 위한 '덴마크 모델'과, 싱크탱크로 불리는 기관, 즉 덴마크 연금 회사인 PFA의 일부인 뉴 서드 에이지New 3rd Age(중년기를 대체해 사용되는 용어로 40세 이후 30년 동안 자아실현을 추구하는 단계를 뜻함—옮긴이)가 그 결과로 내놓은 제언을 인용했다고 설명했다.

덴마크 싱크탱크는 건강, 일하는 삶에서 은퇴로의 전환, 주거를 세 가지 핵심 주제로 삼아 집중했다. 그들은 다중단계 생애의 개념과 커리어의 낡은 3단계 모델(교육, 일, 은퇴)을 새롭게 바꾸는 것을 수용했다. PFA 싱크탱크의 보고서 '서드 에이지의 행복한 삶'에 요약된 서른 세 가지 제언은 이스라엘과 같은 곳에서 현재 받아들여지고 있다.[12] 가장 인상적인 내용은 다음과 같다.

- 기업가정신에 투자
- 평생학습에 개인적으로 전념하기
- 경력 전환을 위한 교육 자금
- 혁신적인 플랫폼 경제 모델을 개발하기 위한 파트너십
- 자신의 집에서 건강을 지원하는 기술
- 자원봉사에 참여할 더 좋은 기회

이 모든 것이 비즈니스와 혁신의 기회다. 그리고 채널과 잘 결합될수록 기회는 더 커진다.

기업가와 마케터를 위한 제언

○ 당신의 제품과 서비스를 유통시키기 위해 다양한 소비자 플랫폼을 찾으라.

○ 나이 많은 소비자와 그들에게 영향을 행사하는 자녀와 같은 소비자에게 접근하기 위해 소셜 미디어와 웨비나를 활용하라.

○ 고용주, 메디케어 어드밴티지, 보험회사 들을 상대할 때 긴 판매 사이클을 이해하라.

○ 당신의 제품과 서비스의 고객을 위한 새로운 플랫폼을 창조하는 문제를 고려하라.

○ 전략을 개발할 때 고객 확보 문제를 기억하라.

○ 장수 고객에게 접근하기 위해 빌리지 투 빌리지 네트워크의 네트워크들(4장 참조), 지역노화담당기관(5장 참조), 다양한 건강한 노화 협업체와 현재의 기타 플랫폼들을 활용히라.

7장

떠오르는
창업 기회

———

벤처캐피털과 기업가정신은 오랫동안 젊은 쪽으로 편향돼왔다. 젊은 투자자들은 대부분 젊은 사람들을 공략하는 제품 아이디어를 가진, 젊은 기업을 운영하는 젊은 혁신가들을 지원해왔다. 하지만 벤처캐피털 생태계에 있는 돈과 인재들을 위한 엄청난 기회는 떠오르는 장수 경제에 있다. 이미 일부 벤처캐피털은 이 시장을 향해 다가오고 있다. 산업의 유력자들이 참여하면서 노령층 성인이 원하고 필요한 것을 지원하는 아이디어를 뒷받침하는 방향으로 자본을 이동시키고 있다. 창업 생태계 역시 새로운 생애 단계에 있는 노령층 성인들을 지원하고 육성하면서 이익을 얻을 것이다. 이 사람들은 소위 올더프러너라고 불리는 창업자가 되고 싶어 하며, 장수를 위한 강력하고 혁신적인 아이디어에 풍부한 경험과 새로운 에너지를 가져올 것이다.

———

앨런 패트리코프Alan Patricof는 벤처캐피털계의 전설이다. 가장 초기에 잡지 〈뉴욕New York〉에 했던 투자부터 에이팩스 파트너스Apax Partners라는 자신의 사모펀드를 창업하고 최근에는 그레이크로프트 파트너스 Greycroft Partners라는 벤처캐피털을 창업하기까지 패트리코프는 아메리카 온라인America Online, 오피스디포Office Depot, 애플Apple, 오디블Audible과 같은 주요 미국 기업들의 발전사에서 일부를 차지했다.

따라서 패트리코프가 투자하려는 움직임을 보이고 거기에 대해 이야기하면, 사람들은 그가 벤처캐피털과 스타트업 커뮤니티에서 변화하고 있는 통념에 도전했을 때처럼 관심을 기울인다. "벤처캐피털 자금이 오랫동안 무시해온 분야인 노령층 성인을 위한 제품과 서비스, 기술을 구축하고 거기에 투자하는 것은 우리의 책임이자 기회입니다. 게다가 우리가 투자한 노령층 성인들은 간과해서는 안 되는 소중한 지식과 경험을 가지고 있으며, 멋진 아이디어를 테이블로 가져오고 있습니다. 85세에 저는 어떤 일들이 가능하며, 무엇이 사회를 진전시키는지를 알리는 대변인이 되고 싶습니다."[1]

이것은 그가 2020년 트라이브 글로벌Thrive Global의 전 회장이자 소울사이클SoulCycle의 전략 부문 시니어 부회장을 역임한 45세의 애비 밀러 레비Abby Miller Levy와 파트너가 되어, 노령층 성인에게 돌봄을 제공하는 스타트업에 투자하는 벤처캐피털 펀드인 프라임타임 파트너스Primetime Partners를 설립했을 때 한 말이다. 이 두 사람은 팬데믹 기간 중에 3200억 달러를 조달했다. 그들의 목표는 노령층 성인이 온라인에 접속하지 않고, 물건을 사지 않고, 행동을 바꾸지 않는다는 신화에 저항하는 것과 다름없다. 패트리코프와 레비는 이 그룹이 이런 일들을 하고 있으며, 앞으로도 그럴 거라고 믿는다.

그들은 옳다. 이 새로운 펀드의 발표가 고무적인 만큼, 똑같이 희망적이고 뉴스로서 가치 있는 다른 사실도 있다. 패트리코프는 경험이 많고 성공한 벤처캐피털리스트로서 이것이 엄청난 기회임을 인정했다. 하지만 그 자신도 85세의 나이에 활동적인 파트너이자 창업자가 될 것이기도 하다. 프라임타임 파트너스의 관심사 중 일부는 나이 많은 창업자들을 지원하는 것이다.

—

장수 벤처캐피털이 추진력을 얻다

프라임타임 파트너스는 시드 단계와 초기 단계에 투자하면서, 내 집에서 나이 들기, 은퇴자를 위한 재정적 안정, 돌봄 관리, 장수 건강 서비스, 소비자 경험의 증진을 위한 제품, 서비스, 기술에 투자한다는 포트폴리오 전략의 윤곽을 보여준다. 자신의 경험을 활용하기 위해 새로운 회사를 설립하는 노령층 성인에게 투자하는 것은 벤처 펀드에는 새롭고 중요한 접근 방식이다. 아울러 패트리코프와 레비는 돌봄 제공 단계에 있는 사람들을 위해 의료 보건 공급 제품, 식사 대용품, 재택 돌봄 교육 서비스를 제공하는 케어웰Carewell이라는 회사와 플랫폼을 지원하고 있다.

물론 창업 기회는 나이에 관계없이 모든 혁신가에게 확대되지만, 노령층 성인의 관점과 니즈를 이해하는 팀 구성원이 있으면 그들로부터 혜택을 얻을 수 있을 것이 분명하다. 나이가 아니라 단계가 중요하다는 관점을 가져오는 누군가로부터도 혜택을 얻을 것이다. "누군가를 위해서가 아니라 누군가와 함께 디자인하라"는 노령층 성인을 위한 혁신 개발의 표준 신조다. 앞에서 지적한 바대로 크고, 베이지색이고, 따분한 것은 유행에 뒤떨어졌다.[2] 다중세대 장수 고객에게 매력적인 스텔스 디자인은 인기가 있다. 50세에서 60세는 끝이 아니라 새로운 시작이다. 팀에 나이가 더 많고 경험이 많은 기업가를 참여시키는 것이 중요하다는 사실은 연구결과가 뒷받침한다. 새로운 창업자들 중 55세부터 64세 사이의 비율은 1996년 15퍼센트였지만 점차 높아져서 2019년에는 25퍼센트를 넘어섰다. 2020년에는 55세 이상인 사람들이 미국 내 소기업의 43퍼센트를 소유했다.[3]

이 책의 앞부분에서 설명했듯이, 나는 창업자들과 혁신가들의 성장하는 모임을 묘사할 때 점점 더 자주 사용되는 올더프러너라는 용어를 쓰고 있다. 다른 많은 이들도 그렇게 한다. 하지만 이 용어가 가장 우아하다고 말할 수는 없다. 이 용어는 혼합된 관점을 보여주기 때문이다. 하지만 프라임타임 파트너스가 언급하는 개념들 중 한 가지를 포착하고 있을 뿐만 아니라, 창업자는 대부분 30세 미만이고 '은퇴 연령'이 된 벤처 파트너는 없다는 고정관념에 저항하도록 도와준다. 많은 이들이 실제로 그렇다. 그리고 그 사실은 해당 투자에 바람직하고 가치 있는 일이다.

기업 내부나 독립 펀드 양쪽에서 일하는 벤처캐피털리스트들은 이런 엄청난 투자 기회를 점점 더 많이 인식하고 있다. 선도적인 회사들은 대부분 이 영역에 투자하고 있다. 거기에는 안드리센 호로위츠Andreesen Horowitz(a16z로도 알려짐), 블루 벤처 펀드Blue Venture Fund, 코슬라 벤처스Khosla Ventures, 메버릭 벤처스Maverick Ventures, 오크 HC/FTOak HC/FT, 고어헤드 벤처스GoAhead Ventures가 포함된다. 패트리코프와 밀러 레비의 프라임타임 파트너스는 제너레이터 벤처스Generator Ventures, 매그니파이 벤처스Magnify Ventures, 포트폴리아Portfolia, 스프링뱅크 콜렉티브Springbank Collective, 세븐와이어 벤처스7wire Ventures와 같은, 장수 기회에 특화된 펀드들과 한 그룹이 됐다. 이 시장 내에는 예를 들어 시니어 주거처럼 특정한 단계와 도메인에 특화된 펀드들도 존재한다. 이 회사들은 시니어 주거단지와 제휴관계를 맺고, 그곳에서 테스트 제품과 서비스를 위한 베타 사이트를 구축해왔다. 보스턴 지역에 있는 브룩데일 시니어 리빙Brookdale Senior Living과 히브루 시니어 라이프Hebrew Senior Life는 모두 노령층 성인에게 도움이 될 제품과 서비스에 대한 연구 기회를 제공한다. (장수와 건강한 노화 기회에 투자하는 수많은 유명한 벤처 회사들의 사례는 부록에 포함돼 있다.)

하지만 앞서 논의한 대로, 이 기회의 범위는 시니어 주거단지에 사는 사람들만을 위한 것에 그치지 않으며, 그보다 훨씬 더 넓다. 내 집에서 나이 들 사람들의 90퍼센트 이상과 5Q의 우산 아래 생애 18단계에서 일어날 수많은 전환기를 위한 제품과 서비스를 디자인해야 할 엄청난 니즈가 존재한다. 더 중요한 점은, 길어진 삶을 뒷받침할 재정적 웰니스를 가능하게 만들 새로운 재무 상품이 필요하다는 것이다.

또한 장수 시장은 벤처캐피털의 다른 전통적인 지혜의 일부를 뒤집어놓을 수도 있다. 대개 펀드들은 유니콘을 찾는다. 가치가 10억 달러에 달할 수도 있는 회사들 말이다. 하지만 장수 시장은 유니콘을 향한 불타는 욕망을, 우량한 시장 수익률에 더해 엄청난 사회적 영향을 가진 임팩트 투자impact investing(사회적 책임 투자에 속하는 개념으로 사회나 환경 문제에 긍정적 영향력을 발휘할 수 있는 기업을 적극적으로 찾아 장기적으로 투자하는 행위—옮긴이) 모델로 바꾸고 있는 것으로 보인다. 다가올 몇 년 동안 임팩트 투자자들은 이노베이션즈 포 임팩트 펀드Innovations for Impact Fund의 아마바와 메모리웰에 대한 투자, 리씽크 임팩트Rethink Impact의 웰시에 대한 투자는 물론, 에머슨 콜렉티브Emerson Collective의 템보 헬스, 굿트러스트GoodTrust, 프리윌에 대한 투자처럼 이런 기회에 참여할 것으로 보인다.

하지만 장수를 중심으로 한 투자 테마를 보유하지 않은 벤처 펀드들이 많으며, 이를 개발하겠다는 약속을 한 곳도 너무나 적다. 내 동료이자 하버드대학교 경영대학원의 강사인 롭 체스Rob Chess가 이 기회를 1980년대의 소프트웨어 붐과 1990년대의 인터넷에 비유했듯이, 이는 역사상 가장 큰 기회 중 하나다. 그런 만큼, 이를 놓치는 것은 또 다른 엄청난 실책이다. 체스는 이렇게 말한다. "인구통계학적 트렌드를 감안할 때 나는 이 기회가 더 크고 더 확실하다고 생각합니다. 모든 사람이 여기에 투자했기를 바라게 될 겁니다."[4]

벤처 투자에 가용한 자본의 규모는 지난 40년간 극적으로 성장했지만, 노령층 성인 시장이 성장한 것은 지난 5년 동안뿐이었다. 새로운 투자의 많은 부분은 노인 돌봄과 가정 헬스케어 분야의 예측 가능하고 성숙한 시장에 투입됐다. 투자 규모는 2020년에 11억 달러를 넘어섰지만[5] 벤처캐피털 커뮤니티에서 나이가 아닌 단계, 더 길어진 건강수명, 이런 접근 방식이 시사하는 바를 이해하는 속도는 여전히 느리다.

확실히 자리를 잡은 벤처 펀드들은 왜 그들이 이 영역에 아직 투자하지 않았는지를 설명하면서, 그들이 이 기회에 늦었던 이유로 다음 세 가지를 언급한다. 첫 번째로 많은 투자자들이 여전히 인구통계학적으로 사고한다. 당신이 장수를 말하면 그들은 여전히 시니어 시설, 낙상 방지, 전통적인 노인 돌봄 니즈를 생각한다. 그들은 이 기회에 대해 연령차별적인 관점을 가지고 있을지도 모른다. 그들은 '노령층 성인'을 좁게 생각한다. 노화하는 인구를 인구통계학적으로 이해할 수 있는 사람들이라 할지라도, 늘어나는 건강수명과 노령층 성인이 겪을 수도 있는 많은 단계들이 던져줄 시사점을 이해하는 데는 시간을 들이지 않았다. 그들이 그 사실에 대해 생각해보지 않았다면, 이 책의 독자들이 보유한, 여러 세대가 관여하는 시장의 본질과 사용자, 지급자, 제공자의 미묘한 차이에 대한 정교한 이해를 발전시켰을 가능성은 더 희박하다. 간단히 말해, 그들은 여기에 시간을 투자하지 않았다.

두 번째로는 앞에서 언급한 대로, 벤처캐피털 회사들은 대개 유니콘을 찾는다. 장수 시장의 투자 방식은 리스크가 높은 수많은 투자 후보 중에서 최소한 하나의 커다란 성공사례를 찾는 전통적인 방식보다, 사회적 선이 자금 회수의 경제성에 우선하는 임팩트 투자와 조금 더 가깝다. 그렇다 할지라도 아너와 파파 헬스Papa Health 두 장수 스타트업은 기업가치 10억 달러가 넘는 유니콘의 위치에 도달했다. 그리고 이는 새로운 투자 욕구를 시사하는 일일 수도 있다.

세 번째로 투자자들은 성공한 엑시트exit 사례를 많이 지적할 수 없다. 엑시트는 인수나 상장이 돼서 양호한 수익을 내는 투자를 가리키는 벤처캐피털 분야의 용어다. 대부분의 회사들은 아마도 그들이 알고 있는 다음 네 가지 경우를 지적할 것이다. 2018년에 베스트바이가 8억 달러의 현금을 주고 그레이트콜을 인수한 건, 2019년에 IAC가 (2014년에 앞선 최초 주식 공개 이후) 5억 달러에 케어닷컴을 인수한 건, 2006년 티비티 헬스Tivity Health가 실버스니커스SilverSneakers를 매입한 건, 2018년에 아마존이 7억 5300만 달러에 필팩PillPack을 인수한 건(부록의 표 A-4를 참조하라)이다. 리스크 관리라는 토대 위에 세워진 사업에서 그 정도는 대단한 경기 기록이 아니다. 성공적인 엑시트가 드물다는 사실은 펀드들이 장수에 투자를 해서는 안 된다는 풍부하고 측정된 증거를 제공한다. 물론, 이런 결론은 전형적인 캐치22Catch-22(이러지도 저러지도 못하는 딜레마 상황—옮긴이)다. 회사들은 투자하기 위해 성공적인 엑시트를 보고 싶어 하지만, 성공적인 엑시트를 보려면 투자를 해야 한다. 이 딜레마를 통과할 유일한 방법은 과거 성과와 상관없이 일부 회사들이 용감하게 진입하는 것이다. 이런 용감한 움직임은 이미 일어나기 시작했다. 이 기업들이 그곳에 처음으로 들어가서 보상을 받을 것을 기대하라.

전통적인 노인 돌봄 시장을 넘어서는 기회의 범위와 니즈의 스펙트럼을 감안할 때, 우리는 이 책에서 선별한 많은 도메인과 서브도메인, 단계들 그리고 아직 대부분의 투자자나 창업자의 레이더에 뜨지 않았을 수 있는 일부의 훨씬 더 실제적인 투자를 봐야 한다. 제이피모건의 연례 헬스케어 콘퍼런스와 같은 주요 투자 콘퍼런스에서 장수 기회에 초점을 맞춘 기업 전용 세션을 열기 기대해보라.

—

창업자들을 위한 새로운 기회

기회는 장수 시장의 모든 단계에 걸쳐 십여 개의 도메인과 서브도메인에 존재한다. 돌봄제공 단계만 놓고 볼 때, 니즈와 니즈를 충족시킬 제품의 범위는 무려 26개나 되는 도메인과 서브도메인으로 나뉜다. 그럼에도 똑똑한 투자자들은 스스로를 돌봄제공에만 한정하지 않을 것이다. 앞 장에서 요약한 것처럼, 노화 도메인은 장수 시장의 한 조각에 지나지 않는다. 장수 시장 기회의 많은 부분은 4장에 기술돼 있다. 다음은 대부분의 기업가나 투자자들의 레이더에는 아직 등장하지 않았을 수 있지만, 장수 시장과 거기에 자본을 투자한 똑똑한 투자자들에게 필수불가결하게 될 몇 가지의 추가적인 기회들이다.

디지털 리터러시와 디지털 격차

광대역 인터넷에 접속할 수 있는 노령층 성인의 숫자가 상당히 늘어났음에도 불구하고, 다른 그룹들보다는 여전히 적다. 미국에서는 65세가 넘는 인구의 42퍼센트가 인터넷에 접근을 못하고 있다. 지금은 점점 더 많은 제품과 서비스가 인터넷 접속을 요구하는 시기이다. 지금도 그렇지만 앞으로도 헬스케어, 음식 서비스, 오락 같은 기본적인 서비스에서 디지털 접속이 주된 공급 매개체가 되는 일이 점점 늘어날 것이다. 또한 디지털 접속은 집에서 나이 들고 있는 사람들을 위협하는 외로움을 줄이도록 도와주는 핵심 도구이기도 하다. 건강수명이 늘어나면 디지털 도구에 대한 접속과 디지털 리터러시도 늘어나야 할 것이다.

대부분의 노령층 성인은 기술을 이용하지만 스스로 가장 최신 기술에 완벽하게 능통하다고 여기는 사람은 거의 없다. 하지만 그들에게 그럴 의사가 없다고 오해해서는 안 된다. 노령층 성인들은 새로운 기술, 특히 그들이 독립적으로 살도록 도와줄 기술을 기꺼이 배우려고 한다. 새로운 기술을 따라잡기 위해 이런 접근권과 지속적 학습을 제공하는 것은 기업가들에게 주요한 기회다.

코로나19 팬데믹은 사람들이 가족, 친구, 의사, 정보와 연결하기 위해 의존했던 줌과 같은 기술을 이용해 디지털 리터러시를 가속화했다. 하지만 다음과 같은 질문이 제기된다. 왜 디지털 리터러시의 이런 부분을 가속화하기 위해 팬데믹이 필요했을까? 기획력이 있는 발명가들은 사람들이 강요받기 전에 그런 발전을 이끌 수도 있었을 것이다. 노령층 성인은 적응을 할 수 있는 것으로 판명됐지만 그들의 역량을 높여줄 지원 서비스가 부족했다. 시니어 플래닛Senior Planet이나 OATS(노령층 성인 기술 서비스)와 같은 일부 새로운 기관들이 이 기회를 포착했고, 노령층 성인에게 기술 안내와 지원을 제공한다.

일부 국가에는 디지털 접속과 리터러시에 존재하는 격차를 해결하기 위한 전국적인 교육 프로그램이 있다. 미국에서는 몇 개의 탁월한 비영리기관이 이 이슈를 해결하려고 노력하고 있다. 덴마크와 이스라엘은 디지털 리터러시 분야에서 새로운 기술과 플랫폼을 따라잡기 위해 국가적인 후원하에서 모든 사람을 그저 한 번이 아니라 여러 차례 교육시키는 이니셔티브들을 만들었다. 이들 국가에서는 그런 교육을 제공해줄 사람으로 지금 현재의 노령층 성인은 손주들에게 의지할 수 없다는 사실을 이해한다. 엄청난 수요가 생기게 될 것임에도 불구하고 등장한 영리기업들은 몇 개밖에 되지 않는다. 전반적으로 디지털 리터러시 분야에 영리성 투자는 널리 퍼지지 않았다. 좀 더 많이 등장할 필요가 있다.

내비게이터

6장에서 우리는 통합된 채널이 부족한 탓에 장수 기회들이 복잡하고 헤쳐 나가기 어려운 분야가 됐음을 살펴봤다. 그런 복잡성을 이해하고 사용자, 구매자, 지급자를 위해 이를 단순화할 수 있는 창업자는 큰 성공을 거둘 것이다. 코인베이스Coinbase와 같은 플랫폼 회사를 생각해보라. 이 회사는 장수 시장과는 아무런 상관이 없다. 그저 가상화폐 시장을 이해하고 참여하기 위한 플랫폼이다.

가상화폐는 복잡한 기술로 악명이 높다. 그리고 가상화폐를 위한 시장은 비슷하게 복잡미묘하다. 그런 이유로 주로 기술적으로 요령이 좋은 사람들이 참여하며, 도입 수준이 낮았다. 코인베이스는 보통 사람들이 그런 복잡성을 편하게 헤쳐 나가도록 도와줌으로써 누구나 암호화폐를 이용할 수 있게 한다는 목표를 세웠다. 그 결과로 이 회사는 유니콘이 됐다.

장수 시장에도 똑같은 기회가 존재한다. 그것이 돌봄, 삶의 말기 서비스를 안내하는 데 도움을 제공하는 것이건 다른 어떤 것이건 상관없이, 하나의 플랫폼이 성공하기 위해서 내비게이션을 통한 보조를 제공하는 것보다 훨씬 더 많은 일을 할 필요는 없다. 4장에서 소개한 플랫폼 케이크는 그들 자신을 복잡한 삶의 말기 시장의 내비게이터로 본다. 메디케어를 신청할 자격이 있는 사람과 그들의 가족 구성원들이 최고의 보험을 선택할 수 있도록 도와주는 회사도 등장하고 있다. 내비게이터들은 그들이 돋보이도록 도와주는 두 가지를 제공하는 경향이 있다. 바로 지식과, 전문가가 제공하는 컨시어지 같은 안내이다.

전환 계획하기

장수 시장에 존재하는 수많은 단계들을 감안할 때, 우리는 노령층 성인이 그들의 마지막 40년 동안 몇 개의 단계들을 누리게 될 것임을 안다. 나는 18단계를 제시했지만 당신은 다르게 정의할 수 있고, 시간이 지나면서 새로운 단계들이 등장할 수도 있다. 단계에서 단계로 이동하려면 계획이 필요하다. 창업자들은 이런 전환을 쉽게 이루도록 도와줄 회사를 설립할 수 있다. 몇 개만 예를 들자면 아마바, 아이리론치, 리부트 엑셀ReBoot Accel, 노우 유어 밸류Know Your Value와 같은 기업들이 바로 그런 일을 해왔다. 이들 회사에서 AI는 사람들이 여러 단계를 거칠 때 가능성 있는 경로를 파악하고, 다음 단계 옵션들을 파악하도록 돕고, 그들을 장소, 니즈, 인재, 학습, 새로운 기술 배우기 자원과 연결해주는 역할을 할 수 있다. 이와 관련된 것으로는 개인만이 아니라 회사에도 판매가 가능한 직장 재입사 혁신과, 사람들이 더 길어진 삶의 다양한 단계에서 자신의 목적과 우선순위를 새롭게 정의할 수 있게 도와주는 서비스일 것이다.

전환 계획에 속한 기회들의 또 다른 흥미로운 측면은 장수 단계가 아닌 단계들, 즉 Q1과 Q2 사이에 있는 사람과 기관을 목표 대상으로 삼는 전략이다. 기업은 개인과 기관이 은퇴 없는 미래와 재정적 안정 형성 단계 이후의 더 복잡한 경로를 위한 계획을 세우도록 도와줄 수 있다. 또 다른 기회로는 고등학생, 대학생, 젊은 전문가 들이 다중단계 생애 코스라는 장수 렌즈를 통해 그들 자신의 삶을 설계하고 지도를 그려보기 시작하도록 도와주는 일이 있다.

AI 기반 도구들

AI가 여러 도메인에 걸쳐 있는 수많은 혁신을 관통하는 존재가 될 것임은 자명하다. 따라서 단순히 장수 제품을 개발하는 다른 기업들을 위한 AI 서비스를 제공하는 것은 아마도 실행 가능한 전략일 것이다. 예를 들어 장소에 특화한 고객 수요를 모델링하기 위해 지리적, 인구통계학적, 감각 데이터를 활용하는 AI 모델을 구축할 수 있는 창업자는, 장수 고객을 목표로 삼는 다수의 기업에 그 기술을 판매할 수 있을 것이다. 놀라운 일도 아니지만, AI는 이미 유산 단계나 삶의 말기 단계에 있는 사람들을 위한 의료 서비스 세부시장에서 사용되고 있다. 그 기술은 그들이 병원에 입원했을 때 누가 사전 연명의료 의향서를 보유하지 않았는지 식별하도록 도와주고, 다른 알고리즘은 누가 넘어질 가능성이 있는지 예측한다. AI가 새로운 제품과 서비스와 통합될 수 있는 방식들 중 아직 아무도 손대지 않은 영역은 셀 수 없이 많다.

외로움, 고립, 목적의 재정의

노화와 장수의 다양한 단계에 걸쳐 사회적 유대와 의미 있는 참여를 증진할 방법을 파악하는 일은 우리 삶의 많은 부분이 온라인 혹은 원격 근무 환경이 될수록 점점 더 중요해질 것이다. 프라이버시를 존중하면서 안전하게 사람들을 연결하는 참신한 방법들이 필요할 것이다.

여행, 레저, 오락

이들 도메인에서는 창업자를 위한 두 가지 영역이 기회로서 두드러진다. 첫 번째 영역은 쉽게 하던 여행이나 평소라면 즐겼을 활동을 방해받는 단계에 있는 사람들에게 초점을 맞춘다. 이 시장은 무엇이 여행과 오락이 될 수 있는지를 새롭게 생각해보도록 강요했던 팬데믹으로부터 영향을 받았을 수도 있다. 예를 들어 렌데버Rendever는 거주자 그룹이 함께 모여서 멀리 있는 장소와 박물관을 '방문'하고 다른 사람들과 동시적인 경험을 공유할 수 있도록 생활지원 주거단지에 가상현실을 판매한다. 어떤 경우에는 손주들과 함께 고향을 방문할 수도 있다. 그런 혁신은 즐거움을 가져다줄 뿐만 아니라 고립과 외로움을 줄이는 데도 도움이 될 수 있다.

두 번째로 유망한 영역은 자신의 삶을 재창조하고, 여행을 계속하고, 콘서트에 가는 등 여전히 활동적인 단계에 있는 노령층 성인으로부터 비롯되는 다중세대 기회다. 건강수명이 늘어나면서 여러 세대가 함께하는 다중세대 여행이 늘어날 것이다. 르네상스 단계에 있는 사람들을 위한 교육적 여행의 수요도 증가할 것이다.

패션과 액세서리

이 도메인에 결합될 수 있는 과학은 풍부하게 존재한다. 장수 고객을 위해 의류를 디자인할 수 있고, 그들의 구체적인 니즈에 맞춰 웨어러블을 설계하거나 프로그래밍할 수도 있다. 이 도메인은 창업자들에게는 나이키처럼 생각할 만한 최고의 분야다. 나이키는 '노인'을 공략하지 않는다. 기능은 스텔스 모드로 제공할 수 있다. 노령층 성인들은 자신에게 제한이 많아지고 있음을 상기시키는 기능을 강조하는 마케팅의 타깃이 되고 싶어 하지 않기 때문이다. 다양한 단계에서 발생하는 다양한 니즈를 해결할 수 있는 기능으로 패션의 가치를 높이려면 창의력이 필요하다. 예를 들어 누군가는 스타일이 좋은 옷을 만드는 데 집중할 수 있지만, 쉽게 입고 벗을 수 있도록 단추나 지퍼를 달지 않을 수도 있다. 모니터링 기기를 옷 속에 결합하는 것 역시 열려 있는 중요한 기회로 보인다. 이런 영역들을 한데 엮는 기술도 기대할 수 있다.

피트니스와 이동성

25만 개가 넘는 헬스와 웰니스 앱들이 존재함에도 양호한 건강수명 단계에 있는 노령층 성인에게 초점을 맞추는 앱은 거의 없다. 웰빙을 증진하는 피트니스와 이동성 서비스에는 몇 가지 중요한 트렌드가 존재한다. 이동성이 더 제한된 사람들의 니즈에 초점을 맞춘다면 사람들이 건강하게 늙을 수 있도록 해주고 건강수명을 늘릴 수 있을 것이다. 건강수명을 늘릴 수 있는 기업들은 사실상 그들이 고객과 관계 맺을 수 있는 시간을 연장하고 있는 것이다. 다시 말해 과학은 이 분야에서 활발하게 관여하겠지만 건강수명 연장은 이 시장의 일부일 뿐이다. 기업가들이 노령층 성인에 관한 그리고 피트니스와 이동성 기술과 노령층 성인의 관계에 대한 연령차별주의적 개념을 넘어선다면 훨씬 큰 가능성이 열린다. 노령층 성인은 새로운 기술을 배우고 여기에 참여할 수 있으며, 기꺼이 그렇게 하고자 한다. 이 니즈를 잘 포착하는 기업은 시장에서 승리할 것이다.

평생학습

지속적 학습은 새로운 개념이 아니며, 많은 플랫폼들이 이를 지원하고 있다. 몇 개만 예를 들더라도 지에스브이랩스GSVLabs, 제너럴 어셈블리General Assembly, 플랫아이언 스쿨Flatiron School, 코세라, 에드엑스edX 등이 있다. 어느 회사도 그들의 제품에 순수한 장수 렌즈를 적용하지 않는다. 예를 들어 돌봄제공 학습자와 비교해서 르네상스 학습자의 니즈를 이해한다면 이들 고객에게 더 적합하고 좋은 제품을 만드는 데 도움이 될 것이다. 노령층 성인에게 맞춰진 다른 학습 모델들도 개발되기를 기다리고 있다. 리턴십 모델은 고용주들을 포트폴리오, 전환, 새로운 목적 부여 단계에 있는 사람들과 연결시킨다. 성공적인 연결을 중개할 수 있는 기업들은 좋은 성과를 거둘 것이다. 앙코르 닷오르그 펠로십 프로그램은 비영리기업에 참여하기를 원하는 단계 해당자들을 위해 유사한 서비스를 제공한다. 지속적 학습을 위한 더 많은 장소와 접근 방식이 필요하다. 현재 우리는 학습을 삶에서 25년간 지속되는 어떤 것이며, 학습의 대부분은 삶의 앞쪽에 위치한 것으로 생각한다. 이 모델은 파괴될 것이다. 학습은 40년 혹은 그 이상 지속되며, 다중단계에 걸쳐 있기 때문이다. 경험적 학습과 새로운 기술을 배울 더 많은 기회가 필요하며, 이는 엄청난 투자 및 사업 전략을 의미한다.

멘토링과 다중세대 인적자원, 참여

멘토와 멘티의 관계는 종종 가장 만족스러운 관계 중 하나로 꼽힌다. 자신의 주요 경력에서 떠난 사람들의 숫자가 늘어나면서 많은 이들이 멘토가 되고 싶어 할 것이다. 이 시장에는 기회가 가득할 것이며, 특히 인재 개발자로서 노령층 성인을 최대한 유리하게 활용하도록 기업을 돕는 계기가 될 수 있다. 거기에 더해서 노령층 성인들이 새로운 단계와 역할로의 전환에 성공하도록 도와주는 역멘토링이 주요한 기회가 될 수 있다. 이런 중요한 관계들을 증진하기 위해 서비스와 교육을 매치해주는 기관들은 시장에서 선도적인 위치를 차지하게 될 것이다.

거주와 다중세대 생활

성인의 약 90퍼센트가 내 집에서 나이 들기를 선호하지만 모두가 그렇게 하는 데 성공하거나 그럴 정도의 재정적 여유를 가지지는 못할 것이다. 이런 어려움을 해결하기 위해 다중세대 생활 주거단지를 포함한 몇 가지 새로운 아이디어가 등장했다. 그들이 사회적 고립, 외로움, 기술 지원을 포함한 다양한 니즈를 해결할 것인 만큼, 그런 거주 방식이 더 많이 필요할 것이다. 노화 과정을 뒷받침하는 보편적 설계 원칙들을 통합하기 위해 주택을 재설계하는 일은 건설과 주거에서 필수가 될 것이다.

원격의료

팬데믹 기간 동안 일어난 긍정적인 변화 한 가지는, 원격의료 서비스가 광범위하게 도입됐다는 점이다. 아주 적은 수준이었던 원격의료 보건 서비스는 팬데믹 기간 중에 거의 진료 예약의 90퍼센트 수준까지 늘어났다. 메디케어가 원격의료 서비스에 대한 비용도 지불해주는 조치를 시작하자 이는 게임 체인저가 됐다. 더 특화된 형태의 원격의료 서비스와, 노령층 성인을 위한 서비스를 포함하는 더 포괄적인 의료 서비스 솔루션을 향한 니즈가 생겨날 것이다. 센서 기술과 결합한다면 원격의료는 일회성 예약에서 지속적인 모니터링으로 바뀔 것이다. 그리고 그런 모니터링은 AI와 결합돼 병을 예측하고 돌봄 제안을할 수 있을 것이다. 한 가지 사례로 스포츠로 인한 부상을 예방하거나치료하기 위해 나이 많은 선수들을 위한 스포츠 의학과 같은 전문 원격의료 서비스를 개발하는 경우를 들 수 있다.

지금은 헬스케어 분야에서 우리 앞에 놓인 엄청난 기회들이, 주요돌봄의 많은 부분이 일어나는 장소가 집이 될 것이라는 생각을 바탕으로 삼고 있다고만 해두자. 홈 모니터링은 훨씬 더 널리 퍼지게 될 것이다. 나이 많은 사용자를 위해 개조된 스마트 도구와 기술이 중요해질 것이다. 돌봄 팀에는 건강 코치와 사회적 지원이 새롭게 추가될 것이다.

식품과 영양

식사와 식료품 가정배송은 노령층 성인들이 여러 단계로 진입하면서 점점 더 필수가 되고 있다. 노령층 성인 중 다양한 질병을 가진 사람들도 있는 만큼, 노령층 성인들의 다양한 식이요법과 영양상의 니즈에 맞게 맞춤형 식사 배달을 제공하는 서비스가 기회로 성장할 것이다. 이들 기업들은 종종 리프트나 우버와 같은 교통 서비스 옵션들과 협력하거나 그들에게 인수될 것이다.

플랫폼, 플랫폼, 플랫폼

아직 장수 소비자들이 이용할 수 있는 혁신과 니즈의 범위를 뒷받침할 수 있는 종합적인 플랫폼과 데이터베이스를 만들어낸 사람은 없다. 주거에 대한 니즈를 해결하기 위해서는 시니얼리와 어 플레이스 포 맘과 같은 몇몇 우량한 플랫폼들을 이용할 수 있다. 또 케이크는 삶의 말기 돌봄을 위한 양질의 플랫폼을 제공한다. 하지만 현재 노령층 성인의 가족 구성원, 메디케어 어드밴티지 플랜, 고용주, 혹은 노령층 성인 자신이 그들의 돌봄을 위해 구매하고 싶을 만한 기업, 제품, 서비스의 스펙트럼을 아우르는 플랫폼은 없다.

아울러 전환 계획 세우기 단계와 지속적 학습 단계, 더 길어진 삶이 제시하는 새로운 인생 경로를 헤쳐 나가도록 도와줄 5Q 패러다임에 소개된 단계들을 위한 플랫폼 수요가 있다. 검색 기능 및 플랫폼 개설 전문가의 콜 투 액션call to action(배너, 버튼, 링크 등 사용자의 반응을 유도하는 행위 혹은 요소—옮긴이)은 매우 환영받을 것이다.

당신이 상상할 수 있는 다른 모든 것

기업가정신과 혁신의 가장 아름다운 부분 중 하나는 그들이 예상치 못한 기회를 만들어내는 방식에 있다. 스마트폰과 앱 생태계와 같은 혁신이 택시 사업을 근본적으로 바꿔놓을 거라고 누가 예측할 수 있었겠는가? 우리는 추가적인 30년 혹은 40년의 삶과 건강이 만들어낼 모든 기회를 아직 알지 못한다는 것이 진실이다. 기업가들은 새로운 가능성을 상상할 것이다. 하지만 이 일은 연령차별적 고정관념을 극복하고, 시장을 정의할 때 단계로 접근하는 방식을 이해하고, 그것을 만드는 작업에서 시작된다. 기업가를 위한 기회의 목록은 결코 완전한 것도, 최종적인 것도 아니다. 이제 시작일 뿐이다.

—

혁신가를 위한 노다지:
디자인의 도전과제, 액셀러레이터, 자원

지금의 장수 혁신과 기업가정신 생태계에는 지난 5년 내지 10년에 걸쳐 등장해온 다양한 연간 디자인 및 혁신 도전과제들이 포함된다.

노화 분야에 집중하는 스타트업 인큐베이터들이 미국 전역에 걸쳐 등장하는 만큼, 장수 시장을 위한 혁신 제품과 서비스를 개발하는 기업가들은 새로운 트렌드에서 혜택을 얻고 있다. 이들 액셀러레이터 프로그램들은 종종 벤처캐피탈 기업이나 대학, 대기업에 속해 있으며, 해결책을 위한 창의적 아이디어를 자극하기 위해 설계된 다양한 자원을 제공한다. 그들은 엔지니어, 과학자, 서비스 제공자, 돌봄제공자들로 구성된 다양한 팀을 지원하고 사용자들이 이 팀에 접근할 수 있게 해준다. 이들 중 많은 수가 멘토링, 연구소와 필드 테스팅, 시장에 대한 조언, 고객 발견, 자금 조달과 파트너들에 대한 접근기회를 제공함으로써 창업자들을 지원한다. 이들 액셀러레이터 프로그램의 목표는 노령층 성인과 그들을 돌보는 사람들의 삶의 질을 개선하는 것이다. 디자인 주제들은 종종 그런 니즈 중 하나 이상과, 장수와 연관된 도메인에 기반하고 있다. 당신은 부록의 창업자를 위한 자원 섹션에서 그런 프로그램 리스트를 찾을 수 있을 것이다.

이들 기회에 더해서, 이 영역에 진출하는 창업자들은 또한 수많은 연구 보고서, 스타트업 뉴스, 트렌드에 대한 담론을 큐레이팅하는 다양한 새로운 장수 자원들에 익숙해지는 것도 도움이 될 것이다. 게다가 이들 큐레이팅 기관들은 다양한 주제에 관한 웨비나와 콘퍼런스를 개최하기 때문에 그들의 가입자 목록에 등록하는 것이 좋다. 다시 말하지만, 전체 목록은 부록의 창업자를 위한 자원 섹션에서 찾아볼 수 있다.

스탠퍼드대학교 경영대학원에서 현재 개설 중인 과정 '장수: 사업상의 시사점과 기회Longevity: Business Implications and Opportunities'는 장수 소비자의 독특한 측면을 검토하고, 제시된 혁신 기회의 범위를 이해하는 창업자로 이뤄진 새로운 코호트를 창조하는 것을 목표로 한다. 이 과정은 또한 학생들이 인생의 새로운 지도를 고려할 때 자신의 삶과 경력에 대한 토의를 하도록 독려한다. 기업이나 벤처회사 내부에서 오로지 장수에만 집중하는 사내 창업 프로그램의 확대 및 참여를 독려하는 일도 발전과 성장을 가속화할 것이다.

—

우리 조직과 장수 분야를 향한 기업가정신 결합시키기

대기업과 여러 기관 내부의 인트라프러너십Intrapreneurship(사내 기업가정신) 역시 중요하다. 메릴린치, 나이키, 와비파커 그리고 이 사업을 위한 새로운 스타트업 기업들을 통해 확인했듯이, 우리는 기존 기업들의 내부에서 제품과 서비스의 혁신 양쪽을 통해서 인트라프러너십이 생겨나고 있는 것을 본다. 장수 분야의 창업자는 변화를 위한 기회를 인식하는 내부의 옹호자가 될 수 있다.

예를 들어 P&G 벤처스P&G Ventures는 장수 시장을 위한 새로운 제품과 서비스를 디자인하고 찾아내는 일을 지원하기 위해 회사 내부의 팀 하나를 활용한다. 이 팀은 여성 건강, 수면의 질 강화, 인지 건강, 내 집에서 나이 들기를 포함해 장수 소비자들의 장수 도메인과 다양한 단계를 중심으로 디자인 도전과제를 발표한다.

다양한 산업에 속한 다른 기업들에서도 유사한 노력이 진행 중이다. 예를 들어 아마존에는 현재 장수 소비자를 지원하는 혁신 중에서 가장 중요한 도메인인 건강과 웰니스에 초점을 맞춘 알렉사 벤처 그룹Alexa venture group이 있다. 아마존은 최근 알렉사 투게더Alexa Together가 케어 허브Care Hub를 대체하면서, 가족을 원격으로 돌볼 수 있게 도와줄 거라고 발표했다. 단계의 관점으로 사고하는 것은 이들 벤처에 집중하도록 도와줄 것이다. BMW는 나이 많은 고객의 가치를 가장 빨리 인식한 회사 중 하나다. BMW는 이 고객들을 공략하기 위해 차량 내부의 기능을 설계했다. 게다가 BMW는 혁신을 창조하고 마케팅하기 위해 노령층 성인을 포함하는 디자인팀과 내부 옹호자 둘 다를 활용했다. 베스트바이는 시각적 장애를 이해하고, 그들이 A세대Gen A라고 부르는 나이 많은 고객의 니즈를 더 잘 이해하고 공략하기 위해 신

규 채용 직원들에게 가상현실을 활용한 감각 훈련에 참여하도록 하고 있다.[6]

이런 노력을 기울일 때 얻을 수 있는 이중의 혜택은 기업들이 직원들의 니즈를 더 잘 이해할 수 있도록 스스로를 포지셔닝할 수 있다는 데 있다. 4장에서 지적했듯이 메릴린치는 새로운 고객 응대용 장수 제품을 직원들을 위한 혜택에도 결합시켰다. 고객들과는 물론 직원들과 단계에 관한 대화를 유도하는 일은 당신이 만드는 제품과 서비스의 창의력과 영향력을 키워줄 것이다. 대화를 '은퇴자' 혹은 '연로한'에서 삶에 '새롭게 목적을 부여한', '활기를 되찾은' 단계로 바꿔보라.

기업가정신과 혁신은 이런 새로운 니즈의 많은 부분을 해결하고, 엄청난 사업 기회를 제공하겠지만, 필요한 해결책 중 일부는 정책의 혁신을 요구할 것이다. 우리에게 필요한 정책은 노령층 성인들이 그들의 지혜와 사회 및 인적 자원에 대한 기여로 존중받고, 긴 삶의 모든 단계에 걸쳐 품위를 가지고 살아가려는 니즈를 존중받는 생태계를 창조하는 정책이다. 다음 장에서는 장수하는 새로운 사회가 받을 수 있는 영향을 조명할 것이다.

기업가와 마케터를 위한 제언

○ 노화는 문제가 아니라 기회임을 인식하라.

○ '늙은'이라는 단순한 개념 대신 노화를 둘러싼 새로운 내러티브를 포용하라.

○ 노령층 성인의 필요와 욕구는 다양하고 이질적임을 기억하라. 당신

이 85세인 사람 한 명을 봤다면, 그저 당신은 85세인 사람 한 명을 본 것이다.

- 다섯 분기(5Q)의 폭넓은 프레임워크와 생애 18단계를 이용해 당신의 장수 혁신을 고객이 속한 생애 단계에 맞추라. 그 단계는 종종 순차적이지 않다.

- 누가 구매자이며, 당신이 어떤 유통채널에 접근할지 파악하라.

- 당신이 어떻게 신뢰를 판매할지 생각해보라. 신뢰받는 관계 덕분에 당신은 다양한 서비스와 제품을 판매할 수 있게 될 것이다.

- 다중세대 고객을 개발하고 그들에게 판매하라.

- 제품 기능은 스텔스여야 한다는 사실을 인식하라.

- 마케팅 전략 속에 긍정성 효과와 신뢰받는 옹호자를 통합시키라.

8장

장수 배당을 얻을
네 가지 핵심 영역

———

장수 시장을 위해 혁신을 이루고 제품과 서비스를 도입하는 일은 사업을 키우는 데 도움이 될 것이며, 대응이 부족한데도 성장하고 있는 고객층에 접근할 수 있게 해줄 것이다. 하지만 당신은 그 너머까지도 영향력을 행사할 수 있다. 장수 시장에 진입하고, 연령이 아닌 단계라는 사고방식을 포용함으로써 당신은 회사 내부와 직원들 사이에 그리고 마케팅 전략에 존재하는 연령차별을 해결할 위대한 기회를 발견하는 중이다. 당신을 위해 일하는 돌봄제공자들을 중시하는 정책을 지지하고, 이 인구집단이 더 길어진 건강수명을 즐기고 품위를 지키며 나이 들도록 도와줄 새로운 방법을 만들어낼 기회가 있다. 새로운 장수가 주는 수많은 배당 중에 이들이 있다.

———

지금쯤이면 당신은 장수 경제에 존재하는 엄청난 기회를 볼 수 있을 것이다. 우리 앞에 놓인 인구통계학적 사실에 비추어 봤을 때 어떤 방식으로든 영향을 받지 않는 산업도 제품 도메인도 시장도 없을 것이다. 60세가 넘는 사람들이 과거 그 어느 때보다 더 많이 존재할 것이고, 그들 중 매우 많은 이들이 다양한 욕구와 필요를 가지고 건강하고 활동적인 삶을 살고 있을 것이다.

당신의 순이익을 개선할 기회는 풍부하다. 그뿐 아니라 오래 지속되는 사회적 변화를 만들어내는 일에 참여할 기회도 풍부하다. 시장과 공공정책, 문화적 태도 모두 이제까지 그랬던 것보다 이 불가피한 변화를 따라잡을 필요가 더 크다는 것이 진실이다. 그 일은 시장을 이해하는 데서 시작된다. 그것이 이 책의 여기까지 우리가 고려했던 모든 것이다. 나이가 아니라 단계의 개념을 이해하라. 고객, 사용자, 지급자의 역학관계 속 복잡성과 미묘한 차이를 이해하라. 채널 장애물을 예상하고 이를 제거하도록 도우라.

새로운 장수가 주는 많은 배당 중에는 사회적, 경제적, 건강상의 이점이 있다.[1] 하지만 장수 시장이 번창하려면 정책과 문화적 태도 역시 변해야 한다. 당신이 투자해야 할, 장수 배당을 수확하게 해줄 네 가지 핵심 영역은 다음과 같다. 연령차별과 싸우기, 정책적 성과 도출하기, 품위에 투자하기, 다중세대 커뮤니티 육성하기다.

—
연령차별과 싸우기

노령층 성인과 그들의 역량에 대한 잘못된 태도와 부정적인 인식은 장수 시장에서 당신의 성공을 방해한다. 조직 내에서 연령차별적 태도가 발견되는 한, 당신은 앞에 놓인 기회를 보지 못하고, 업무를 제대로 실행할 수 없을 것이다. 연령에 대해 더 잘 알고 연령차별을 뿌리 뽑기 위해 열심히 일한 조직에 패배할 것이다. 연령차별적 문화와 싸우지 않는다면 당신은 인재 풀을 축소시키고, 장애물을 공격할 방법에 대한 신선한 사고방식과 파트너십을 요구하는 복잡한 시장에서 성공의 가능성을 떨어뜨리고 있는 것이다.

하지만 당신은 연령차별주의자가 아니라고 생각할 것이다. 글쎄, 이 책을 읽음으로써 당신은 당신이 가지고 있을지도 모르는 내재된 연령차별주의와 싸우기 시작했다. 연령차별주의는 끈질길 뿐만 아니라 우리 문화에 깊게 체화돼 있기 때문에 우리 모두는 어느 정도 수준의 연령차별주의를 가지고 있다.

변화는 내부에서 시작된다. 미국은퇴자협회가 시행한 설문조사는 직장과 취업 시장 내에 연령차별이 없어지지 않고 지속되고 있음을 결과로 확인해준다. 16세에서 54세 사이에 있는 근로자들 중에 장기간의 실업으로 고통받는 이들은 18퍼센트인 데 반해 55세 이상의 근로자 중에서는 28퍼센트가 고통받고 있다. 이 보고서에 따르면, "장기실업의 격차는 단단히 자리 잡은 연령 편향이 업무현장에 여전히 너무나 빈번하게 존재하고 있음을 시사한다."[2] 데이터를 조금 더 살펴보자.

- 근로자 열 명 중 아홉 명이 연령차별을 다소, 혹은 매우 흔한 일로 보고 있다.
- 노령층 근로자 다섯 명 중 세 명이 직장에서 연령차별을 목격했거나 경험했다고 보고했다. 다음 해에 일자리를 잃게 되지 않을까 걱정한 사람들 중에서 3분의 1이 연령차별을 주된, 혹은 사소한 이유로 꼽았다.
- 노령층 취업 희망자 중 44퍼센트가 일자리를 찾으면서 잠재적인 고용주에게 연령과 관련된 정보를 요청받은 적이 있다고 말한다.
- 노령층 근로자 중 오직 3퍼센트만이 담당 관리자나 인사부 담당자, 다른 기관, 정부 기관에 공식적으로 연령차별에 대한 불만을 제기했다고 보고했다.
- 그리고 59퍼센트가 연령차별 금지법을 강화하는 것을 강력하게 지지한다.

연령차별에 대한 대중의 인식이 높아지면서, 이런 연구결과는 점점 늘어나고 있다. 머서, 트랜스아메리카연구소, 미국은퇴자협회, 밀

컨연구소 노화의미래센터Milken Institute Center for the Future of Aging, 보스턴 대학교에 있는 노화와 일 슬론연구네트워크Sloan Research Network on Aging & Work에서 데이터를 수집하고 처리한다.[3] 밀컨 연구소의 회장인 폴 어빙Paul Irving과 다른 학자들은 2018년 〈하버드비지니스리뷰Harvard Business Review〉에 은퇴 취소 시대에 관한 일련의 글을 쓰면서, 장수 현상의 영향과 노령층 근로자의 가치를 계몽할 필요성에 대해 잘 정리한 바 있다.[4]

하지만 아직도 해야 할 일은 많다. 직장이 일반적으로 연령차별적이라면, 어떻게 그 그룹의 사람들을 위한 시장에 접근할 거라고 기대할 수 있겠는가? 장수 시장에서 성공하려면 기업들은 연령 다양성과 연령 포용을 포함한 다양성, 평등, 포용을 향한 움직임의 일부가 돼야 한다.

장수 전문가들은 인재를 찾기 위한 노력을 '연령차별을 현자주의sageism(장수와 삶의 경험을 통해 지혜를 얻었다고 보는 노령층 성인에 대한 고정관념—옮긴이)로 바꿔놓는 노력'이라고 즐겨 말한다. 이는 기업들이 노령층 근로자들이 축적한 지식과 삶의 경험에서 발견되는 깊은 가치를 인식하고 보상하고 수확해야 한다는 것이다.

그 일을 시작하기 위한 확실한 방법들이 있다. 한 가지는 장수 서약을 하는 것이다. 서약은 어떤 변화를 지지한다는 공개적인 발표를 해서 그 기업이 책임지게 만들기 때문에 점점 더 흔해지고 있다. 이런 경우에는 장수에 관한 서약들이 많이 등장했다.

예를 들어 미국은퇴자협회 고용주 서약Employer Pledge에 따라 기업들은 경험이 많은 근로자의 가치를 선언하고, 다양성 있는 조직을 발전시킬 것을 약속한다. "우리는 나이와 관계없는, 모든 근로자를 위한 동등한 기회를 믿는다. 그리고 50세 이상의 근로자들은 일자리를 얻기 위해 경쟁할 수 있는 능력 측면에서 동등한 경쟁의 장을 확보해야 한다. 우리는 경험 많은 근로자의 가치를 인정하면서, 우리 조직 내 일자리를 위해서 사람을 고용할 때, 다양한 연령 그룹에 걸쳐 채용하고, 모든 지원자들을 동등한 기반 위에서 고려할 것을 서약한다."[5]

선언이 여기서 멈춘다면 공허한 단어들이며 홍보성 행위가 될 것이다. 하지만 그렇지 않다. 이 서약은 고용주들이 서명한 후 최초 2년 이내에 두 가지 행동을 취할 것을 요구한다. 그리고 그들이 서약을 지키는 데 실패했는지 보기 위해 누구나 회사 측에 확인할 수 있다. 미국은 퇴자협회가 기업들에게 취하도록 요구하는 조치 중에는 다음과 같은 것들이 있다.

- 직무 기술서와 채용 관련 자료가 경험 많은 근로자들의 지원 의욕을 꺾는 자격요건이나 언어를 포함하고 있지 않음을 분명히 하기 위해 이들을 검토한다.
- 채용 관련 자료에 모든 연령 근로자의 지원을 독려한다고 선언하는 언어를 포함시킨다.
- 지원 과정의 일부로 생년월일이나 졸업 일자를 요구하지 않는다.
- 연령을 다양성과 포용 전략의 한 구성요소로 포함시킨다.

또한 미국은퇴자협회는 직장 내 다양성을 높이는 데 전념하는 일부 기관들과 같은 방식으로 연령차별 문제를 해결하기 위해 세계경제포럼, OECD와 같은 다른 기관들과 협력한다.[6] 이런 노력에는 총 수익이 1조 달러가 넘으며 220만 근로자를 대표하는 약 100개의 글로벌 기업들이 참여할 것이다. 미국은퇴자협회는 이 기관들의 내부에 지식을 축적하고 있으며, 기업 간의 지식 교환을 촉진하고 있다. 여기서 핵심은 여러 세대 사이에서 '5C 기술'의 가치에 집중한다는 것이다. 5C는 세대를 넘나드는 것으로 호기심Curiosity, 창의성Creativity, 비판적 사고Critical thinking, 협력Collaboration, 변화 관리Change management를 말한다. 권장되는 것은 경험이 풍부한 근로자와 다양한 연령대 인력의 가치를 확인하는 지침과 서약이다.

연령차별과 싸우는 또 다른 방법은 미디어에 나오는 노령층 성인의 묘사를 새롭게 상상하는 것이다. 이 시장에 진입하는 사람이라면 누구나, 이 인구집단이 미디어나 광고에서 보이는 것보다 얼마나 더 다양성 있는 집단인지 곧 알게 될 것이다. 프레임워크스연구소FrameWorks Institute는 이 주제를 가지고 노화 관련 기관의 리더들과 협업하며 광범위한 연구를 수행했다.[7] 연구 결과에 따르면 대개 미디어에서 보이는 노령층 성인은 취약하고 병든 채 삶의 말기에 도달하여 노쇠한, 비용이 많이 드는 지속적인 돌봄이 필요한 사람 혹은 도움이 전혀 필요하지 않은 온전히 활동적이고 건강하며 전적으로 독립적인 사람 두 유형뿐이다.

이렇게 180도 다르고 극단적인 묘사는 노령층 성인들이 욕구와 필요, 돌봄의 스펙트럼에 존재한다는 사실과는 모순된다. 이런 묘사는 심지어 건강한 노령층 성인조차 일정한 형태의 신체적 이익을 제공하는 제품으로부터 혜택을 얻을 수 있다는 사실을 간과한다. 전형적인 이미지들은 이미 문제가 많은 노화와 노령층 성인에 관한 고정관념에 영양분을 공급한다. 프레임워크스연구소와 다른 기관들은 미디어의 노화에 대한 편협한 묘사가 노령층 성인들의 니즈를 더 깊이 이해하고 해결할 정책을 설계하려는 옹호자들에게 상당한 어려움을 야기한다고 주장한다.

지방자치단체들은 기업들보다 이런 문제에 더 빠르게 대응해왔다. 2019년 샌프란시스코시는 연령차별주의 재해석하기 캠페인을 출범시켰다. 노령층 성인이 직장과 커뮤니티에 기여하는 창의성과 지성 등 많은 다른 강점들을 강조함으로써 고정관념을 극복하려는 시도였다.[8] 이는 창업과 하이테크 커뮤니티에서 젊음이 숭배되는, 기술기업이 많은 샌프란시스코 베이 지역에서는 특히나 강력한 시도였다. 샌프란시스코시는 '이것이 창의성이다', '이것이 지성이다'라는 핵심 문구를 달고 있는, 온갖 유형의 노령층 성인의 대형 사진과 그 외 다른 사진들을 게시판, 버스, 그리고 지역 곳곳에 붙였다.

이런 노력들은 개별적으로 노령층 근로자들이 생물학적 수명 내내 긍정적인 기여를 하도록 독려할 것이며, 연령차별 없는 직장과 커뮤니티를 만들도록 촉구하는 데 도움이 될 것이다. 마케팅 캠페인과 디자인, 직장 내에서 연령차별을 다루는 일은 다양한 범위의 장수 고객들이 필요로 할 제품과 서비스를 만드는 데 중요하다. 여기서 기업들을 위한 기회는 명백하다. 장수 시장, 혹은 심지어 다중세대 시장을 다룰 때 그들의 미디어와 광고를 새롭게 디자인해 더 다양성 있고 정확한 노령층 성인의 이미지를 창조하는 것이다.

연령차별 문제에서 진보는 서서히 진행되고 있다. 스탠퍼드대학교 경영대학원 교수인 애슐리 마틴Ashley Martin은 연령차별주의가 마지막으로 용인되는 주의ism라고 기술했다.[9] 연령차별이 진정으로 면밀한 조사를 받고, 기업들이 이사회 회의장, 인적자원, 광고, 마케팅 캠페인에서 이러한 급격한 변화의 일부가 될 수 있게 된 것은 겨우 최근의 일이다.

팬데믹은 끔찍하지만 거기에서 연령차별주의와 관련한 긍정적인 요소가 등장하기도 했다. 코로나19는 우리가 노령층 성인인 경험 많은 전문가들이 했던 일의 중요성을 점점 더 많이 인식하고 높게 평가하도록 만들었다. 내과 의사이자 미국 국립알레르기·전염병연구소 소장인 앤서니 파우치는 진실과 정보에서 가장 신뢰하고 의지하는 자원이 됐다. 은퇴한 의료 서비스 전문가들 수만 명이 병원에서 이 질병과 싸우는 것을 돕기 위해 일터로 돌아왔다. 구식 프로그래밍 언어를 아는 프로그래머들은 정부 데이터베이스를 복구하는 업무의 핵심이 됐다. 이들 노령층 성인과 연관된 단어들로 경험, 지혜, 필수적인, 행동, 신뢰받는 등이 등장했다. 사회는 아마도 노령층 성인을 다시 자산으로 보기 시작했는지도 모른다.

그리고 만약 원격 근무가 점점 더 늘어난다면, 인재를 채용하고 보유할 때 고려할 주된 요인에서 연령은 멀어질 수도 있다. 오히려 지리적으로 멀리 떨어진 고용주를 위해서 일할 수 있게 됨에 따라, 인재 확보 경쟁이 치열해진 상황에서 기업이 우위를 확보하려면 모든 연령대의 가능성을 고려해야 한다는 의미가 될 것이다. 더 많은 노령층 근로자가 효과적으로 일하는 데 필요한 기술에 능통해지면서, 원격으로 일한다는 것은 엄청난 평등을 이루는 우연한 장치가 될 수도 있다. 연령차별적 문화에서는 노령층 성인이 수용할 수 없거나 수용하고 싶어 하지 않는다고 믿었던 기술 말이다. 이 모든 발전이 합쳐진다면 기업 문화를 바꿔놓을 수도 있다. 기업들은 제품과 서비스를 위해서는 물론 직원들을 위해서도 장수를 포용할 것이다. 고용주들이 지식만이 아니라 지혜에도 가치를 부여하는 경우가 늘어날 것이다.

—
정책적 성과 도출하기

장수처럼 엄청나고, 광범위하고, 문화적으로 모든 것을 망라하는 어떤 변화 속에서, 정책은 그 변화를 따라가는 경향이 있다. 산업화는 노동과 기업 정책의 혁신을 가져왔다. 미디어가 광범위하게 도입되면서 1년에 걸쳐 콘텐츠를 둘러싼 법률과 규제를 개정할 것이 요구되기도 했다. 그리고 물론 인터넷은 통신 정책을 몇 번이나 뒤집었다. 이처럼 새로운 장수 덕분에 은퇴, 사회보장제도, 의료 서비스 정책, 건축 법규를 포함해 수많은 정책들이 비슷하게 재평가될 것이다. 기업들은 정책을 재구성하는 데 적극 참여함으로써 진입하고 싶은 일부 시장의 속도를 잠재적으로 가속화시켜 혜택을 얻을 것이다. 그렇게 하지 않는 기업들은 다른 사람들이 만든 규칙에 따라야 할 것이다.

당신의 제품과 서비스에 돈을 지불하는 사람이 그 정책에 의해 보조금을 받을 수도 있기 때문에 이런 정책이 어떻게 형성되는지에 따라 당신의 제품을 위한 시장의 존재 여부가 결정될 수도 있다. 특히 돌봄제공과 헬스케어 분야에서는 서비스를 필요로 하는 대부분의 사람들에게 그럴 만한 경제적 여유가 충분치 않을 것이다.

예를 들어 원격의료는 획기적인 기술은 아니다. 그 기술은 몇 년 동안 이용이 가능했지만, 2020년에 메디케어의 정책 변화로 가상 진료에도 보험급여 지급이 전적으로 가능하게 되어 판도가 바뀔 때까지는, 거의 보편적으로 접근할 수 있거나 경제적으로 감당할 수 있는 기술이 아니었다. 원격의료를 둘러싼 생태계를 생각해보라. 통신과 센서 기술에서 비롯된 기회들, 새로운 컨시어지 서비스, 새로운 돌봄제공 모델, 새로운 콘텐츠와 교육 기회, 의료기록과 지불 시스템에 앱을 연결할 수 있는 가능성 등 목록은 끝도 없이 이어진다. 그리고 이 중 어떤 것도 그 정책이 시행되지 않는다면 가능하지 않다.

노화 관련 니즈와 서비스를 위해 인센티브를 저축할 수 있게 해줄 정책들은 수백만 명의 삶에 영향을 미치고, 많은 기업을 위한 경로를 만들어줄 수 있다. 베이비 본드의 개념과 비슷하게, 사람들이 더 길어진 삶을 위해 저축하는 데 도움이 되는 '장수 본드'를 도입할 수 있을까?[10] 건강한 노화와 더 길어진 삶을 뒷받침할 수 있는 각종 제품과 서비스가 대부분의 개인이 구매할 수 있을 만큼 저렴해질까? 혹은 정부의 인센티브나 지원이 비용이 많이 드는 입원을 줄일 수 있을까? 워싱턴주 같은 일부 주에서는 돌봄제공 및 노화와 관련된 재정적 부담을 덜어줄 정책들을 시행하고 돌봄제공자들이 세액 공제를 받을 수 있게 해왔다.

다른 선진국들은 가족 구성원이 돌봄제공자가 되도록 돈을 지급한다. (미국에서는 그 가족이 메디케어를 이용할 자격이 될 만큼 충분히 빈곤한 경우에만 해당한다.) 노르웨이, 스웨덴, 일본, 독일은 가족들을 본인 부담 비용에서 보호하기 위해 건강 관련 혜택을 제공하고, 기업들이 시장에서 이를 고려하고 실행할 수 있도록 정책 모델의 역할을 하고 있다.

미국은 투자를 하기 시작했다. 2022년 바이든 행정부는 노화와 장수의 많은 어려움을 해결하기 위해 노령층 근로자를 고용할 경우에 세제상 인센티브를 제공하고, 가족 돌봄제공자를 위해 5000달러 세액을 공제해주는 등 4000억 달러가 넘는 이니셔티브를 내놓았다. 아울러 바이든 행정부는 사랑하는 사람을 돌보고 있는 이들을 위해 사회보장 크레디트Social Security Credit(미국에서 연금을 받기 위해 취득해야 하는 일종의 점수—편집자)를 제공할 것을 제안하고 있으며, 케이퍼블Capable(집에서 나이 들기 커뮤니티—노령층을 위한 더 나은 생활 추구하기)과 같은 프로그램에서 주택 보수와 개량까지 포함하도록 이들을 강화하고 있다. 그들은 또한 15만 명의 지역사회 보건 종사자를 추가하고 돌봄제공 인력의 모집, 유지, 권한 위임을 위한 국가적 전략을 제안하고 있다.

가족 돌봄 유급 휴가와 2021년 5월에 도입된 '돌봄을 위한 세액 공제법Credit for Caring Act' 같은 다른 정책 이니셔티브는 많은 가족들이 매년 본인 부담 비용으로 지출하는 약 7000달러를 갚아주기 위해, 자격이 된다면 일하는 가족 돌봄제공자에게 매년 5000달러까지 연방 세액을 공제해줄 것이다. 이들 이니셔티브는 노령층 성인에게 무급 돌봄을 제공하는 4800만 명의 가치를 또 다른 방식으로 인정하는 셈이다.

이처럼 짧은 요약에서도 볼 수 있듯이 단계의 관점에서 사고하는 기업들은 기술, 금융, 건설, 인재 보유에서 많은 기회를 잡을 수 있을 것이다.

장수에 관해 적극적으로 고민해온 멀린다 프렌치 게이츠는 미국이 국가 차원에서 돌봄제공자 지원에 필요한 정책들을 다룰 수 있도록, 돌봄제공 최고 책임자를 선정하자는 아이디어를 제안한 바 있다. 이런 유형의 리더십과 필요한 지원 시스템에 대한 인식은 노령층 성인과 그 가족들 앞에 놓인 어려움과 혁신 기회를 다루기 위해 꼭 필요하다. 또한 그녀는 우리 경제가 돌봄제공자들에 의해 움직인다고 주장한 최근의 글에서 유려하게 잘 설명했듯이, 국가적 유급 휴가의 필요성을 옹호하기도 했다.[11]

정책에 관해 이야기할 때, 우리는 자연스럽게 헬스케어와 전환, 유산, 삶의 말기라는 몇 가지 단계에 이끌린다. 하지만 정책은 다른 많은 단계에도 영향을 미칠 것이다. 르네상스 단계에서 학습에 대한 의사가 있는 사람은 새롭게 만들어진 교육 정책에서 혜택을 받을 것이다.

장수 상품을 설계하는 금융회사들은 생애 후반 단계를 위한 계획을 세우고 있는 젊은 사람들을 대상으로 사업을 시작할 때, 사회보장 정책이나 세제 변화가 가치가 있다고 볼 수도 있다. 이들 기업들은 자신의 투자 자산이 얼마나 오래 갈 수 있을지와 그 가치를 높일 방법을 더 잘 이해하도록 사람들을 도와주는 상품을 만들 것이다. 그들은 또한 전환 계획과 지속적 학습을 위한 세제 정책이 이를 뒷받침할 수 있는 방법을 포함하도록 서비스를 확대할 수도 있다.

기업들이 장수가 제시하는 정책적 시사점을 무시한다면 이는 그들의 책임이 될 것이다. 신규 사업에 관한 많은 현대의 성공 스토리들은 기업이 변화를 포착하고, 정책적 시사점을 인식하고, 변화를 일으킨 경우를 바탕으로 쓰여졌다. 예를 들어 넷플릭스의 성공은 그들이 콘텐츠의 유통업체이자 제작업체였다는 점을 바탕으로 한다. 한때는 허용되지 않는 일이었지만, 정책이 바뀌자 기회가 열린 것이다.

—
품위에 투자하기

장수 시장과 같은 시장에서는 고객의 품위가 중요하다. 유산과 삶의 말기 단계에 있는 사람들에게는 그 과정을 관리하고 통제하는 능력이 핵심이다. 우리는 장기 헬스케어를 포함해 노령층 성인의 돌봄에 누가 돈을 지불하는가 하는 문제를 고려해야 한다. 미국에서는 메디케어가 대부분의 장기 돌봄에 대한 비용을 지불하지 않기 때문에, 중위 소득 수준에 해당하는 노령층 성인이 도움이 필요하게 됐을 때 모든 비용을 감당할 수 없을 것이다.

품위는 또한 우리 문화에서 돌봄제공의 역할에 더 깊게 초점을 맞춘다는 것을 의미한다. 만약 연령차별주의가 지속된다면, 그런 일은 이뤄질 수 없다. 시장에 품위를 도입하는 데 실패한다면 부정적인 결과와 공공 보건의 위기를 초래할 것이다. 심지어 지금도 돌봄 시설의 열악한 조건에 관한 이야기들은 너무나 흔하다. 돌봄제공자가 받는 낮은 급여와 훈련은 이 문제를 악화시켜 삶의 마지막 부분을 대면하고 있는 사람들에게 부정적인 결과를 초래한다.

　품위에 대한 투자는 좋은 일일 뿐만 아니라 잠재적으로 경쟁적 우위를 제공한다. 돌봄제공 커뮤니티를 지원하는 기업에는, 삶의 더 이른 단계에 있으면서 나중에 올 단계를 위해 계획을 세우고 싶어 하는 사람들이 속한 단계들을 포함해, 많은 단계를 겨냥할 수 있는 새로운 사업 기회가 열릴 것이다.

　하지만 품위에 투자한다는 말은 어떤 의미일까? 부분적으로는 정부가 지원하는 새로운 정책과 계획의 입안을 이해하고 거기에 참여한다는 의미가 될 것이다. 예를 들어 워싱턴주에서는 새로운 급여 부과금으로 새로운 프로그램에 자금을 지원한다. 장기 돌봄 지원 자금을 마련하기 위해 2022년 1월부터 급여의 0.58퍼센트에 해당하는 세금이 부과되는 것이다. 이 프로그램은 더 길어진 삶을 대비하는 데 필요한 저축을 벌충하는 데 도움이 될 것이다. 장기 돌봄 보험이 있는 직원들은 면제를 받는다. 이 신탁 프로그램에 따르면 한 사람당 평생 동안 최대 3만 6500달러에 해당하는 장기 돌봄을 제공받을 수 있고, 가족 돌봄제공자로서 자격증이 있는 가족 구성원은 그들의 서비스에 대해서 보수를 받을 자격을 갖게 된다.

몇몇 다른 주에서도 주 전역에 걸쳐, 노화하는 인구의 니즈를 종합적으로 평가하는 이니셔티브에 착수했다. 2021년 초 캘리포니아주는 캘리포니아 노화 대비 마스터 플랜California Master Plan for Aging을 발표했다.[12] 이 계획에 요약된 다섯 가지 목표와 대상은 어려움과 기회라는 양쪽 측면에서 모두 생각해볼 만한 유용한 길잡이다.

- **모든 연령과 단계를 위한 주거:** 우리는 나이가 들어가면서 연령, 장애, 치매에 친화적이고, 기후와 재난에 대비가 된 주거단지 중에서 우리가 선택하는 장소에서 살 것이다. 목표: 건강한 노화를 위한 수백만 개의 새로운 주택 옵션 만들기.
- **새롭게 창조하는 건강:** 우리는 주거단지 내에 있는 집에서 살고, 건강과 삶의 질을 최적화하는 데 필요한 서비스에 대한 접근권을 가질 것이다. 목표: 형평성 격차를 좁히고 기대 수명 늘리기.
- **고립이 아닌 포용과 평등:** 우리는 평생에 걸쳐 일, 자원봉사, 참여, 리더십을 위한 기회를 얻을 것이며, 고립, 차별, 학대, 방치, 착취에서 보호를 받을 것이다. 목표: 나이가 들면서 삶의 만족도 계속해서 높이기.
- **제대로 작동하는 돌봄제공:** 우리가 사랑하는, 늙어가고 있는 사람을 돌보는 일의 보상과 어려움에 대비할 것이며, 그 과정에서 지지를 받을 것이다. 목표: 양질의 돌봄제공 직업 100만 개 확보.
- **경제적으로 감당할 수 있는 노화:** 우리는 살아 있는 한 경제적 안전

을 확보할 것이다. **목표:** 평등 격차 줄이기. 그리고 노령층의 경제적 자족 늘리기.[13]

이 목표들은 각각 혁신가들과 이 해결책에 대한 비용 지급을 도와줄 주 정부 내 파트너들에게 새로운 기회들을 제공한다. 아울러 이 목표들은 불평등 격차를 해결하고, 저렴한 설계를 촉진하는 것을 목표로 삼는다.

혁신은 필요하며, 심지어 더 많은 기회를 열어줄 것이다. 선도적인 경제학자들과 장수에 관해 고찰해온 리더들은, 그들이 품위 있는 노화에 영향을 미칠 수 있다고 믿는 몇 가지 혁신에 대해 이야기한다. 그들의 제안 중에는 다음과 같은 것들이 있다.

- 긴 생애를 뒷받침하기 위한 베이비 본드
- 평생학습을 뒷받침하기 위한 교육 자금 프로그램
- 노령층 근로자를 고용하는 기업에 대한 재정적 인센티브
- 은퇴 의무 연령에 대한 법률 개정
- 고등학교와 대학교 사이의 젊은 성인을 대상으로 국가 서비스 기간을 정해서 그 기간 동안 노령층 성인을 돕고 동반자 역할 담당하게 하기
- 노령층 성인을 위한 연방과 주 정부 차원의 디지털 리터러시와 금융 리터러시 캠페인
- 생활비와 대학 학비 지원의 대가로 노화 분야를 다루도록 하는

국가적 서비스 모델

- 노령층 성인들이 사는 지역과 관계없이 집과 주거단지 내에서 다양한 서비스를 받을 수 있도록 메디케어의 원격의료에 관한 지역 제한 영구 철폐
- 원격의료 서비스에 대한 평등한 접근권 제고
- 돌봄제공 비용을 상쇄하기 위한 돌봄제공자 대상 소득세 세액 공제
- 유급 돌봄제공자를 위한 보상과 급여 인상
- 노령층 성인 돌봄제공을 위한 국가 차원의 유급 휴가
- 학습 안식년을 위한 세액 공제

코로나19 팬데믹은 일, 교통, 주거, 헬스케어, 사회적 연결 등 우리 삶과 경제의 거의 모든 측면을 재검토하게 만든 촉매제가 됐다. 팬데믹은 또한 품위와 노화에 대한 가장 중요한 논의를 표면으로 끌어올렸다. 삶의 말기 돌봄, 죽음과 죽는 과정에 대한 대화가 너무나 많은 사람들의 주방 식탁과 기기 화면 위로 올라왔다. 때때로 고통스럽지만 이런 대화는 중요하며, 우리의 경제에서 품위의 역할에 더 밝은 초점을 맞추도록 한다.

상점들이 노령층 성인을 위한 쇼핑 시간을 만들면서 그들을 존중했던 것과 같이, 팬데믹 중에 탄생한 혁신 중의 일부는 영원히 우리의 삶과 결합되어 품위를 조성할 것이다. 예를 들어 노화하는 인구에 대한 식품과 기술을 제공하기 위해 새로운 스타트업들이 등장했고, 가장 필

요한 사람을 위해 치료가 용이하도록 대중에게 원격의료가 개방됐다.

—
다중세대 커뮤니티 육성하기

장수 고객들은 진공 상태 속에 존재하지 않는다. 점점 더 많은 전문가들은 노령층 성인이 품위 있는 삶을 살면서 번창할 수 있도록 보장하기 위해서 인적자원과 커뮤니티의 다중세대적 현실이 중요하다고 보고 있다. 이들 장수 전문가들은 또한 단순하게 다중세대적 유대를 만들어내는 것이, 그런 유대의 양쪽, 즉 노령층 성인과 더 젊은 세대에게 보답으로 돌아올 것임을 보여주고 있다. 이제 우리는 다중세대적 학습 환경이 젊은 학생과 더 나이 많은 학생의 학습에 모두 기여한다는 사실을 안다. 그리고 다중세대적 참여를 위한 새로운 기회를 제공하는 기관들은 모든 세대가 번창하도록 돕게 된다.

많게는 한 직장에 다섯 세대가 존재하는, 다중세대 인적자원은 더 일반적인 현상이 될 것이다. 나는 이들 인적자원이 어떻게 협업과 제품 디자인을 제고할 수 있는지 설명했다. 지혜 요인, 경험 요인, 협업 요인은 회사의 성공에 기여할 것이다. 역멘토링이 포함될 수 있도록 업무현장을 재구성한다면 회사가 번창하는 데 도움이 될 것이다. 더 나이 많은 학생과 더 젊은 학생을 포함하도록 고등교육을 재창조한다면 모든 학생이 더 많이 배우는데 도움이 될 것이다. 머서는 다중세대적 인적자원을 보유할 수 있도록 정책을 통합하고, 다중세대 팀들의 높아진 가치를 뒷받침하는 데이터를 제공함으로써, 모든 기업이 연령에 준비된 조직이 될 것을 독려한다.

일하는 장소에 대해 달라진 개념도 다중세대의 기회로 등장하고 있다. 세일즈포스Salesforce 같은 기업들은 직원들 다수에게 일주일에 적어도 며칠 동안 재택근무를 하도록 허용하는 방향으로 옮겨갔다. 다른 기업들도 이를 따라왔다. 이런 관행은 모두에게 게임 체인저가 될 것이며, 더 오래 계속해서 일하고 싶어 하는 노령층 성인과, 유용한 제품과 서비스로 (특히 학습과 돌봄제공 분야에서) 노령층 성인을 공략하고 싶어 하는 기업에 기회를 열어줄 것이다.

업무현장에서는 변화하는 경력의 범위와, 경력 곡선의 변화하는 본질이 가진 니즈를 공략하기 위해 새로운 기업들이 등장하고 있다. 한 가지 경력에서 은퇴하고 새로운 단계에 들어선 더 나이 많은 근로자를 젊은 근로자가 멘토링할 때, 역멘토링이 폭발할 것을 기대하라. 또한 우리는 경력 공백을 겪은 사람들을 위한 더 많은 리턴십을 보게 될 것이다. 제이피모건, IBM, 페이스북, 구글, 아마존 외에도 수십 개의 기업이 과거의 경력에서 새롭게 출발하거나 새로운 역할로 방향을 전환하는 방법의 하나로 수정된 인턴십을 만들어내고 있다. 다중세대 멘토링 역시 점점 더 흔해지고 있다. 그런 프로그램들을 통해 여러 세대에 걸쳐 활용된 지혜는 많은 기업이 보유한 비법이 될 것이다. 예를 들어 영화 〈인턴The Intern〉은 역멘토링의 가치를 강조한다. 호텔리어 칩 콘리Chip Conley는 에어비앤비Airbnb의 글로벌 호스피탈리티와 전략 부문 수장을 맡았을 때 그런 역할을 모델로 삼아 회사 내에서 현대판

현자의 존재를 옹호하고 있다.[14]

스탠퍼드대학교 장수연구센터와 협업해 개발한 장수 프로젝트The Longevity Project 역시 전국에 있는 기업들과 마케터들, 사상적 리더들을 초청해 더 길어진 삶이 제시하는 무수히 많은 니즈와 기회에 대한 전국적인 대화에 합류시키고 있다. 특히 이 프로젝트는 Z세대와 밀레니얼 세대 모두를 다양한 니즈에 관한 대화에 참여시켰다. 이 프로젝트의 팟캐스트에 등장하는 주제로는 일의 미래, 도시의 새로운 발명, 평생학습, 재정적 안정, 평생 건강, 장수와 팬데믹, 연령차별주의, 장수와 평등, 은퇴 다시 생각하기, 돌봄 등이 있다.

또한 지리적인 다중세대의 기회도 존재할 것이다. 2021년 2월 〈보스턴 글로브Boston Globe〉는 MIT 에이지랩의 창립자와 함께 보스턴 지역을 혁신을 위한 새로운 유형의 장수 허브로 키우려는 노력에 대해 발표했다. 기술과 의료 서비스 혁신가들이 풍부하다는 점을 언급하면서 그들은 보스턴이 장수의 실리콘밸리가 될 수 있다고 믿는다. 이런 유형의 다중세대 커뮤니티는 이 책에 묘사된 많은 혁신을 가속화하는 데 도움이 될 수 있다.[15]

장수 사이클에서 다중세대라는 것은 좋은 의미에서 뜨거운 용어이자 뜨거운 개념이다. 세대 간 상호작용과 협업에 초점을 맞추는 것이 모든 사람에게 도움이 된다는 증거가 쏟아져 나오고 있다. 그리고 우리는 이제 다중세대의 니즈를 공략하는 제품과 서비스의 개발에서 나올 장수 배당금을 막 파악하기 시작한 단계다.

· · ·

가장 최신의 혁신이 세상을 더 살기 좋은 곳으로 만든다는 말은 실리콘밸리에서 진부한 이야기다. 하지만 장수 경제에서 이는 진정으로 가능한 일일 뿐만 아니라 필요한 일이다. 장수와 관련된 시장 기회가 엄청나다는 데는 이론의 여지가 없다. 하지만 잠재적 영향력에 초점을 맞추지 않는다면 이 시장은 완전하게 실현되지 않을 것이다.

새로운 장수가 가진 또 다른 측면은 연령차별주의적 태도가 지속되고 정책이 사려 깊게 고안되지 않는다면, 경제와 공중보건 측면에서 주요한 위기가 일어날 가능성이 있다는 것이다. 우리는 품위와 다중 세대의 기회에 투자함으로써 이런 위기를 피할 수 있다.

기업들이 100년이라는 삶의 과정을 헤쳐 나가기 위한 새로운 상품과 서비스를 만들어내려면 상상력이 필요한 만큼, 그들은 이런 정책 혁신에 적극적으로 참여해야 하며 이 기회를 적극적으로 끌어안아야 한다. 그렇게 함으로써 장수 사회에 미치는 영향력을 높이고 장수 배당금을 더 많이 받게 될 것이다.

기업가와 마케터를 위한 제언

○ 회사의 채용 관행에서 연령차별주의를 다루라. 그리고 노령층 근로 자가 제공하는 기여의 가치를 인정하라.

○ 마케팅과 미디어에 존재하는 연령차별적 고정관념과 적극적으로 싸우기 위해 당신의 회사가 고용주 장수 서약을 하는 방안을 고려하라.

○ 장수 시장 혹은 다중세대 시장을 다룰 때 미디어와 광고를 새롭게 디자인하라.

○ 품위에 투자하라. 그리고 노령층 성인을 위한 정부의 지원을 받으면서 장수를 촉진하는 새로운 정책과 계획의 입안에 참여하라.

○ 다중세대 인적자원을 보유하기 위해 정책을 통합하고, 다중세대 팀들의 높아진 가치를 뒷받침하는 데이터를 제공함으로써 연령에 준비된 조직이 되라.

○ 직원들의 돌봄제공 니즈와 유급 가족 휴가를 지원하라.

_____
나가며

새로운 기회와 가능성은 거의 무한하다

만약 여기까지 읽었다면, 당신은 새로운 장수에 대해서 그리고 더 길어진 생물학적 수명과 훨씬 더 길어진 건강수명을 누리면서, 연령을 주목하던 데서 벗어나 인생을 살면서 거치는 단계들로 생각을 전환하는 일에 대해 상당히 많이 배운 셈이다. 이를 장수 시장을 이해하고 여기에 진입하기 위한 개인적인 마스터 클래스로 생각하라.

당신은 이렇게 생각할지도 모른다. 내가 인용한 모든 도메인과, 우리가 검토한 모든 회사들이 있으니 문제는 해결됐다고. 그렇지 않다. 그들이 기회들을 전부 가져간 것처럼 보일 수도 있지만 그렇지 않다.

우리는 여전히 100세까지 늘어난 수명이 인생 여정에 영향을 미칠 모든 다양한 방식과, 추가된 30년 혹은 40년을 최대로 활용할 방법을 새롭게 상상하는 시기의 초반에 있다. 혁신적인 해결책을 찾고, 새로운 수준의 접근권과 경제적 여유를 확보해야 할 필요성은 너무도 크다.

현대의 노화는 그저 해결해야 할 문제가 아닌, 활기로 가득 찬 기회로 새롭게 제시되고 있다. 이것은 또한 놀라운 창업 기회다. 이 기회가 요구하는 것은, 사람들이 필요로 하며 사고 싶어 하는 것이 무엇인지를, 그들이 시장에 다가가면서 경험하는 어려움을 이해하는 것이다.

그리고 해결이 가능한 다른 장애물 중 일부도 이해하는 것이다. 나는 이 책이 당신에게 그런 통찰을 제공하기를 희망한다.

혁신은 더 길어진 삶의 수많은 단계에서 사람들의 변화하는 니즈를 중심으로 일어나야 한다. 이들 니즈가 삶의 후반에 대한 새로운 로드맵을 만드는 데 더 폭넓은 사회적 영향을 미치게 될까? 장수 시장의 범위나 장수 고객의 다양성은 아무리 강조해도 지나치지 않다.

예를 들어 이 책에서는 더 이상 운전하기를 원치 않거나, 운전을 해서는 안 되는 노령층 성인을 위한 자율주행 자동차는 고려조차 하지 않았다. 하지만 그 시장은 향후 십여 년간 상당히 커질 것이다. 당신은 이 자동차가 높은 안전성과 접근성을 보유하고 노령층 성인이나 그들의 가족에게 매력을 어필할 수 있는 특정한 편의시설을 갖추고 있을 것임을 상상할 수 있다. 노령층 성인이 많이 있는 커뮤니티는 그런 혁신을 지원해주는 장소로 이동할 것이다. 도시는 사람들과 그들에게 서비스를 제공할 기업을 끌어들이기 위해 시 안에서 이런 기술을 활성화하는 방향으로 계획을 세울 것이다.

변호사, 회계사, 병리학자, 다른 전문가와 같은 지식 노동자도 있을 것이다. 그들은 65세 이상이 된 후에도 일을 계속하거나, 절반 혹은 일부 다른 줄어든 시간 수준에서 일하기를 원할 것이다. 기업들은 전통적인 풀타임 근로에서 벗어나 그들의 기술과 흥미가 새로운 기회와 연결되도록 도와줄 필요가 있을 것이다. 일하기 위해 그리고 노령층 성인이 새로운 기술을 배우며 지속적으로 성장하도록 도와줄 새로운 방식으로, 매치닷컴Match.com 같은 무언가가 필요할 것이다. 만약 많은 기업에서 원격 근무가 표준이 된다면, 이런 기회는 기하급수적으로 늘어날 것이다. 노령층 성인을 점점 더 자산으로 보게 되면서 멘토나 대리 조부모, 많은 긍정적인 방식으로 사회에 영향을 주는 행동가로서, 젊은이와 노령층 성인을 연결하기 위한 온갖 종류의 새로운 기회가 등장할 것이다.

지금이 15세 미만인 아이들보다 노령층 성인의 숫자가 더 많은 2050년이라고 상상해보라. 우리에게는 해당 인구 중 나이 많은 그룹을 돌볼, 더 많고 좋은 방법이 절대적으로 필요하겠지만 그렇게 할 수 있는 자원은 더 적을 것이다. 돌봄제공 시스템이 완벽하게 정비되고, 일 년간의 국가 서비스를 통해 노령층 성인과 젊은이를 연결함으로써 노령층 성인들의 외로움이 해소됐다고 상상해보라. 85세 이상인 사람들이 계속해서 가장 빨리 성장하는 인구집단이고, 그들이 의미 있는 다중세대 커뮤니티에 참여할 수 있는 새로운 방법이 많다고 상상해보라. 그리고 장수 보험이 있어서 모두가 건강한 노화와 장수를 누릴 수 있다고 말이다. 기업 내 혁신가와 새롭게 창업하는 기업이 이런 기회를 움켜잡는다면 이 모든 비전은 진정으로 가능하다.

장수와 노령층 성인을 위한 단계를 범주화하는 일과 관련해 가장 큰 도전과제 중 하나는 사용할 적절한 단어를 찾는 것이다. 노령층 성인에 대한 연령차별 없이 단계에 초점을 맞춘 명칭을 생각해내는 어려움부터 올더프러너와 같은 용어들을 정의하는 일까지, 노령층 성인이 그들 자신에게 주목하도록 만들기에 적절히 설명할 수 있으면서도 어색하지 않은 단어를 생각해내기는 어렵다. 용어들은 계속해서 진화할 것이다.

나는 그런 용어를 하나 채택했다. 퍼더후드다. 나는 결코 이것이 엄청난 용어라고 생각하지 않는다. 여러분에게 이 용어를 개선하는 데 참여하기를 청하고, 나도 이 용어를 계속 사용할 것이다.

퍼더후드는 늙은 나이가 아니다. 은퇴 연령이 아니다. 노화하는 신체와 연관된 장애의 연령도 아니다. 퍼더후드는 새로운 선물이며, 더 많은 사람이 더 오래 건강하고 활동적이 될 30년에서 40년 동안의 잠재력이다. 더 이상 작동하지 않는, 한 세대의 낡은 삶의 모델에 대한 파괴이다.

나는 퍼더후드라는 용어를 좋아한다. 왜냐하면 이 용어는 당신의 지혜, 가치, 경험을 어떻게 다음 세대에 기여할 것인지 평가하면서, 더 나아갈 수많은 삶의 단계를 통해 당신만의 목적을 상상하고 새롭게 정의한다는 의미를 담고 있기 때문이다. 이것은 끝이 아니라 일련의 새로운 시작이다. 나는 당신이 늙어가면서 마치 노화하거나 끝나가는 것처럼 느끼지 않고, 오히려 새로운 기회와 가능성을 향해 나아간다고 느끼기를 희망한다. 나는 당신이 퍼더후드를 하나의 시장이자 당신 삶의 일부로 포용할 것을 고려했으면 한다.

내가 스탠퍼드대학교 우수경력연구소에서 선임연구원으로 일을 시작했을 때, 나는 경력의 다음 장을 노인 돌봄을 파괴적으로 혁신하는 데 헌신하겠다고 생각했다. 나는 어머니가 사전 연명의료 의향서를 서면으로 준비했다면 그리고 그녀의 소망이 존중됐다면 그녀가 삶의 마지막에 겪었던 고통과 괴로움을 방지할 수도 있었음을 알고 끔찍하다고 느꼈다. 그녀가 그토록 병원에 자주 입원했지만 사망하기 전까지 완화 돌봄 팀이 그녀를 본 적이 없었다는 사실에 슬픔을 느꼈다. 이 모든 단계는 취해질 수 있었고, 취해져야 했다. 하지만 나는 그때 그런 것들이 얼마나 중요한지 알지 못했고, 어머니를 위해 그 상황을 어떻게 헤쳐 나가야 할지 알지 못했다.

나는 다른 가족들을 위해 이런 상황을 고쳐서, 그들이 사랑하는 사람들이 우리 어머니가 겪어야 했던 고통을 겪지 않도록 하고 싶었다. 나는 그들이 사랑하는 누군가가 좋은 죽음을 맞이하지 못했을 때 내가 느낀 것과 같은 슬픔을 느끼지 않기를 원했다.

하지만 그때 나는 새로운 장수에 대해 배우기 시작했다. 연령이 아닌 단계의 중요성에 대해서 배웠다. 나는 노인 돌봄과 삶의 말기 계획에 추가해서 풀어야 할 새로운 문제가 너무나 많으며, 혁신 기회도 너무나 많다는 사실을 발견했다. 삶의 말기 돌봄이라는 하나의 단계에 초점을 맞추는 것이 아니라 모든 가능성에 대한 흥분으로 마음이 부풀어 올랐다. 내 삶에 존재하는 수많은 단계들이 새로운 방식으로 이해되기 시작하면서 나는 새로운 렌즈로 나 자신의 여정을 보게 됐다. 그들은 르네상스 단계에서 함께 모였다. 내 돌봄의 시간들, 공중보건 분야의 경력, 벤처캐피털 경력, 학문적 경력이 사람들이 더 길어진 삶을 더 잘 살고, 삶의 말기를 더 잘 준비하고 존중받을 수 있도록 도와준다는 새로운 목적 속으로 모두 합쳐졌다.

나는 이 모두를 매우 선명하게 볼 수 있었다. 선조들보다 훨씬 더 긴 삶을 살게 되면서 우리는 모두 수많은 단계를 거치게 될 것이다. 우리가 미래로 나아가면서, 나는 당신이 이토록 활기가 넘치고, 역동적이고, 성장하는 시장에 나와 함께 합류하기를 그리고 바뀌고 있는 세상에 변화를 일으키기 위해 일하기를 희망한다. 기회는 거의 무한하다.

∘ 단계 세분화: 18단계 ∘

노령층 성인은 하나의 단일 시장이 아니다. 장수 시장 진입을 고려할 때, 목표 고객에게 해당될 수 있는 단계의 수를 고려하라. 그들은 하나 이상의 단계에 속할 수 있다. 예를 들어 돌봄제공자처럼 60세가 넘지 않은 사람이 장수 고객일 수도 있다.

2장에 나온 표를 다시 정리한 표 A-1은 단계에 대한 내 접근 방식을 제시한다. 하지만 다른 단계들도 있다. 당신도 당신 고객에 대한 이해를 바탕으로 나름대로 단계를 창안할 수도 있다.

표 A-1) 장수 시장에서 타깃이 되는 핵심 도메인

성장 단계	직업과 가족 단계	재창조 단계	마무리 단계
시작	지속적 학습	새로운 목적 부여	유산
성장	재정적 안정 형성	재출발	삶의 말기
첫출발	부모 되기/가족	삶의 우선순위 재설정	
실험	돌봄제공	전환	
	건강 최적화	포트폴리오	
		르네상스	
		사이드프러너	

◦ 인구통계학적 세분화: 5분기 ◦

생물학적 수명과 건강수명이 길어지면서 3단계의 낡은 생애 모델, 즉 배우고, 돈을 벌고, 은퇴하는 모델은 더 이상 유효하지 않다. 새로운 모델은 다섯 개의 분기 혹은 5Q의 생애 위에 단계들을 연결한다. (2장에서 가져온) 그림 A-1의 각 분기 아래에서 사람들은 여러 단계에 동시에 속해 있는 자기 자신을 발견하게 될 것이다. 예를 들어 돌봄제공은 Q2와 Q4에서 일어날 수 있다. 학습은 거의 확실하게 거의 모든 단계에 걸쳐질 것이다. 장수 전략을 수립할 때 기업들은 목표 고객을 그들의 단계와 인구통계학적 분기에 연결해야 한다.

그림 A-1) 다섯 개의 분기(5Q) 생애 프레임워크

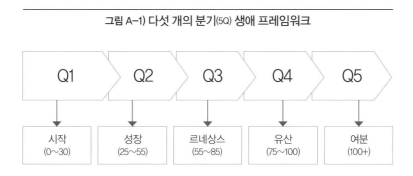

◦ 도메인 세분화: 타깃으로 삼을 시장 ◦

거의 모든 시장 도메인이 새로운 장수, 즉 길어진 생물학적 수명과 건강수명에 의해 영향을 받을 것이다. 하지만 일부 도메인들은 다른 도메인들보다 더 빨리 등장했다. 표 A-2는 3장에서 요약한 서로 다른 생애 단계 우선순위에서 비롯된 일부 추가 도메인들은 물론, 우리가 논의한 상품과 서비스를 위한 핵심 도메인들을 요약해 보여준다. 당신의 장수 전략을 더 심도 있게 재정의하는 데 이들 도메인을 활용하라.

표 A-2) 목표 대상 시장

생애 단계 우선순위	등장하는 제품과 서비스 도메인	서브도메인 사례
주택과 거주	주택 개조	장수에 준비된 주택 준비하기
	거주 대안	다중세대 거주와 공동 거주
돈과 안전	재무 서비스	평생학습을 위한 금융 상품/ 여성과 재무 설계하기/ 재무 돌봄제공
	핀테크	사기와 노인 학대 예방
	보험테크	보험 내비게이션/ 메디케어 어드밴티지 내비게이션
건강과 장수	장수 건강 서비스	장수 건강 평가 및 점검
	식품과 영양	식품 준비/ 배송
	피트니스와 웰니스	원격 피트니스 프로그램
	원격의료	전문가 돌봄과 기술/ 가정 내 병원/ 원격 환자 모니터링
돌봄제공과 가족	돌봄 내비게이션	돌봄 코디네이션과 전환 계획/ 돌봄제공자 삶의 질/ 재무적 돌봄제공
	장기 돌봄	재택 돌봄 서비스와 기술
	기억 돌봄	기기
목적과 기부	사회적 건강/ 커뮤니티 서비스	장수학습 프로그램/ 고립과 외로움 지원/ 다중세대 활동/ 새로운 유형의 일/기술과 흥미 매칭 서비스
영성과 정체성	삶의 말기 계획하기	완화 돌봄/ 사전돌봄계획/ 장례 계획/ 유산

학습과 유대	지속적 학습	디지털 리터러시/ 디지털 건강/ 디지털 접속/ 생애 전환 계획/ 중간 경력 학습 프로그램
시민적 삶과 커뮤니티	다중세대 유대/ 자원봉사	매칭 서비스/ 참여를 위한 플랫폼/ 자원봉사 플랫폼

이들 도메인 각각에는 다수의 서브도메인이 있는 경우가 종종 있다. 예를 들어 재무 서비스 도메인 아래에는 금융 계획 수립과, 노령층 성인에 대한 사기와 금융 착취 예방이라는 서브도메인이 있다.

돌봄제공의 경우, 나는 적어도 스물여섯 개의 서브도메인을 파악했다. 거기에는 돌봄 내비게이션과 전환, 돌봄 코디네이션, 돌봄제공자의 삶의 질, 돌봄대상자를 위한 일상적 필수 활동, 건강과 안전 의식, 사회적 웰빙, 소외와 외로움 예방, 웰니스, 스마트 주택, 웨어러블, 낙상 예방, 낙상 포착, 이동성, 피트니스, 감각 보조, 교통, 투약 관리, 기술 보조 재택 돌봄, 재무적 돌봄제공, 삶의 말기 돌봄과 계획, 보험과 환급, 인지 돌봄, 거주, 식이와 영양, 디지털 포용, 접근권, 리터러시, 노령층 성인들을 위한 원격의료가 포함된다.

◦ 당신의 장수 기회 정의하기 ◦

장수 시장에 성공적으로 진입하려면 노인을 위한 제품과 서비스를 만든다는 생각을 적극적으로 피하는 신중한 접근 방식이 필요하다. 다음은 이 책에 논의된 회사들의 모범 사례에서 취한, 신중한 접근 방식을 개발하기 위한 중요한 단계들이다.

- **니즈:** 어떤 문제나 도전과제를 해결해야 하는지 정의하라. 그 니즈가 쇠퇴하는 건강이나 능력에 바탕을 두고 있다고 가정하지 말라. 예를 들면 노령층 성인을 위한 교육 솔루션에 대한 니즈가 매우 많다.

- **기회:** 시장 내 격차, 시장 규모, 시장과 당신의 역량, 혹은 당신이 개발하고 싶은 역량과의 관계를 분석함으로써 시장 기회를 정의하라. 예를 들어 당신이 홈 피트니스 장비를 만들거나 설계하고 싶다면, 얼마나 많은 노령층 성인이 참여할 것인지 그리고 그들의 경제적, 인구통계학적 현황은 어떤지 배우라.

- **사용자:** 누가 사용자인지를, 그들이 고객 혹은 돈을 지불하는 사람이 아닐 수도 있음을 기억하면서 신중하게 생각하라. 그들은 심지어 50세가 넘지 않았을 수도 있다. 예를 들어 생애 후반 재무 설계를 하는, 경력 중반에 속한 30대가 사용자일 수도 있다.

- **단계:** 당신이 타깃으로 삼고 싶은 고객의 단계를 정의하라. 그 특정 단계에 있는 사람들의 특성과 역동성에 대해 배우라. 예를 들어 올더프러너는 무엇을 중요시하는가? 그리고 그들에게 필요한 창업 관련 상품 중 빠진 것은 무엇인가?

- **도메인:** 도메인과 서브도메인을 정의하라. 구체적인 기회에 전념하도록 노력하라. 예를 들어 시장 기회로서 원격의료에 초점을 맞추지 말라. 내 집에서 나이 들어가는 노령층 성인들을 위한 시골 지역의 원격의료에 초점을 맞추라.

- **지급자:** 최종 사용자나 당신이 마케팅하는 고객이 항상 지급자

가 아님을 기억하면서 누가 그 상품과 서비스를 위해 돈을 지불하는지 규정하라. 예를 들어 돌봄제공 휴가 혜택을 제공하고 싶어 하는 기업들은 지급자인 보험회사와 소통하는 방식을 이해할 필요가 있다.

- **고객 확보의 어려움:** 고객을 확보하는 데 따르는 장애물을 파악하라. 예를 들어 당신이 내 집에서 나이 들기를 위한 주택을 건설하려고 노력하는 건설업자라면, 관리하기 어려운 지역 건축 법규가 있는가?

- **연령차별주의:** 당신 자신과 다른 사람이 가진 타깃 고객에 대한 편향, 고정관념과 확실하게 싸워야 한다. 반드시 그래야 하는 것이 아니라면 인구통계자료를 식별 특성으로 삼지 말라. 연령차별적 언어를 사용하지 말라. 사용자에 대한 잘못된 가정을 하지 않도록 조심하라. 예를 들어 어떤 사람은 노령층 성인이 기술에 적응력이 떨어질 뿐만 아니라 기술을 배우려는 마음이 적다고 잘못 가정한다. 그것은 사실이 아니다.

- **채널의 어려움:** 해당 채널 내의 어떤 격차가 당신의 계획 실행을 어렵게 만들 것인지 파악하라. 고객이 지금보다 더 쉽게 상품과 서비스에 연결할 수 있는 플랫폼을 구축하고 유지하도록 노력하라. 예를 들어 돌봄제공을 둘러싼 한 가지 실습에서 동료와 나는 고객을 접촉하기 위해 아홉 개의 서로 다른 채널을 복수의 조합으로 이용하는 열다섯 개의 기업을 발견했다. 이렇게 복잡한 거미줄은 비효율적이며 비용이 많이 든다.

- **자금 조달:** 당신의 제품과 서비스에 자금을 조달하기 위해 자원을 모으라. 대기업에서 자금 조달은 내부 옹호자에게서 나올 수도 있고, 혁신 펀드 예산에서 나올 수도 있다. 스타트업은 벤처캐피털 커뮤니티에 집중하고, 그들이 이 기회에 점점 더 집중한다는 사실에 초점을 맞추라.

- **규모:** 만약 당신이 한 가지 제품이나 서비스로 성공한다면, 다른 단계에 있는 다른 고객들을 공략하면서 다른 영역으로 그 성공을 넓힐 기회를 찾아보라. 예를 들어 르네상스 단계에 있는 노령층 성인에게 요가 팬츠를 성공적으로 판매한 한 패션 회사에서는 새로운 학습과 함께 그들이 배운 내용을 신발이나 운동 수업 제공에 활용할 수도 있다.

∘ 창업자의 기회 ∘

벤처캐피털과 창업자 커뮤니티는 장수 시장을 점점 더 거대한 기회로 바꿔놓고 있다. 표 A-3은 그런 활동 중 일부를 보여주며, 이는 벤처캐피털리스트에게 아이디어를 제안하려는 창업자에게 영감을 제공할 수도 있을 것이다.

표 A-3) 목표 대상 시장

투자자	선별된 투자 건
세븐와이어 벤처스	홈스라이브

안드리센 호로위츠(a16z)	아너; 투마로우 헬스Tomorrow Health; 볼드; 디보티드 헬스Devoted Health
배터리 벤처스 Battery Ventures	어 플레이스 포 맘; 클리어케어ClearCare
블루 벤처 펀드	와이더서클
카난Canaan	파파
컴캐스드 벤처스 Comcast Ventures	파파
에머슨 콜렉티브	템보 헬스; 굿트러스트; 프리윌
제너레이터 벤처스	액티브프로텍티브ActiveProtective; 케어링스; 케어머지Caremerge; 트루링크; 파이낸셜Financial; 베스타 헬스케어; 빈카Vynca; 웰시
고어헤드 벤처스	케이크
지에스알 벤처스 GSR Ventures	체리 랩스Cherry Labs
카이저 퍼머넌트 벤처스 Kaiser Permanente Ventures	베스타 헬스케어; 실버링크SilverLink
라이트스피드 벤처 파트너스 Lightspeed Venture Partners	커브 헬스Curve Health
매그니파이 벤처스	파파
매버릭 벤처스	몬 아미; 디보티드 헬스; 케스트라이트Castlight; 챕터Chapter
엔이에이NEA	세이프라이드 헬스SafeRide Health
오크 HC/FT	베스타 헬스케어; 모던 에이지Modern Age; 케어브리지CareBridge; 디보티드 헬스
오시에이 벤처스OCA Ventures	케이크; 빈카
필라 벤처캐피털Pillar VC	케이크
포트폴리아	케이크

프라임타임 파트너스	볼드; 케어웰; 템보 헬스; 블룸Bloom; 겟셋업GetSetUp;리타이어러블Retirable
리씽크 임팩트	웰시; 케어아카데미CareAcademy
라이즈 오브 더 레스트 시드 펀드 Rise of the Rest Seed Fund	케릴룹Cariloop
소프트뱅크 비전 펀드 SoftBank Vision Fund	파파; 디보티드 헬스
스프링뱅크 콜렉티브	웰시; 알로에케어AloeCare
쓰라이브 캐피털 Thrive Capital	엄브렐라Umbrella; 아너
타이거 글로벌 매니지먼트 Tiger Global Management	파파
타운 홀 벤처스Town Hall Ventures	웰비헬스WelbeHealth; 시그니파이 헬스Signify Health
투 랜턴스 벤처 파트너스 Two Lanterns Venture Partners	케이크
지글러 링크 에이지 론제비티 펀드 Ziegler Link-Age Longevity Fund	블루스타 시니어테크BlueStar SeniorTech; 브리지Breezie; 케어링스; 케어머지; 코산Cosan; 엠바디드 랩스Embodied Labs; 포어프론트 텔레케어Forefront Telecare; 헬스프로 헤리티지Health-PRO Heritage; 인클루디드 헬스Included Health; 인제니오스 헬스Ingenios Health; 케이4커넥트K4Connect; 라이프사이트LifeSite; 민카Minka; 온시프트OnShift; 파약티브Payactiv; 프로디고 솔루션즈Prodigo Solutions; 피에스 라이프스타일PS Lifestyle; 소셜리 디터민드Socially Determined; 스트레티직 헬스 케어Strategic Health Care; 서드 아이 헬스Third Eye Health; 트루링크; 버츄센스VirtuSense; 바이탈테크VitalTech; 빈카

표 A-4에 나타난 것과 같은 결과를 달성하는 엑시트(인수되거나 기업이 공개됨으로써 성공하는 투자)가 많아질수록, 기업가들의 흥미는 커져만 갈 것이다.

표 A-4) 목표 대상 시장

회사	IPO, 인수자 혹은 리드 투자자	연도	가치	거래방식
이노브에이지 InnovAge	에이팩스 파트너스	2020	9억 5000만 달러	인수
트루링크	코슬라 벤처스	2020	1억 3500만 달러	시리즈B
실버네스트	인센터 (파이낸스 오브 아메리카) Incenter (Finance of America)	2020	비공개	인수
케어닷컴*	—	2014	5억 5000만 달러 (주당 17달러)	기업공개
필팩	아마존	2018	7억 5000만 달러	인수
그레이트콜	베스트바이	2018	8억 달러	인수
커런트 헬스 Current Health	베스트바이	2021	4억 달러	인수
케어링스	제너럴리 글로벌 어시스턴스 Generali Global Assistance	2017	비공개	인수
인제니오스 헬스	올모스트 패밀리 Almost Family	2015	1340만 달러	인수
리빙 인디펜던틀리 그룹 Living Independently Group	GE 헬스케어 GE Healthcare	2009	비공개	인수
실버스니커스	티비티 헬스	2006	4억 5000만 달러	인수

참고: 데이터는 2021년 11월 기준임.
*케어닷컴은 2019년에 IAC가 5억 달러에 인수함(주당 15달러).

◦ 혁신 격차와 기회 ◦

장수 시장에는 사실상 무한한 가능성이 있다는 사실과, 인구가 이
런 엄청난 인구통계학적 전환을 맞이한 만큼 우리가 이제껏 상상해보

지 못한 기회와 니즈가 생길 거라는 사실은 아무리 말해도 지나치지 않다.

하지만 아직 이런 전환의 초기인지라 제품과 서비스가 필요한 사람들이 그것들을 보유하고 있지 않거나 찾을 수 없을 때 노출된 시장 격차 때문에 일부 마케팅 전략들은 더 빨리 등장했다.

다음 섹션은 완전하지는 않지만, 당신만의 장수 시장 기회를 개발하는 데 영감을 줄 수 있는 가장 시급한 격차들 중 일부를 예시한 것이다.

거주와 주택 개조 서비스 및 제품
사례: 계단

노령층 성인의 90퍼센트 이상이 내 집에서 나이 들기를 원한다. 우리는 집 안에 있는 출입구를 어떻게 재구성할 수 있을까? 더 단순하고 비용이 덜 드는 해결책은 무엇일까? 계단 입구에 층간 이동을 위한 새로운 '드론'을 개발한다면? 모든 건축과 리노베이션 과정에서 고려해야 할 가장 핵심적인 개조는 무엇일까? 건설회사와 리노베이션 회사들은 어떻게 창의적인 해결책을 공급할 수 있을까? 장수를 준비하기 위해 집을 정비하는 일은 하나의 사업 기회다.

거주 대안
사례: 다중세대 거주

창의적인 동거는 내 집에서 나이 들기부터 외로움 예방, 돌봄제공,

다중세대 학습까지, 수많은 장수의 어려움을 한 번에 해결한다. 이 모델은 고객 확보와 지속적인 관리를 지원하는 플랫폼에 더 중점을 둔다면 효과를 거둘 수 있다.

가정 내 장수 건강 서비스
사례: 원격의료와 돌봄제공

원격의료는 팬데믹 시대에 등장했지만 앞으로는 사라지지 않을 것이다. 전 세계의 변화하는 인구구조는 쉬운 접근, 품질 통제, 돌봄의 지속성, 투명한 환급 메커니즘을 보유한 기업들을 더 많이 필요로 할 것이다. '가정 내 병원'에 대한 맞춤형 제품과 서비스가 혁신 격차는 물론 시장 기회에 대응할 것이다.

디지털 헬스, 웰니스 도구, 측정
사례: 센서와 모니터링 기술

내 집에서 나이 들어가려면 필요시 개입을 허용하기 위해, 노령층 성인을 쉽게 평가할 수 있어야 한다. 말하자면 얼마나 자주 냉장고 문이 열리는지를 아는, 알고리즘과 연결된 센서가 내 집에서 성공적으로 나이 들 수 있게 하는 유형의 모니터이다.

핀테크
사례: 금융 학대 예방

이 부문에서 기회는 확실하다. 미국에서 연간 금융 학대로 인한 손실은 90억 달러가 넘는다. 금융 학대는 21세기의 범죄로 여겨진다. 코로나19 팬데믹 동안 금융상의 노인 학대가 크게 증가했다. 때때로 신뢰하는 가족 구성원들이 저지르는 이런 유형의 범죄를 예방하고 포착하기 위해서는 더 많은 기업과 서비스가 필요하다.

돌봄 내비게이션과 코디네이션

사례: 메디케어 어드밴티지 내비게이션

많은 장수 시장에는 이용할 수 있는 풍부한 자원, 제품, 서비스가 있지만 조정 기능이 약하고, 찾기도 어려우며, 관리도 힘들다. 예를 들어 삶의 말기 돌봄과 계획을 둘러싸고 이루어지는 결정과 구매의 숫자는 어지러울 정도다. 어떤 도메인 내부에 존재하는 이질적인 니즈의 내비게이션을 조정할 수 있는 기업은 엄청난 기회를 발견할 것이다. 혁신을 위한 또 다른 가능성은 메디케어와 메디케어 어드밴티지 프로그램들이다. 이들은 복잡하고, 처리하기가 어려우며, 따라서 종종 잘 활용되지 못한다.

사회적 건강

사례: 돌봄제공자 번아웃

이것은 노령층 성인과 돌봄제공자 양쪽 모두에게 도전과제다. 돌봄제공자 번아웃은 혁신이 필요한 서브도메인 중의 하나다. 돌봄제공자에게 스스로를 더 많이 돌보고 운동을 하라는 것은 풀기 어려운 난제를 제시하는 것이다. 돌봄제공자는 부족한 시간과 충분하지 못한 휴식 서비스로 어려움을 겪고 있기 때문이다. 여기에 돌봄제공 생태계 내에서 돌봄제공자의 웰니스 문제를 해결할 수 있는 기업들을 위한 기회가 있다. 또한 노령층 성인들 사이의 고립과 외로움은 혁신적 해결책이 필요한 중요 영역으로 남아 있다.

삶의 말기 계획

사례: 계획 도구

삶의 말기 계획에는 법적 서류 관리, 사전돌봄계획, 완화 및 호스피스 돌봄, 장례식과 매장 계획, 유산을 포함한 수많은 서브도메인이 관여한다. 이 분야는 플랫폼에서 큰 혜택을 얻을 수 있으며, 이 플랫폼들은 지금 등장하고 있다. 하지만 삶의 말기 계획은 계속해서 매우 큰 시장 기회가 있지만 충분히 공략되지 못한 영역으로 남아 있다. 더 가족 친화적인 다중세대 도구와 안내(예를 들면 대화 프로젝트)가 많아진다면 좋을 것이다. 미국인들 중 37퍼센트만이 삶의 말기 돌봄을 위한 사전 연명의료 의향서를 작성했다. 이 단계를 위한 품위를 구축하기 위해 더 많은 일이 이뤄질 수 있을 것이다.

플랫폼

이 니즈는 모든 장수 기회를 강조해서 보여준다. 이제까지 장수 시장의 모든 발전에 비해, 이 분야는 극도로 다양하며 코디네이션이 부족하다. 기업들은 계속해서 그들의 제품과 서비스를 노령층 성인들과 돌봄제공자들에게 효율적으로 연결하는 데 어려움을 겪고 있다. 기업은 그들의 서비스와 제품을 나열하고 홍보할 수 있고, 노령층 성인과 돌봄제공자들이 이런 서비스에 접근할 수 있는 통합 시스템을 만드는 일은 돌봄제공 시스템에 존재하는 격차를 크게 줄여줄 것이다. AI로 향상된 도구는 돌봄을 향한 사람들의 니즈와 그들의 현황에 따라 해결책을 연결해줄 수 있을 것이다.

◦ 창업자를 위한 자원 ◦

혁신 허브와 연구소

자신의 제품과 서비스 아이디어를 평가하고 싶은 창업자들에게, 다음을 포함해 그들이 찾을 수 있는 커뮤니티와 아이디어랩의 숫자는 점점 늘어나고 있다.

AgeTech Collaborative, sponsored by AARP and its Innovation Labs (https://agetechcollaborative.org/)

Avenidas (https://www.avenidas.org/)

Longevity Explorers (https://www.techenhancedlife.com/)

Milken Institute Center for the Future of Aging (https://milkeninstitute.org/centers/center-for-the-future-of-aging)

MIT AgeLab: Lifestyle Leaders (https://agelab.mit.edu/get-involved/panels/85-lifestyle-leaders-panel/)

SilverLife (https://www.silverlife.co)

Techstars Future of Longevity Accelerator (https://www.techstars.com/accelerators/longevity)

The Villages Movement (https://www.vtvnetwork.org/)

뉴스레터와 웹사이트

Age in Place Tech (https://www.ageinplacetech.com/)

Age Tech and the Gerontechnologist
(https://www.thegerontechnologist.com/)

ATI Advisory: Anne Tumlinson Innovations
(https://atiadvisory.com)

Better Health While Aging, by Leslie Kernisan, MD
(https://betterhealthwhileaging.net/leslie-kernisan-md-mph/)

Daughterhood (https://www.daughterhood.org/)

Family Caregiving Alliance (https://www.caregiver.org/)

Leading Age (https://leadingage.org/)

MFA Longevity Market Report (https://www.maryfurlong.com)

National Institute on Aging (https://www.nia.nih.gov/)

Next Avenue (https://www.nextavenue.org/)

OATS Older Adult Technology Services (https://oats.org/)

Senior Planet (https://seniorplanet.org/)

Stanford Center on Longevity Design Challenge
(https://longevity.stanford.edu/design-challenge)

The Center on Aging & Work at Boston College (https://www.bc.edu/content/bc-web/schools/ssw/sites/center-on-aging-and-work.html)

The Conversation Project (https://theconversationproject.org/)

The Hartford Foundation (https://www.johnahartford.org/)

The Scan Foundation and Alive Ventures
(https://www.thescanfoundation.org/)

연령차별주의에 대처하기 위한 정보 소스와 이니셔티브

미국은퇴자협회, "Employer Pledge Program: Demonstrate Your Commitment to Experienced Workers" (www.aarp.org/work/job-search/employer-pledge-companies)

End Ageism, San Francisco Awareness Campaign
(https://endageism.com/why-does-ageism-matter)

Frameworks Institute, "Aging, Agency, and Attribution of Responsibility," Moira O'Neil and Abigail Haydon (www.frameworksinstitute.org)

Mercer, "Are You Age-Ready?" (https://www.mercer.com/our-thinking/next-stage-are-you-age-ready.html)

Reframing Aging.org (https://www.reframingaging.org/) and Quick Start Guide
(https://www.reframingaging.org/Portals/gsa-ra/QuickStartGuide_PrintReady_REV.pdf)

Sages and Seekers Inc., "Developing Empathy, Diminishing Ageism" (https://Sagesandseekers.site)

Wisdom at Work: Top Ten Practices for Becoming an Age Friendly Employer, Chip Conley, 2018

World Health Organization, "Global Campaign to Combat Ageism" (https://www.who.int/teams/social-determinants-of-health/demographic-change-and-healthy-ageing/combatting-ageism/global-report-on-ageism)

World Health Organization, "Global Report on Ageism-Executive Summary 2021" (https://www.who.int/publications/i/item/9789240020504)

United Nations, "Global Campaign to Combat Ageism Toolkit" (https://www.decadeofhealthyageing.org/find-knowledge/support/toolkits)

돌봄제공에 관한 자원

미국은퇴자협회, "Prepare to Care: A Planning Guide for Families" (https://assets.aarp.org/www.aarp.org_/articles/foundation/aa66r2_care.pdf)

미국은퇴자협회와 National Alliance for Caregiving, "Caregiving in the United States 2020" (doi.10.26419-2Fppi.00103.001.pdf)

미국은퇴자협회와 Project Catalyst Parks Associates, "Caregiving Innovation Frontiers" (https://www.aarp.org/research/topics/care/info-2019/caregiving-innovation-frontiers.html)

미국은퇴자협회, Family Caregiving (www.aarp.org/caregiving)

Family Caregiving Alliance (https://www.caregiver.org)

Holding Co. and Pivotal Ventures, "Investor's Guide to the Care Economy, July 2021" (Investin.care)

Susan Golden and the dciX Caregiving Innovations Group, "Landscape of Caregiving Innovations" (https://dci.stanford.edu/wp-content/uploads/2021/11/Landscape-of-Caregiving-Innovations-Report-1.pdf.)

◦ 읽을거리 목록 ◦

책

Carstensen, Laura L., *A Long Bright Future: Happiness, Health, and Financial Security in an Age of Increased Longevity*(New York: Public Affairs, 2011); 로라 카스텐슨,《길고 멋진 미래》(박영스토리, 2017)

Chatzky, Jean, and Michael E. Roizen. *Ageproof: Living Longer without Running Out of Money or Breaking a Hip*(New York: Grand Central Publishing, 2017)

Conley, Chip, *Wisdom@Work: The Making of a Modern Elder*(New York: Currency, 2018); 칩 콘리,《일터의 현자》(쌤앤파커스, 2019)

Coughlin, Joseph F., *The Longevity Economy: Unlocking the World's Fastest—Growing, Most Misunderstood Market*(New York: Public Affairs, 2017); 조지프 F. 코글린,《노인을 위한 시장은 없다》(부키, 2019)

Farrell, Chris. *Unretirement: How Baby Boomers Are Changing the Way We Think About Work, Community, and the Good Life*. New York: Bloomsbury, 2014.

Freedman, Marc. *How to Live Forever: The Enduring Power of Connecting the Generations*. New York: Public Affairs, 2018.

Gawande, Atul, *Being Mortal: Medicine and What Matters in the End*(New York: Metropolitan Books, 2014); 아툴 가완디,《어떻게 죽을 것인가》(부키, 2022)

Gratton, Lynda, and Andrew Scott. *The 100-Year Life: Living and Working in an Age of Longevity*(New York: Bloomsbury, 2016)

Irving, Paul H.Hoboken, *The Upside of Aging: How Long Life Is Changing the World of Health, Work, Innovation, Policy, and Purpose*(NJ: Wiley, 2014); 폴 어빙,《글로벌 고령화 위기인가 기회인가》(아날로그, 2016)

Jenkins, Jo Ann. *Disrupt Aging: A Bold New Path to Living Your Best Life at Every Age*(New York: Public Affairs, 2016)

Miller, Bruce J., and Shoshana Berger. *A Beginner's Guide to the End: Practical Advice for Living Life and Facing Death*(New York: Simon & Shuster, 2019)

Pantilat, Steven Z. *Life after the Diagnosis: Expert Advice on Living Well with Serious Illness for Patients and Caregivers*(Boston: Da Capo Lifelong Books, 2017)

Poo, Ai-Jen. *The Age of Dignity: Preparing for the Elder Boom in a Changing America*(New York: The New Press, 2015)

Sinclair, David A., *Lifespan: Why We Age-and Why We Don't Have To.*(New York:Harper Collins, 2019); 데이비드 A. 싱클레어,《노화의 종말》 (부키, 2020)

보고서

Accius, Jean, and Joo Yeoun Suh. "The Economic Impact of Age Discrimination: How Discriminating Against Older Workers Could Cost the U.S. Economy $850 Billion." Washington, DC: AARP Thought Leadership, January 2020. https://doi.org/10.26419/int.00042.003.

Accius, Jean, and Joo Yeoun Suh. "The Economic Impact of Supporting

Working Family Caregivers." Washington, DC: AARP Thought Leadership, March 2021. https://doi.org/10.26419/int.00042.006.

Accius, Jean and Joo Yeoun Suh. "The Longevity Economy Outlook: How People Age 50 and Older Are Fueling Economic Growth, Stimulating Jobs, and Creating Opportunities for All." Washington DC: AARP Thought Leadership, December 2019. https://doi.org/10.26419/int.00042.001.

Global Campaign to Combat Ageism. "Global Report on Ageism." Geneva: World Health Organization, 2021. www.who.int/teams/social-determinants-of-health/demographic-change-and-healthy-ageing/combatting-ageism/global-report-on-ageism.

Irving, Paul. "Silver to Gold: The Business of Aging." Milken Institute Center for the Future of Aging. 2018. https://milkeninstitute.org/report/silve-gold-business-aging.

Orlov, Laurie M. "The Future of Remote Care Technology and Older Adults: Connection Is Everything." Aging in Place Technology Watch, November 2020. www.ageinplacetech.com/page/future-remote-care-technology-and-older-adults-2020.

Stanford Center on Longevity. "The New Map of Life: 100 Years to Thrive." Report from Stanford Center on Longevity, November 2021. https://longevity.stanford.edu/wp-content/uploads/2021/11/NMOL_report_FINAL-5.pdf.

Woodard, Monique. "Gray New World. 2020 Report on Aging." CakeMX. www.graynewworld.com.

기사

Agarwal, Medha. "The $740 Billion Senior Care Market Is Ripe for Disruption, but Full of Challenges." Redpoint, November 30, 2016. https://

medium.com/redpoint-ventures/the-740-billion-senior-care-market-is-ripe-for-disruption-but-full-of-challenges-a13e3b53548.

AgeLab. "Caregiving & Wellbeing." Massachusetts Institute of Technology, 2019. https://agelab.mit.edu/caregiving-wellbeing.

Berg, Peter, and Matthew Piszczek. "Retirement-Proof Your Company." Harvard Business Review, November 14, 2018. https://hbr.org/2018/11/retirement-proof-your-company.

Bianchi, Nicola, Jin Li, and Michael Powell. "What Happens to Younger Workers When Older Workers Don't Retire." Harvard Business Review, November 16, 2018. https://hbr.org/2018/11/what-happens-to-younger-workers-when-older-workers-dont-retire.

Engelhart, Katie. "What Robots Can-and Can't-Do for the Old and Lonely." New Yorker, May 24, 2021. www.newyorker.com/magazine/2021/05/31/what-robots-can-and-cant-do-for-the-old-and-lonely.

Gates, Melinda. "How Rethinking Caregiving Could Play a Crucial Role in Restarting the Economy." Washington Post, May 7, 2020. https://www.washingtonpost.com/opinions/2020/05/07/melinda-gates-how-rethinking-caregiving-could-play-crucial-role-restarting-economy/.

Gupta, Sarita, and Ai-jen Poo. "Caring for Your Company's Caregivers." Harvard Business Review, November 13, 2018. https://hbr.org/2018/11/caring-for-your-companys-caregivers.

Irving, Paul. "The Longevity Opportunity." Harvard Business Review, November 8, 2018. https://hbr.org/2018/11/the-longevity-opportunity.

Irving, Paul. "When No One Retires." Harvard Business Review, November 7, 2018. https://hbr.org/2018/11/when-no-one-retires.

Khabbaz, Ramsey, and Matt Perry. "Just How Old Are We Getting?" Harvard Business Review, November 15, 2018. https://hbr.org/2018/11/just-how-old-are-we-getting.

Miller, Stephen. "Caregiving Benefits Tend to Miss the Mark." SHRM, January 22, 2019. www.shrm.org/resourcesandtools/hr-topics/benefits/pages/caregiving-benefits-miss-the-mark.aspx.

Tapen, Colleen. "Rethinking Retraining." Harvard Business Review, November 9, 2018. https://hbr.org/2018/11/rethinking-retraining.

Tognola, Glenn. "How to Prepare Your Financial Information for When You Die." Wall Street Journal, October 3, 2020. www.wsj.com/articles/how-to-prepare-your-financial-information-for-when-you-die-11601697960.

Washington, Kate. "50 Million Americans Are Unpaid Caregivers. We Need Help." New York Times, February 2021. https://www.nytimes.com/2021/02/22/opinion/us-caregivers-biden.html.

감사의 말

2015년 6월 12일에 나는 스탠퍼드대학교 우수경력연구소에서 2016년 학기 동안 선임연구원으로 초대한다는 편지를 받았다. 같은 날 몇 시간 전에 나는 막내의 고등학교 졸업식에 참석했다. 그 아이가 생애의 첫 번째 분기Q1에서 첫출발 단계로 막 진입하는 때와 같은 시간에 나는 세 번째 분기Q3에서 새로운 목적 부여, 지속적 학습, 재출발 단계로 막 진입하려고 하고 있었다. 그녀가 대학 신입생이 됐을 때 나는 우수경력연구소의 신입생이 됐다.

그 편지를 받고, 우수경력연구소 선임연구원으로 일한 것은 생애의 이 단계에 내가 상상할 수 있는, 인생을 바꿔놓을 정도로 엄청난 사건들 중 하나였다. 나는 우수경력연구소의 창립 이사인 필 피조가 내게 그런 기회를 주고, 우수경력연구소와 스탠퍼드대학교 커뮤니티의 일부가 되면서 따라온 수많은 다른 기회들을 제공해준 데 감사한다. 필은 다양한 분야의 진정한 학자이자 선지자visionary이며, 최고의 교사이다. 심지어 면접 중에도 그는 내게 장수의 개념을 소개했고, 길어진 삶이 경력과 일에 어떤 영향을 미칠 것인지 그리고 품위를 가지고 사는 것과 죽는 것의 중요성을 알려줬다. 필은 또한 내가 "맞습니다. 그리고…" 접근 방식이라고 부르는, 스탠퍼드대학교의 독특한 사고방식을 체화한 사람이며, 새로운 이니셔티브를 개발하는 데 내 아이디어를 너무나 많이 지지해줬다.

그 편지를 받은 후 4년이 지나고, 대학을 졸업한 바로 그 딸아이와 졸업 축하 여행을 하고 있을 때, 나는 하버드비즈니스리뷰 출판사의 선임 편집자인 스캇 베리나토의 전화를 받았다. 스캇은 우리가 논의한 책에 대한 아이디어를 출판사 검토 부서에서 승인했다고 알려줬다. 내가 삶에서 포트폴리오 단계로 진입하면서 또 다른 새로운 단계가 열리려고 하고 있었다. 책을 쓰는 일은 스탠퍼드대학교의 선임연구원 기간 동안 배운 것 중 많은 것의 정점에 있었다. 그 노력은 공중보건 분야, 벤처캐피털, 나만의 삶의 경험 속에서 내가 과거에 했던 일들을 활용하는 것이었다. 스캇은 장수가 제시하는 엄청난 기회들을 독특하게 끌어낼 수 있었고, 내가 100세 인생이 제시하는 기회에 흥미를 느낀 미래 창업자들을 위한 안내서로서 8개의 장으로 응축해내는 데 도움을 줬다. 그는 무엇을 공유해야 하고 무엇을 그 '주차장'에 남겨둬야 할지에 관한 통찰을 가지고 있었다. 그와 그리고 그의 팀과 함께 일하는 것은 커다란 즐거움이었다. 2019년 여름의 전화에 대해 스캇에게 감사한다.

우수경력연구소 선임연구원 기간 동안, 나는 스탠퍼드대학교 장수연구센터에서 하는 중요한 일을 알게 됐다. 그들의 임무는 나를 사로잡았다. 장수연구센터는 100세 인생을 위한 비전을 설계하고 있다. 나는 장수연구센터의 설립자이자 소장인 로라 카스텐슨에게 깊이 감사

한다. 그녀는 내가 우수경력연구소 선임연구원을 마친 후에, 장수연구
센터 최초의 방문 연구원으로 나를 초청해줬다. 로라의 연구에서 풍
기는 낙관주의와 긍정성은 전염성이 있다. 나는 장수연구센터의 연구
가 어떻게 혁신에 적용될 수 있을지 고민해야겠다는 생각에 고무됐
다. 내게 영감을 주고 나를 매혹시킨 것은 그저 우리의 건강이 더 나아
지고 기대수명이 더 길어진다는 사실만은 아니었다. 내게 너무도 매
력적이었던 것은 삶의 남은 기간 동안 우리가 무엇을 할 것인가 그리
고 어떻게 하면 남은 기간 동안 건강을 유지해서 우리 부모님이 그랬
던 것처럼 병원을 들락날락하지 않을 수 있을까하는 질문이었다.

센터에서 보낸 시간 덕분에 나는 로라 카스텐슨과 롭 체스와 함께
새로운 과정을 개발할 수 있었다. 우수경력연구소 선임연구원이었을
때, 나는 롭의 수업 중에 헬스케어 분야의 혁신과 관리라는 과목을 들
었고, 그는 내가 만난 최고의 교수 중 한 사람이었다. 롭과 함께 장수
가 제시하는 엄청난 사업상의 시사점과 기회를 논의한 후, 그는 새로
운 과정을 계획하고 가르친다는 제안에 설득됐다. 스탠퍼드대학교에
서 새로운 과정을 개발하며 로라, 롭과 함께 일하는 것은 정말 흥분
되는 일이었다. 거기서 초점은 무엇이 학생들에게 가장 많은 혜택을
줄 것인지에 놓여 있었다. 이 과정은 스탠퍼드대학교 경영대학원에
서 3년째 제공되고 있으며, 나는 거기서 경영 분야의 강의를 맡고 있
다. 나는 계속해서 롭과 로라에게 배우고 있으며, 가장 중요한 점은 그
수업을 듣는 학생들에게서도 배우고 있다는 사실이다.

우수경력연구소 선임연구원의 독특한 부분들 중 하나는 거기서 생

겨나는 특별한 커뮤니티다. 선임연구원 기간 중 어느 날, 나는 우리 그룹에 속한 선임연구원들과 파트너에게 이메일을 보내 아침식사를 하면서 장수를 위한 혁신에 대해 이야기해보고 싶은 사람이 있는지 물어봤다. 우리 학년의 절반 이상이 그 자리에 나타났다. 첫 번째 모임은 온갖 종류의 놀라운 만남들로 이어졌고, 지금은 우수경력연구소의 8개 기수 출신 구성원 85명을 보유한 분과그룹으로 진화했다. 이 그룹에서 등장한 것이 내가 지금 이끌고 있는 디시아이엑스dciX라는 이니셔티브이다. 이 주제에 대한 열정을 나와 나누고, 워크숍에서 브레인스토밍을 해주고, 끊임없이 기사와 새로운 기업에 대한 정보, 새로운 아이디어를 공유해준 장수혁신분과 그룹과 디시아이엑스의 모든 구성원들에게 감사한다.

지난 몇 년 동안 내가 인터뷰했던 모든 기업과 창업자, 사상적 리더들에게 가슴 깊은 감사를 전한다. 당신들의 이야기와 그 과정에서 겪은 어려움을 공유해준 점에 감사한다. 당신들이 하는 일은 우리 모두가 더 건강하게 오래 살 수 있도록 상황을 개선하고 있다. 닐 블루먼솔, 아서 브렛슈나이더, 대린 벅스바움, 수엘린 챈, 캐롤 피쉬먼 코헨, 조 코글린, 리처드 아이젠버그, 자닌 잉글리시, 케런 에트킨, 케이티 파이크, 마크 프리드먼, 제임스 푸치오니, 메리 퍼롱, 린 혜릭, 요시 헤이만, 캐롤 하이모비츠, 폴 어빙, 스티븐 존스턴, 랜디 클라인, 수르야 코루리, 스티브 팬틸라, 린지 주리스트 로스너, 제이크 로스스타인, 잭 로, 스티븐 쇼언바움, 앤드류 스쿠트, 앤디 지이크, 마크 실버먼, 제이 뉴튼 스몰, 제니 시아 스프래들링, 세스 스턴버그, 앤 텀린슨, 롭 얼스타인, 스티브 와들, 패티 화이트, 줄리 로블레프스키, 조이 장에게 감사한다.

또한 노령층 성인 돌봄에 관한 그들의 이니셔티브에 합류하도록 초대해준 멀린다 프렌치 게이츠 투자·인큐베이션 회사 피보털 벤처스에 감사를 표한다. 그들의 돌봄제공팀인 제니퍼 스타이벨과 라라 제레메코, 키이스 캄히가 이끄는 테크스타스 '장수 액셀러레이터의 미래'와 함께 일하는 것은 내 경력에서 내가 참여했던, 가장 목적의식이 충만하고 뜻깊은 프로젝트 중 하나였다.

지난 5년 동안, 나는 뭐라고 불리고 싶은지, 그들의 삶을 어떻게 살고 있는지 물어보면서 내 친구들 모두를 성가시게 했다. 그리고 나는 이런 유대를 유지하는 것이 얼마나 중요한지를 배웠다. 나는 이제 당신이 연로하다고 불리고 싶은지 아니면 시니어나 노령층이라고 불리고 싶은지 묻는 일은 그만하겠지만, 함께 만나자고 요청하는 것은 멈추지 않을 것이다. 샘 커드백, 마크 모르겐슈테른, 이비 실비아에게 그들의 통찰을 공유해준 데 특별히 감사를 표한다.

나의 '핵심 네 사람'은 이 프로젝트가 점령한 가족실의 대부분을 내가 차지하면서 이 책을 쓰는 일에 빠져 있는 동안 인내심 있게 기다려줬다. 집에서 일할 때 탁구대가 멋진 책상이 될 수 있다는 사실을 아는가? 저녁 시간에는 그들에게 내 아이디어를 테스트하는 경우가 많았고, 그들이 해준 많은 기여는 이 책에 반영돼 있기도 하다. 언제나 나에게 지지와 사랑, 웃음의 원천이 되어준 데 감사한다.

내 경력은 공중보건 분야에서 시작됐다. 이는 주로 내가 여러 차례에 걸친 아버지의 심근 경색과 이른 죽음의 알려진 원인들 중 많은 것이 예방이 가능한 것임을 알았기 때문이었다. 초반에 나는 공공과 민간 분야 모두에서 어떻게 하면 질병과 심각한 질환을 예방할 수 있는가 하는 문제에 대해 열정을 가지고 있었다. 어머니가 쇠약해지기 시작하면서, 어머니의 경험과, 그녀의 고통을 예방하지 못한 데 대해 느낀 슬픔 역시 노령층 성인들을 대우하고, 품위를 유지할 수 있도록 돌보는 방법을 미국 내에서 심각한 필요로 다루는 일에 관한 내 관심에 영향을 미쳤다. 우리 부모님은 내게 가장 위대한 선생님이었다.

성장과 낙관주의적 사고방식을 가지고 인생에 접근하는 것은 장수를 위해 중요하다. 이 생각은 이 책을 쓰면서 겪은 여정 동안 더 강화됐다. 내가 가장 감사하게 느끼는 일이지만, 내 삶이 흥미로운 많은 단계들로 가득하다는 점에서 매우 운이 좋다고 느낀다. 당신의 삶도 그렇기를 바란다.

1장

1. Gerontological Society of America, "Longevity Economics: Leveraging the Advantages of an Aging Society," August 6, 2018, https://www.geron.org/images/gsa/documents/gsa longevity-economics-2018.pdf

2. AARP and Oxford Economics, "The Longevity Economy: How People Over 50 Are Driving Economic and Social Value in the US," September 2016, https://www.oxfordeconomics.com/recent-releases/the-longevity-economy; and Gerontological Society of America, "Longevity Economics."

3. 미국인구조사국US Census Bureau, "An Aging Nation: Projected Number of Children and Older Adults in the United States," Census Infographics and Visualizations, March 13, 2018, www.census.gov/library/visualizations/2018/comm/historic-first.html; and US Census Bureau, "From Pyramid to Pillar: A Century of Change, Population of the U.S.," Census Infographic and Visualizations, March 13, 2018, www.census.gov/library/visualizations/2018/comm/century-of-change.html.

4. 미국인구조사국, "From Pyramid to Pillar."

5. Thomas Rando, "Aging, Rejuvenation, and Epigenetic Reprogramming: Resetting the Aging Clock," *Cell* 148, no. 1 (2012): 46 – 57, 2012.

6. Wolfgang Fengler, "Living into the 22nd Century," Brookings, January 14, 2020, https://www.brookings.edu/blog/future-development/2020/01/14/living-into-the-22nd-century/.

7. Lauren Medina, S. Sabo, and J. Vespa, "Living Longer: Historical and Projected Life Expectancy in the United States, 1960 to 2060," United States Census Bureau, February 2020; and Eileen M. Crimmins, "Lifespan and Healthspan: Past, Present and Promise," *Gerontologist* 55, no. 6 (2015).

8. K. Kochanek, X. Jiaquan, and E. Arias, "Mortality in the United States, 2019," *NCHS Data Brief* 395 (December 2020): 1 – 8.

9. "The Future of Aging? The New Drugs &Tech Working to Extend Life & Wellness," research report, CB Insights, October 24, 2018.

10. Health Resources & Services Administration, "The 'Loneliness Epidemic,'" January 2019, https://www.hrsa.gov/enews/past-issues/2019/january-17/loneliness-epidemic.

11. L. Carstensen, *A Long Bright Future: Happiness, Health and Financial Security in an Age of Longevity*, New York: Broadway Books, 2009, 16–20; 로라 카스텐슨, 《길고 멋진 미래》(박영스토리, 2017)

12. National Council on Aging, "Get the Facts on Economic Security for Seniors," March 1, 2021, https://www.ncoa.org/article/get-the-facts-on-economic-security-for-seniors.

13. Mercer Global, "Are You Age-Ready?," white paper, 2019, www.mercer.com/our-thinking/next-stage-are-you-age-ready.html.

14. Stanford Center on Longevity, "The New Map of Life: 100 Years to Thrive," https://longevity.stanford.edu/the-new-map-of-life-initiative.

2장

1. Harriet Edleson, "More Americans Working Past 65," AARP, April 22, 2019, www.aarp.org/work/employers/info-2019/americans-working-past-65.html.

2. J. Accius, and Joo Yeoun Suh, "The Longevity Economy Outlook: How People Age 50 and Older Are Fueling Economic Growth, Stimulating Jobs, and Creating Opportunities for All," AARP Thought Leadership and Oxford Economics, December 2019.

3. Joe Pinsker, "When Does Someone Become 'Old'?," *Atlantic,* January 27, 2020, https://www.theatlantic.com/family/archive/2020/01/old-people-older-elderly-middle-age/605590/.

4. Arthur Brettschneider, "Tech Entrepreneurs: How to Market to the Growing Senior Population," *Forbes*, March 11, 2019, https://www.forbes.com/sites/theyec/2019/03/11/tech-entrepreneurs-how-to-market-to-the-growing-senior-population/?sh=4d7fda9741e0.

5. Derek Ozkal, "Millennials Can't Keep Up with Boomer Entrepreneurs," *Currents* (Ewing Marion Kauffman Foundation), July 19, 2016, www.kauffman.org/currents/age-and-entrepreneurship.

6. US Census Bureau, "2018 Annual Business Survey (ABS) Program," released

May 19, 2020, https://www.census.gov/content/dam/Census/library/
visualizations/2020/comm/business-owners-ages.pdf.

7. American Express, "2019 State of Women-Owned Businesses Report," September
2019, https://s1.q4cdn.com/692158879/files/doc_library/file/2019-state-of-
women-owned-businesses-report.pdf, page 8.

8. Gerontological Society of America, "Longevity Economics: Leveraging the
Advantages of an Aging Society," report, August 6, 2018, 2, www.geron.org/
images/gsa/documents/gsa-longevity-economics-2018.pdf; and Joe Kita, "Age
Discrimination Still Thrives in America," AARP, December 30, 2019, www.aarp.
org/work/working-at-50-plus/info-2019/age-discrimination-in-america.html.

9. Reframing Aging San Francisco campaign, October 16, 2019, https://
endageism.com; and World Health Organization, "Global Campaign to Combat
Ageism," https://www.un.org/development/desa/dspd/wp-content/uploads/
sites/22/2021/03/global-campaign-to-combat-ageism-toolkit-en.pdf and
"Global Report on Ageism: Executive Summary," March 2021, https://www.who.
int/publications/i/item/9789240020504.

10. Catherine Collinson, "Wishful Thinking or Within Reach? Three Generations
Prepare for 'Retirement,'" 18th Annual Transamerica Retirement Survey of Workers,
Transamerica Center for Retirement Studies, report 1355-1217, December 2017.

3장

1. 예를 들어, 장수와 노화 시장을 세분화하는 플랫폼에는 다음이 포함된다. the
Gerontechnologist, Age Tech Market Map (www.thegerontechnologist.com); the
AgeTech Collaborative, sponsored by the AARP and its Innovation Labs (https://
agtechcollaborative.org); and the Aging2.0 Collective (www.aging2.com). 더 자세
한 내용은 부록을 참조하라.

2. Administration for Community Living, 2020 Profile of Older Americans, May
2021, https://acl.gov/aging-and-disability-in-america/data-and-research/
profile-older-americans; and AARP and Oxford Economics, "The Longevity
Economy: How People Over 50 Are Driving Economic and Social Value in the
US," September 2016, https://www.oxfordeconomics.com/recent-releases/the-
longevity-economy.

3. Gerontological Society of America, "Longevity Economics: Leveraging the Advantages of an Aging Society," August 6, 2018, www.geron.org/images/gsa/documents/gsa-longevity-economics-2018.pdf.

4. Gerontological Society of America, "Retirement Structures and Processes," *Public Policy and Aging Report* 31, no. 3 (2021).

5. Nadia Tuma-Weldon, "Truth About Age," McCann Truth Central, 2018.

6. Tuma-Weldon, "Truth About Age."

7. Susan Conley, "Longevity Market Map," Stria News, 2019.

8. 에이징2.0은 기업, 스타트업, 연구자, 정부, 노령층 성인들을 하나로 모아 노화의 경험을 변화시키는 데 기술이 어떻게 도움이 될 수 있는지 탐색하도록 하고 있다. 현재까지 핵심 영역으로 디지털 격차, 가족 돌봄제공, 돌봄 커뮤니티 이전 등을 다뤘다. 지금은 그들의 글로벌 혁신 부문으로 Louisville Healthcare CEO Council이 운영하고 있다. Aging2.0, "Annual Report 2018-2019," www.aging2.com/grandchallenges.

9. Jean Accius and Joo Yeoun Suh, "The Longevity Economy Outlook: How People Ages 50 and Older Are Fueling Economic Growth, Stimulating Jobs, and Creating Opportunities for All," Washington, DC: AARP Thought Leadership, December 2019, https://doi.org/10.26419/int.00042.001; Kauffman Indicators of Entrepreneurship, 2018 National Report on Early-Stage Entrepreneurship, September 2019, https://www.realclearpublicaffairs.com/ib; and Pierre Azoulay, Benjamin F. Jones, J. Daniel Kim, and Javier Miranda, "The Average Age of a Startup Founder Is 45," Harvard Business Review, July 11, 2018, https://hbr.org/2018/07/research-the-average-age-of-a-successful-startup-founder-is-45.

10. Danny McDermott, quoted in Carol Hymowitz, "The First MBA Course on the Longevity Economy," *Next Avenue*, March 24, 2020, www.nextavenue.org/first-mba-class-longevity-economy.

4장

1. Susan Golden and Laura. L. Carstensen, "How Merrill Lynch Is Planning for Its Customers to Live to 100," *Harvard Business Review*, March 4, 2019.

2. Golden and Carstensen, "How Merrill Lynch Is Planning for Its Customers to Live to 100."

3. Lavanya Nair, "This Increasing Client Risk Will Change Advisor Practices. Here's Why," FinancialPlanning, March 12, 2019, https://www.financial-planning.com/news/schwab-study-cites-longevity-as-most-impactful-on-advisor-firms.

4. For example, Silvur, Golden Seeds, and Golden (joingolden.com).

5. Andy Sieg, "Longevity: The Economic Opportunity of Our Lifetime," Forbes, December 16, 2016, https://www.forbes.com/sites/nextavenue/2016/12/16/longevity-the-economic-opportunity-of-our-lifetime; and Surya Koluri, interview with author, July 2018.

6. Merrill Lynch Bank of America Corporation and Age Wave, "Women & Financial Wellness: Beyond the Bottom Line," 2018, www.ml.com/registration/women-and-financial-wellness.html.

7. Jeffrey Hall, Debra Karch, and Alex Crosby, *Uniform Definitions and Recommended Core Data Elements for Use in Elder Abuse Surveillance* (Atlanta: National Center for Injury Prevention and Control, 2016).

8. Lori A. Stiegel and Mary Joy Quinn, "Elder Abuse: The Impact of Undue Influence," issue brief, American Bar Association and National Center on Law and Elder Rights, June 2017.

9. Robert Chess and Jeffrey Conn, "Nike: Sport Forever," Case E690 (Stanford, CA: Stanford Graduate School of Business, 2020).

10. Neil Blumenthal, 저자와의 인터뷰, September 2020.

11. Neil Blumenthal, 저자와의 인터뷰, September 2020.

12. Project Catalyst, Parks Associates, AARP Research, "Can 40 Million Caregivers Count on You? Caregiving Innovation Frontiers," AARP, June 2017.

13. 담배와 관련된 비유는 다음을 참조하라. J. Holt-Lunstad, T. B. Smith, and J. B. Layton, "Social Relationships and Mortality Risk: A Meta-Analytic Review," *PLOS Medicine*, July 27, 2010.

14. Vivek Murthy, "Work and the Loneliness Epidemic," *Harvard Business Review*, September 26, 2017, https://hbr.org/2017/09/work-and-the-loneliness-epidemic.

15. Wider Circle, "Wider Circle Raises $38m in Series B Funding Led by Ameri-Health Caritas," press release, September 29, 2021, www.widercircle.com/blog/wider-circle-raises-38m-in-series-b-funding-round-led-by-amerihealth-caritas/.

16. Darin Buxbaum, 저자와의 인터뷰, October 27, 2020.

17. Philip A. Pizzo, "A Prescription for Longevity in the 21st Century: Renewing Purpose, Building and Sustaining Social Engagement, and Embracing a Positive Lifestyle," *JAMA*, January 9, 2020.

18. Ari Levy, "Teledoc and Livongo Merge into $37 Billion Remote-Health Company as Coronavirus Keeps Patients Home," *CNBC*, August 5, 2020.

19. Lauri Orlov, "Remote Care Technology and Older Adults: Filling In the Basics 2020," *Aging and Health Technology Watch* (blog), www.Ageinplacetech.com, November11, 2020.

20. AARP and National Alliance for Caregiving, "Caregiving in the United States," May 14, 2020, https://www.aarp.org/ppi/info-2020/caregiving-in-the-unitedstates.html.

21. The Holding Co. and Pivotal Ventures, "Investor's Guide to the Care Economy," 2021, https://www.investin.care/.

22. Techstars, "Techstars Future of Longevity Accelerator," https://www.techstars.com/accelerators/longevity; Techstars, "Techstars and Pivotal Ventures to Launch Longevity Accelerator," press release, January 6, 2020, www.techstars.com/newsroom/techstars-and-pivotal-ventures-to-launch-longevity-accelerator.

23. Cision, "Techstars Announces Future of Longevity Class of 2021," press release, November 10, 2021, https://www.prweb.com/releases/techstars_announces_future_of_longevity_class_of_2021/prweb18323603.htm.

24. Susan Golden et al., "Landscape of Caregiving Innovations," Stanford Distinguished Careers Institute (DCI) and dciX, September 2021, https://dci.stanford.edu/wp-content/uploads/2021/11/Landscape-of-Caregiving-Innovations-Report-1.pdf.

25. Randy Klein, 저자와의 인터뷰, December 2020.

26. Lindsay Jurist-Rosner, 저자와의 인터뷰, February 2021.

27. M. J. Field, C. K. Cassel, eds., *Approaching Death: Improving Care at the End of Life* (Washington, DC: National Academies Press, 1997).

28. Robert Chess, Susan Golden, and Jack Strabo, "Cake: Navigating Mortality," Case E744 (Stanford, CA: Stanford Graduate School of Business, 2021); see also www.joincake.com.

29. Suelin Chen, 저자와의 인터뷰, July 2020; and Chess, Golden, and Strabo, "Cake."

30. Mark Silverman, 저자와의 인터뷰, December 7, 2020.

31. Robert Urstein, 저자와의 인터뷰, January 2021.

5장

1. Sidney Katz, "Assessing Self-Maintenance: Activities of Daily Living, Mobility, and Instrumental Activities of Daily Living," *J AM Geriatric Society* 31, no. 12 (1983):721–727; and Peter F. Edemekong, Deb L. Bomgaars, Sukesh Sukumaran, and Shoshana B. Levy, "Activities of Daily Living," StatPearls, September 26, 2021, https://www.ncbi.nlm.nih.gov/books/NBK470404/.

2. Liz O'Donnell, *Working Daughter: A Guide to Caring for Your Aging Parents While Making a Living* (Lanham, MD: Rowman & Littlefield, 2019).

3. Joseph B. Fuller and Manjari Raman, "The Caring Company: How Employers Can Help Employees Manage Their Caregiving Responsibilities—While Reducing Costs and Increasing Productivity," Harvard Business School Project on Managing the Future of Work, updated January 17, 2019.

4. Tiffany Hsu, "Older People Are Ignored and Distorted in Ageist Marketing, Report Finds," *New York Times*, September 23, 2019, https://www.nytimes.com/2019/09/23/business/ageism-advertising-aarp.html; and Ken Dychtwald, "Ageism Is Alive and Well in Advertising," AARP, September 8, 2021, https://www.aarp.org/work/working-at-50-plus/info-2021/ageism-in-advertising.html.

5. Monica Anderson and Andrew Perrin, "Technology Use Among Seniors," Pew Research Center, May 17, 2017, www.pewresearch.org/internet/2017/05/17/technology-use-among-seniors.

6. Joseph F. Coughlin, "Old Age Is Made Up—and This Concept Is Hurting Everyone," *MIT Technology Review*, August 21, 2019, https://www.technologyreview.com/2019/08/21/75537/old-age-is-made-upand-this-concept-is-hurting-everyone/.

7. Corinne Purtill, "The Key to Marketing to Older People? Don't Say 'Old,'" *New York Times*, December 8, 2021, https://www.nytimes.com/2021/12/08/business/dealbook/marketing-older-people.html.

8. H. Hershfield and L. L. Carstensen, "Your Messaging to Older Audiences Is Outdated," hbr.org, July 2, 2021, https://store.hbr.org/product/your-messaging-to-older-audiences-is-outdated/H06G88.

9. Rina Raphael, "Be a Friend to the Elderly, Get Paid," *New York Times*, April 27, 2020, https://www.nytimes.com/2020/04/23/style/companion-elderly-aid-friend.html.

10. Katherine Linzer, Binata Ray, and Navjot Singh, "Planning for an Aging Population," McKinsey.com, McKinsey Global Institute, July 31, 2020; Richard Dobbs, James Manyika, Jonathan Woetzel, Jaana Remes, Jesko Perrey, Greg Kelly, Kanaka Pattabiraman, and Hemant Sharma, "Urban World: The Global Consumers to Watch," McKinsey.com, McKinsey Global Institute, March 30, 2016.

11. Jaan Remes, Markus Schmid, and Monica Toriello, "Getting to Know Urban Elderly Consumers," *McKinsey Podcast,* November 29, 2016.

12. Juliette Cubanski, Wyatt Koma, Anthony Damico, and Tricia Neuman, "How Many Seniors Live in Poverty?" Kaiser Family Foundation, November 19, 2018, www.kff.org/report-section/how-many-seniors-live-in-poverty-issue-brief/.

13. Hsu, "Older People Are Ignored in Ageist Marketing"; and Jeff Beer, "Why Is Marketing to Seniors So Terrible," *Fast Company*, May 6, 2019, medium.com/fast-company/why-marketing-to-seniors-is-so-terrible.

6장

1. Daniel H. Pink, *To Sell Is Human: The Surprising Truth About Moving Others* (New York: Riverhead Books, 2013); 다니엘 핑크, 《파는 것이 인간이다》(청림출판, 2013)

2. Julie Jargon, "How to Care for Aging Parents When You Can't Be There," *Wall Street Journal*, January 9, 2021, https://www.wsj.com/articles/how-to-care-for-aging-parents-when-you-cant-be-there-11610200808.

3. Susan Golden et al., "Landscape of Caregiving Innovations," Stanford Distinguished Careers Institute, September 2021, pp. 35-55, https://dci.stanford.edu/wp-content/uploads/2021/11/Landscape-of-Caregiving-Innovations-Report-1.pdf.

4. Robert Barba, "Best Buy to Acquire Jitterbug Parent GreatCall for $800 Million," *Wall Street Journal*, August 15, 2018, https://www.wsj.com/articles/best-buy-to-acquire-jitterbug-parent-greatcall-for-800-million-1534371246#:~:text=Robert%20Barba,-Biography&text=BBY%201.79%25%20has%20agreed%20to,which%20acquired%20GreatCall%20last%20year.

5. Paul J. Masotti, Robert Fick, Ana Johnson-Masotti, and Stuart MacLeod, "Healthy Naturally Occurring Retirement Communities: A Low-Cost Approach to Facilitating Healthy Aging," American Journal of Public Health 96, no. 7 (2006): 1164–1170.

6. Dan Buettner, *The Blue Zones: 9 Lesson for Living Longer from the People Who've Lived the Longest* (Washington, DC: National Geographic, 2012). See also www. bluezones.com.

7. 예를 들면, Massachusetts Healthy Aging Collaborative, https:// mahealthyagingcollaborative.org, and the Center for Healthy Aging/New York Academy of Medicine, www.nyam.org.

8. World Health Organization, "Ageing: Healthy Ageing and Functional Ability," October 26, 2020, https://www.who.int/news-room/questions-and-answers/ item/ageing-healthy-ageing-and-functional-ability.

9. The Mayo Clinic, "Healthy Lifestyle: Caregivers," www.mayoclinic.org/healthy-lifestyle.

10. Lorraine Morley, "AgeTech Investment: There Is Everything to Play For," *Longevity Technology*, August 18, 2020, https://www.longevity.technology/agetech-investment-there-is-everything-to-play-for/.

11. The Holding Co. and Pivotal Ventures, "Investor's Guide to the Care Economy: Four Dynamic Areas of Growth, " 2021, https://www.investin.care/; and Golden et al., "Landscape of Caregiving Innovations."

12. Think Tank: The New 3rd Age, "The Good Life in the 3rd Age," PFA, Denmark, January 1, 2018, https://pfa.dk/-/media/pfa-v2/dansk/dokumenter/kampagner/ bn6427tanketankscenarierapportpixiendtp3lr.pdf.

7장

1. Morgan Borer, "Venture Capital Pioneer Alan Patricof and Wellness Executive Abby Miller Levy Launch Primetime Partners," *Business Wire,* July 29, 2020, https:// www.businesswire.com/news/home/20200729005715/en/Venture-Capital-Pioneer-Alan-Patricof-and-Wellness-Executive-Abby-Miller-Levy-Launch-Primetime-Partners.

2. Joseph F. Coughlin, *The Longevity Economy: Unlocking the World's Fastest-*

Growing, Most Misunderstood Market (New York: PublicAffairs, 2017); 조지프 F. 코글린, 《노인을 위한 시장은 없다》(부키, 2019)

3. Kerby Meres, "Entrepreneurs of a Certain Age, in This Uncertain Time," Currents, Kauffman Foundation, August 5, 2020, www.kauffman.org/currents/entrepreneurs-of-a-certain-age-uncertain-time.

4. Robert Chess, quoted in Reshma Kapadia, "Aging Is the Next Booming Business," *Barron's,* December 16, 2020, https://www.barrons.com/articles/looking-for-the-next-big-thing-it-may-be-catering-to-our-rapidly-aging-population-51608035401.

5. J. Glasner, "Funding Surges for Startups Serving Older Adults," *Crunchbase*, June 4, 2021, https://news.crunchbase.com/news/eldercare-senior-home-care-startups-funding/.

6. Lynn Herrick와의 인터뷰, COO, Best Buy Health, December 2021.

8장

1. S. Jay Olshansky, Daniel Perry, Richard A. Miller, and Robert N. Butler, "Pursuing the Longevity Dividend: Scientific Goals for an Aging World," *Annals NY Academy of Science* 1144, no. 1 (2007): 11–13.

2. Joe Kita, "Age Discrimination Still Thrives in America," AARP, December 30, 2019, www.aarp.org/work/working-at-50-plus/info-2019/age-discrimination-in-america.html.

3. Mercer, "Are You Age-Ready?," 2019, https://www.mercer.com/our-thinking/next-stage-are-you-age-ready.html; Transamerica Institute, "Age Friendly Workplace Programs: Recruiting and Retaining Experienced Employees," 2021, https://www.transamericainstitute.org/workplace-employers/age-friendly-workplaces; and AARP, "Disrupt Aging Initiatives," https://www.aarp.org/disrupt-aging.

4. Paul Irving, "When No One Retires," *Harvard Business Review*, November 7, 2018, https://hbr.org/2018/11/when-no-one-retires.

5. AARP, "Employer Pledge Program: Demonstrate Your Commitment to Experienced Workers," www.aarp.org/work/job-search/employer-pledge-companies.

6. AARP International, "Living, Learning and Earning Longer: How Modern

Employers Should Embrace Longevity, a Collaboration from AARP, OECD, World Economic Forum," AARP International, December 2020, https://www. aarpinternational.org/initiatives/future-of-work/living-learning-and-earning-longer; Stuart Lewis, "Why Age Inclusive Workforces Play a Crucial Role in Building Back a Better Society Post-COVID," World Economic Forum and OECD, September 7, 2021; and Decade of Healthy Ageing, "Global Campaign to Combat Ageism Through the Ages," https://www.decadeofhealthyageing.org/topics-initiatives/decade-action-areas/combatting ageism.

7. Julie Sweetland, Andrew Volmert, and Moira O'Neil, "Finding the Frame: An Empirical Approach to Reframing Aging and Ageism," FrameWorks Institute, February 2017, www.frameworksinstitute.org/wp-content/uploads/2020/05/aging_research_report_final_2017.pdf.

8. Reframing Ageism Campaign, San Francisco, 2019, endageism.com.

9. A. Martin and M. S. North, "Equality for (Almost) All: Egalitarian Advocacy Predicts Lower Endorsement for Sexism and Racism, but Not Ageism," *Journal of Personality and Social Psychology*, January 18, 2021.

10. Michelle Singletary, "Retirement 'Baby Bonds' Could Help Close the Racial Wealth Gap," *Washington Post*, January 29, 2021, https://www.washingtonpost.com/business/2021/01/29/retirement-baby-bonds-racial-wealth-gap/.

11. Melinda French Gates, "Our Economy Is Powered by Caregivers; That's Why It's Time for National Paid Leave," *Time*, September 20, 2021, https://time.com/6098412/melinda-french-gates-paid-leave/.

12. California Department of Aging, "California's Master Plan for Aging," State of California, January 2021, www.aging.ca.gov/download.ashx?lE0rcNUV0zZe1bBmXluFyg%3d%3d.

13. From California Department of Aging, "California's Master Plan for Aging."

14. Chip Conley, *Wisdom@ Work: The Making of a Modern Elder* (New York: Currency, 2018).

15. Joseph F. Coughlin and Luke Yoquinto, "Can Boston Be the Silicon Valleyof Longevity?," *Boston Globe*, February 15, 2021, https://www.bostonglobe.com/2021/02/18/opinion/can-boston-be-silicon-valley-longevity/.

옮긴이 **이희령**

이화여자대학교 영문과를 졸업하고 서강대학교와 미국 워싱턴대학교에서 경영학과 법학을 공부했다. 국내외 기업과 로펌에서 다양한 국제 거래 및 벤처캐피털, 경영 컨설팅 업무를 맡았으며 현재는 바른번역 소속 번역가로 활동 중이다. 옮긴 책으로는 《기빙 파워》《파이브 포스》《하버드비즈니스리뷰 경영 인사이트 BEST 11》《그들만의 채용 리그》《스토리셀링》 등이 있으며, 이코노미스트의 《세계대전망》 한국어판 번역에도 참여했다.

진짜 돈 되는 시장

초판 1쇄 발행 2023년 6월 14일
초판 2쇄 발행 2023년 7월 27일

지은이 수전 윌너 골든
옮긴이 이희령
펴낸이 이승현

출판2 본부장 박태근
W&G 팀장 류혜정
편집 임지선
디자인 함지현

펴낸곳 ㈜위즈덤하우스 **출판등록** 2000년 5월 23일 제13-1071호
주소 서울특별시 마포구 양화로 19 합정오피스빌딩 17층
전화 02) 2179-5600 **홈페이지** www.wisdomhouse.co.kr

ISBN 979-11-6812-630-5 03320